国家治理研究丛书

民主制度下
福利刚性的政治经济学

基于德国经验的研究

张志超　著

中国社会科学出版社

图书在版编目（CIP）数据

民主制度下福利刚性的政治经济学：基于德国经验的研究/张志超著.
—北京：中国社会科学出版社，2020.8
ISBN 978 – 7 – 5203 – 6843 – 8

Ⅰ.①民…　Ⅱ.①张…　Ⅲ.①民主—关系—福利制度—研究—德国
Ⅳ.①D751.621

中国版本图书馆 CIP 数据核字（2020）第 129635 号

出 版 人	赵剑英
责任编辑	许　琳
责任校对	鲁　明
责任印制	郝美娜

出　　版	中国社会科学出版社
社　　址	北京鼓楼西大街甲 158 号
邮　　编	100720
网　　址	http://www.csspw.cn
发 行 部	010 – 84083685
门 市 部	010 – 84029450
经　　销	新华书店及其他书店

印刷装订	北京市十月印刷有限公司
版　　次	2020 年 8 月第 1 版
印　　次	2020 年 8 月第 1 次印刷

开　　本	710×1000　1/16
印　　张	20
插　　页	2
字　　数	277 千字
定　　价	118.00 元

凡购买中国社会科学出版社图书，如有质量问题请与本社营销中心联系调换
电话：010 – 84083683

总　序

　　2013年，中共十八届三中全会通过的《中共中央关于全面深化改革若干重大问题的决定》庄严宣示，全面深化改革的总目标是"完善和发展中国特色社会主义制度，推进国家治理体系和治理能力现代化"，从而在全面深化改革的意义上，确定了国家治理现代化的目标。2019年，中共十九届四中全会通过的《中共中央关于坚持和完善中国特色社会主义制度、推进国家治理体系和治理能力现代化若干重大问题的决定》，把国家治理现代化提升到"五位一体"总体布局和"四个全面"战略布局层面，进一步明确中国的国家治理现代化，就是坚持和巩固中国特色社会主义根本制度、基本制度和重要制度，完善和发展中国国家治理的体制机制，并且提升运用国家制度科学、民主、依法和有效治理国家的能力，由此使得坚持和完善中国特色社会主义制度、推进国家治理体系和治理能力现代化成为国家建设、改革和发展战略的重要构成内容。

　　基于对于中华民族伟大复兴和中国人民幸福的伟大事业、中国特色社会主义建设、改革和发展历史进程和中国特色社会主义现代化宏伟工程的初心使命和责任担当，北京大学国家治理研究院协同兄弟院校、科研机构，紧紧围绕国家治理现代化的重大迫切需求，通过与国家机关、地方政府、企业事业、社会组织的合作，促成政治学、行政管理学、法学、经济学、财政学以及相关学科的协同创新，承担科学研究、人才培养、学科建设和社会服务的重要任务，建成"国家急需、世界一流、制度先进、贡献突出"的一流科研和教学机构，为推进国家治理现代化培养一流人才、贡献智力支持。

在新时代，根据坚持和完善中国特色社会主义、推进国家治理体系和治理能力现代化事业的本质内涵、实现目标、战略部署、实际内容、方略路径和方针政策，我们具有以下认知：

1. 坚持和完善中国特色社会主义、推进国家治理体系和治理能力现代化，是决定当代中国命运的关键抉择，是实现中华民族伟大复兴的必由之路，同样也是世界和中国现代化历史进程的重大命题。在人类社会现代化发展的历史长程中，在共产党执政规律、社会主义社会发展规律和人类社会发展规律的结合上，探索国家治理现代化的发展规律和中国国家治理现代化的基本特点，是坚持和完善中国特色社会主义、推进国家治理体系和治理能力现代化的理论视野和认识使命。

2. 坚持和完善中国特色社会主义、推进国家治理体系和治理能力现代化，必须坚持马克思列宁主义、毛泽东思想、邓小平理论、三个代表重要思想、科学发展观和习近平新时代中国特色社会主义思想为指导。马克思主义是科学的理论、人民的理论、实践的理论和不断发展的开放的理论，它创造性地揭示了人类社会发展规律，第一次创立了人民实现自身解放的思想体系，指引着人民改造世界的行动并且始终站在时代前沿。

中国共产党人坚持马克思列宁主义政治学基本原理，并把它与中国革命、建设、改革的具体实践紧密结合起来，在领导人民在长期的革命、建设和改革实践中，积极推进马克思主义中国化，实现了两次历史性飞跃，形成了毛泽东思想和中国特色社会主义理论体系。这些理论成果蕴含着丰富的政治思想，在中国的社会主义政治实践中丰富和发展了马克思主义政治学理论。

党的十八大以来，以习近平同志为核心的党中央运用辩证唯物主义和历史唯物主义方法，深刻分析了世情、国情、党情、民情及其发展变化，深入阐发了党在改革发展稳定、治党治国治军和内政外交国防等领域的新理念、新思想、新战略，从理论和实践结合上系统回答了新时代坚持和发展什么样的中国特色社会主义、怎样坚持和发展中国特色社会主义这一主题，促进了我国社会的根本性历史变化，创立了习近平新时代中国特色社会主义思想。习近平新时代中国特色社会主义思想，是对马克思列宁主义、毛泽东思想、邓小平理论、"三个代表"重要思想、科学发展观的继承和发展，是马克思主义中国化最新成果，是党和人民实践经验和集体智慧的结晶，是中国特色社会主义理论体系的重要组成部分，是全党全国人民为实现中华民族伟大复兴而奋斗的行动指南。

3. 坚持和完善中国特色社会主义、推进国家治理体系和治理能力现代化，必须坚持党的全面领导。中国共产党的领导是中国政治发展历史逻辑、理论逻辑和实践逻辑的必然，是中国特色社会主义最本质的特征，是中国特色社会主义制度的最大优势。

党是最高政治领导力量，必须坚持和加强党对一切工作的全面领导。必须坚持和完善党的领导制度体系，提高党科学执政、民主执政、依法执政水平。必须坚持党政军民学、东西南北中，党是领导一切的，坚决维护党中央权威，健全总揽全局、协调各方的党的领导制度体系，把党的领导落实到国家治理各领域各方面各环节。要建立不忘初心、牢记使命的制度，完善坚定维护党中央权威和集中统一领导的各项制度，健全党的全面领导制度，健全为人民执政、靠人民执政各项制度，健全提高党的执政能力和领导水平制度，完善全面从严治党制度。

4. 坚持和完善中国特色社会主义、推进国家治理体系和治理能力现代化，必须坚持中国特色社会主义现代化的根本方向。这就是说，国家治理现代化必须在中国共产党领导下，在坚持和完善中国特色社会主义制度的前提下推进。与此同时，国家治理现代化，必须在推进社会生产力发展、实现中华民族伟大复兴和人的全面解放的方向和轨道上展开。

这就是说，在新时代，推进国家治理现代化，必须在中国共产党领导下，以人民为中心，优化和创新国家治理的主体格局、体制机制和流程环节，提升治国理政的能力，把我国的根本制度、基本制度和重要制度内含的价值内容、巨大能量和潜在活力充分释放出来，使得这些制度显著优势转化为国家治理的效能。

5. 坚持和完善中国特色社会主义、推进国家治理体系和治理能力现代，必须清醒认识到，我国仍然并将长期处于社会主义初级阶段，社会主义初级阶段是我国的基本国情和最大实际。中国特色社会主义新时代与我国社会主义长期处于初级阶段，构成了我国社会发展的时代历史方位与社会主义发展历史阶段的有机统一。

关于我国社会所处历史阶段和历史时代的判断，为人们把握我国政治发展形态确定了历史背景和时代坐标，我们必须切实基于社会主义初级阶段政治的经济基础、本质特征、基本形态和发展规律，认识我国政治的社会基础、领导力量、依靠力量、拥护力量、根本属性和阶段性特性，按照国家治理现代化方向，统筹推进政治建设与经济建设、社会建设、文化建设、生态文明建设一体发展。

6. 坚持和完善中国特色社会主义、推进国家治理体系和治理能力现代化，必须立足于现实中国看中国。同时，也需要立足于历史和世界看中国，借鉴人类文化和文明的优秀成果，通晓其他国家和地区的积极经验和做法，在马克思主义指导下，在古往今来多种文明的相互交流、比较甄别和取舍借鉴中，进行创造性转换和创新性发展，不断开拓视野、验证选择、吸取经验教训并形成思路和举措。

7. 坚持和完善中国特色社会主义、推进国家治理体系和治理能力现代化，涉及经济、政治、社会、文化、生态五位一体的总体布局和四个全面的战略布局，涉及党的领导、人民当家作主和依法治国有机统一，涉及利益、权力、权利、制度、法律、组织、体制、机制和价值等多方面要素，涉及社会主义市场经济条件下政府与市场、政府与社会、中央与地方、治理体系与治理能力、效率效益与公平正义等多方面关系，需要研究和解决的问题具有复杂性、综合性和高难性，改革需要思维、制度、机制、政策和路径的系统性、整体性和协同性创新，因此，多主体、多学科、多层面、多角度和多方法的科学协同创新，是深化改革思想认知，形成科学合理、现实可行的理论和对策成果的重要方式。

8. 坚持和完善中国特色社会主义、推进国家治理体系和治理能力现代化，在现实性上，必然体现为重大问题及其解决导向，因此，"全面深化改革，关键要有新的谋划、新的举措。要有强烈的问题意识，以重大问题为导向，抓住重大问题、关键问题进一步研究思考，找出答案，着力推动解决我国发展面临的一系列突出矛盾和问题"，这就需要把顶层设计和基层实践、整体推进和重点突破有机结合起来，需要准确把握全面深化改革面临的突出问题和矛盾，把这些重大问题和矛盾转变为研究的议题和课题，围绕这些议题和课题，从理论与实践、规范与实证、体制与机制、战略与政策、规则与价值、体系与能力多方面有机结合出发展开专门研究，形成专项成果，从而不断积累跬步，以助力于国家治理现代化的长征。

基于这样的认知，北京大学国家治理研究院整理、征集和出版"国家治理研究丛书"，期望对于坚持和完善中国特色社会主义，推进国家治理体系和治理能力现代化有所助益，对于加快构建中国特色政治学科体系、学术体系和话语体系有所助益，对于形成中国特色、中国风格和中国气派的政治学研究成果有所助益，对于中华民族伟大复兴和人的全面发展有所助益。

丛书的编辑出版得到北京大学校领导、社会科学部领导的指导和支持，得到中国社会科学出版社领导和编辑的鼎力相助，特此表达衷心的谢忱！

北京大学国家治理研究院欢迎各位同仁积极投稿于丛书，具体可见北京大学国家治理研究院网（http：//www.isgs.pku.edu.cn）《"国家治理研究丛书"征稿启事》。同时，任何的批评指正都会受到挚诚的欢迎！

北京大学国家治理研究院

2020 年 7 月 10 日

前　　言

在对欧债危机的各种解释中，针对债务危机的支出成因，学界普遍流行着这样一种逻辑：在民主政治下，政治力量为了在选举中获胜，不断抬高社会福利承诺，并在执政后实施扩张社会福利的政策，造成民主条件下的福利刚性和庞大的社会支出。在这种刚性作用下，福利削减无法进行，国家只能以不断增发债务来维持，从而引发债务危机。然而，对欧洲主要国家政府债务水平和社会支出水平变迁的研究表明，南欧国家基本符合这种解释，但中北欧国家却表现出很强的波动性；尤为特殊的是政治经济绩效表现相对优良的德国，它的政府债务和社会支出始终保持在较低水平，其虽然也有波动性，但比欧洲其他国家的幅度要小得多，而且，在欧债危机发生后，这两项指标不升反降，表明其严重不符合民主—福利刚性论的解释模型。对此，主要基于制度主义特别是新制度主义的分析视角，本书提出这样一个假设：在民主政治条件下未必会形成福利刚性，中北欧国家特别是德国具有特殊的制度。

为验证这一假设，本书首先从理论上检视了民主—福利刚性的逻辑链条。本书发现，这一逻辑链条主要从三个方面来论证：一是民主的一些意识形态元素，如公民的民主参与权利和社会权利，为社会福利的不断提高提供了制度文化支撑；二是社会福利是政党（政治家）在民主选举时为赢得选票而利用的政治工具；三是民主为主张社会福利的利益集团发挥影响力创造了得天独厚的制度环境。对于这些假设，本书分别探讨了它们成立的特定条件，指出了这些条件在很多情况下难以满足，从而也就反驳了民主政治必然存在社会福利刚性并进而引发债务危机的流行解释。

基于这些理论上的分析，本书从经验研究的角度着重发掘了德国不存在民主—福利刚性的制度特征，分别从政治经济制度、政党政治和国家—社会关系三个角度分析了德国社会福利紧缩的制度环境和现实运作。从政治经济制度上看，魏玛共和国时期社会福利扩张的惨痛教训所带来的"路径淘汰"效应、联邦德国的宪制框架对于社会权利的否认以及历史形成的社会市场经济制度对社会福利扩张构成了制度性约束。从政党政治的角度来看，由于联邦德国的选举制度和初始政治形势而形成的政党格局和主流的联合政府形式，长期执政的保守政党自民党的福利紧缩取向和中左翼政党社会民主党向紧缩方向的调整，以及德国治理主义政党联盟的出现等因素防止了社会福利被用作选举工具，使整个政党格局和政党体制向着社会福利紧缩和福利改革的方向越走越远。从国家—社会关系上看，德国国家构建的历史呈现出国家自主性和社会福利此消彼长的反相关关系。就国家自主性而言，在联邦德国的一些制度条件的作用下，执政的政党和政治家易于塑造社会福利紧缩的国家意志，而在国家意志形成之后，行政官僚不受改革影响的优厚社会福利为紧缩政策的执行奠定了忠实的组织基础。就社会利益群体而言，基于辅助性原则的法团主义自治性利益协调，塑造了个人、家庭、企业、行业等各层级各机构的保守文化，使社会自身首先承担起社会福利的供给责任，从而避免了由利益集团影响国家并通过国家扩张社会福利的情形。在具体的福利紧缩改革中，国家依靠法团主义的利益协调方式，对利益集团采取收买、诱导和分化的策略，致力于塑造平衡的利益共享和损失共担机制，有效地扼制了社会福利的膨胀。

本书的结论是，民主政治未必会导致社会福利的刚性，更不一定引发债务危机。民主—福利刚性的逻辑链条主要适用于民主制度建立时间较短，抑制民主选举弊端的制度供给处于相对弱势的条件下。德国民主政治运行的经验表明，在长期存续的、成熟的资本主义民主政治下，包括宪法、社会经济体制等在内的制度有效制约了民主选举扩张福利的倾向；相对稳定的、带有保守倾向的政党格局和政党国家体制在社会福利制度方面确立了治理取向而非选举取向；而国家—社会关系也在反映强势利益集团即资本利益的前提下，确立了有利于福利紧缩改革的国家自主性和利益协调机制。在这些因素的合力作用下，民主选举、民主权利和福利利益集团对国家的"俘获"受到了明显的制约，从而避免了社会福利刚性的形成。这也启示我们，不能仅仅以竞争性选举的传统观点来看待西方民主，应当强调，资本主义民主是嵌入到特定的政治经济制度、政党体制和国家—社会关系之内并与之相适应的复合体制，也应当重视成熟民主体制经过长期的稳定存续之后发展出来的一些新的特点。只有这样，我们才能深入认识资本主义制度的结构性变迁及其在当前世界局势下难以摆脱的困局。

本书的创新之处是：第一，它揭示了中欧、北欧和南欧三组国家在社会福利水平和欧债危机中的不同表现，挑战了流行的"民主—福利刚性—债务危机"解释的普遍效力。第二，本书较为全面地检讨了福利刚性的定性和理论依据，阐述了西方资本主义民主条件下的福利刚性的成因、发展条件和政治机理，填补了学界福利刚性理论的空白。第三，相对于纠结于技术性细节的社会保障理论和失之于宏大的对资本主义的系统性批判，本书以中观的制度主义特别是新制度主义的方法，从社会政治制度、政党格局和政党体制、国家自主性和利益协调机制等方面论证了民主—福利刚性在成熟民主国家得到抑制的制度机理，为分析社会福利问题贡献了新的研究视角。

目　　录

第一章　引论

第一节　问题缘起：欧债危机成因分析中的
民主—福利刚性假设

2007 年美国次贷危机爆发以来，席卷全球的世界性经济危机逐渐蔓延开来。2009 年底，从希腊开始，欧洲拉开了经济危机的序幕，并波及意大利、西班牙、葡萄牙等地，使相关国家陷入经济低迷、失业高企的困境。[①] 有观点认为，一些国家甚至直到最近还未完全实现复苏。[②] 经济危机也影响到了社会和政治领域。欧洲多数国家民粹主义和极端主义情绪高涨，游行示威不断发生，社会稳定受到威胁；一些国家的执政党发生更替，有的国家（如希腊）甚至无法产生长期稳定的政府。由此，这场危机也由经济危机演变为全面的社会危机。

由于全球的相互联系和相互影响，欧美危机也对整个世界的经济政治发展产生了负面影响。但与美国的金融危机不同，欧洲危机被称为"欧债危机"，主要表现为主权债务危机。从希腊开始，各国政府的债务无法偿还，经济评级被下调。这一方面引发了财政紧缩

[①]　白路：《欧债危机背景下西欧福利国家的改革及趋向》，《中共济南市委党校学报》2014 年第 3 期。

[②]　陈思进：《2016 年，欧债危机依然无解》，《中国经济导报》2016 年 1 月 8 日。

措施，政府支出大为缩减；另一方面导致投资减少，经济陷入流动性恐慌。与此同时，包括相关国家政府部门和私人银行在内的债权方又加紧要求债务偿还，使本来已经捉襟见肘的债务形势雪上加霜。① 经济危机由此愈演愈烈，而工资水平迅速下降，失业人口迅速增加，也进一步导致无计可施的执政党下台，社会秩序陷入某种程度的混乱，从而引发社会政治危机。

欧债危机的发生，其直接的导火索无疑来自主权债务领域。所以，分析债务危机，就成了挖掘经济危机根源的"抓手"。主权债务是财政收入不抵财政支出而引起的补偿措施，而主权债务危机的产生离不开三个环节：财政收入不足、财政支出过多、无法正常偿债。目前，对于债务危机的分析主要有两种进路：过程分析和结构分析。由这些分析可以看出，不同的进路针对的是主权债务危机的不同环节。

一 过程分析

过程进路主要从欧债危机产生和演变的过程着手。在这一研究方向中，有的学者认为，相关国家特别是希腊采用借新债还旧债的方法不可能从根本上解决问题，一遇到新旧债务必须同时偿还而无法再举借新债时，就点燃了危机爆发的引线。② 也有学者认为，这场危机本来不会如此严重，但债权方过于急切和严厉的偿债要求，没有给债务国以喘息之机，过早地使严峻的债务形势暴露出来。③ 而与此相关的是，在危机爆发的最初阶段，包括国际金融机构和欧盟相关国家在内的债权方虽然给予了援助，但是援助的条件过于苛刻，

---

① ［德］弗里茨·沙普夫：《欧洲货币联盟、财政危机和民主问责失效》，《德国研究》2012 年第 1 期。

② 薛文韬、宋强：《简析希腊债务危机及其背后的欧元区困境》，《经济师》2011 年第 2 期。

③ 闫玉华、何庚德：《欧洲主权债务危机：起因、演进、治理》，《西安交通大学学报》（社会科学版）2013 年第 1 期。

且援助资金优先用于偿还自己的债务，而不是优先用于支持债务国的经济社会发展，不可能使债务国真正走出危机。① 还有学者认为，债务国政府不得不接受债权方的苛刻要求，特别是实行紧缩政策和削减福利的措施，是造成民众反对不断和政府更迭频繁的直接因素。② 更有学者从第三方的角度挖掘，他们指出，国际评级机构在债务国政治经济状况尚未恶化时就采取调降相关国家评级的投机行为，也加剧了债务危机。③ 显然，过程进路是从无法正常偿债这一角度切入的。

可见，过程进路的特点是"就事论事"。这种进路对于理解欧债危机爆发的过程无疑是有用的。它描绘了危机如何从一国蔓延开来，并演变为一场影响广泛的社会危机的细节，并从财务运作的角度解释了作为财务危机的债务危机愈演愈烈的外部因素。但是，它过于关注外部力量使相关国家无法正常偿债的问题。至于财政收入不足和财政支出过多的内部因素，其并未深究。多数研究只是泛泛提到，希腊等国的政治家以畸高的福利收买选民是财政入不敷出的根源，而民众无法接受福利水平下降的改革措施又是政府频繁更迭的一个因素。因此，虽然过程进路的分析重点不在于财政支出和财政收入不匹配的原因，但它认为欧债危机作为福利危机乃是一个不言自明的事实。

二　结构分析

与对短期的变化过程的分析不同，结构分析主要是从长期稳定的结构性因素进入问题的。这种进路主要分为两种研究范式。

---

① 余永定：《从欧洲主权债危机到全球主权债危机》，《国际经济评论》2010 年第 6 期。

② 周建勇：《欧债危机影响下的欧洲五国：政党执政与提前大选探析》，《中共浙江省委党校学报》2014 年第 3 期。

③ 陈亚芸：《欧债危机背景下的欧盟信用评级机构监管改革研究》，《德国研究》2013 年第 1 期。

　　一种范式是经济学的，主要是产业结构分析和宏观政策分析。

　　从产业结构入手的研究认为，债务危机只是表象，其背后的深层根源是欧盟内部产业发展的不平衡。债务危机的发源国和最严重的国家主要是葡萄牙（Portugal）、意大利（Italy）、希腊（Greece）和西班牙（Spain）等南欧四国和爱尔兰（Ireland），即通常所说的"欧猪五国"（PIIGS），但因为爱尔兰债务危机的成因复杂，如房地产领域的"泡沫"是其中一个重要肇因，有很大特殊性，属于个案现象，因此学界又有把南欧四国作为"欧猪四国"（PIGS）的说法。很多学者注意到了欧盟内部在危机中表现出来的差异性，他们指出，欧盟内部的产业结构不同：中欧和北欧的制造业根基深厚，通过常年的出口积累了丰厚的资本，因而成为资本的贷出方；南欧各国的产业主要是农业、服务业和房地产业。[1] 随着欧洲一体化的深入，资金通过贸易顺差流向北方，缺少资金的南欧国家便不得不借贷。产业结构方面的弱势长期积累，使南欧各国财政收入增长乏力，难以摆脱债务困境，被迫举借新债，由此形成了中北欧债权方和南欧债务国的主权债务格局。有学者批判地指出，这种不平衡的格局是对南欧的一种压榨，但是中北欧过剩的资本也并无改善这种格局的动力和办法。[2] 产业结构在地理分布上的失衡，迟早会以债务危机的方式爆发出来。

　　不难看出，产业结构分析的主要思路是从财政收入入手，主要线索是经济发展中的问题引起了政府财源的枯竭。应该说，这种分析不是单从财政方面入手，而是回归到对深层次经济结构的分析上，具有一定的说服力。遗憾的是，这种分析对财政支出的论证并不充分：即便资金流向了北方，南欧各国也未必会产生借贷需求。在财

---

　　① M. G. Arghyrou and J. D. Tsoukalas, "The Greek Debt Crisis: Likely Causes, Mechanic Outcomes", *The World Economy*, Vol. 43, No. 2, Feb. 2011.

　　② 参见［爱尔兰］艾丹·里根《欧洲资本主义多样性中的政治紧张关系：欧洲民主国家的危机》，载《国外理论动态》编辑部编《当代资本主义多样性与制度调适》，中央编译出版社2015年版，第233—261页。

政收入不济的情况下，政府本也可以紧缩财政开支来达到平衡，即采用"量入为出"的硬性预算约束。因此，单纯从产业结构的角度出发，无法解释为何南欧各国选择采取经济本身无法负担的高支出模式。为了弥补这个缺陷，大多数产业结构范式的论者在坚持产业结构差异作为欧债危机主要原因的同时也提出，以希腊为代表的南欧国家以过度的政府开支来提高社会福利，以便在经济低迷的情况下获取选民的支持，才产生了过度的借贷需求。可见，产业结构范式除了坚持经济发展低迷和产业基础薄弱之外，也沿用了普遍流行的看法，即民主选举导致的过度借贷，也是欧债危机的一大诱因。

一些学者从宏观政策入手，认为欧盟的经济调控工具存在不匹配现象。德国学者弗里茨指出，欧盟实行了货币一体化，但没有实现财政一体化，造成不同的宏观工具在调控目标和效果上存在冲突。[1] 基于欧盟多数国家实现了货币一体化的事实，这种不匹配包括两个方面。一方面，欧盟无法决定相关国家的财政政策。它虽然可以设定一个大致的目标，但无法保证落实。因此，欧盟无法在有关国家出现巨大债务时强制其实施紧缩政策。另一方面，相关国家无法实行灵活的货币政策。在出现巨大的债务问题时，如果拥有独立的货币自主权，一国政府就可以采取货币贬值的措施来减轻债务。但以希腊为代表的债务国并没有这样的权限，导致危机没有缓和的余地。[2] 虽然客观上存在着成员国影响欧盟货币政策的可能性，但也有学者指出，欧盟的核心强国可以影响货币政策，而弱国的话语权很小。[3]

---

① ［德］弗里茨·沙普夫：《欧洲货币联盟、财政危机和民主问责失效》，《德国研究》2012 年第 1 期。

② 参见孙涵《欧洲主权债务危机的特殊性研究》，博士学位论文，吉林大学，2016 年；Carlo Panico, "The causes of the debt crisis in Europe and the role of regional integration", *Working Papers*, wp234, Political Economy Research Institute, University of Massachusetts at Amherst, 2010.

③ 文学、郝君富：《从经济学与政治学双重视角看欧债危机的起因》，《国际金融》2012 年第 1 期。

宏观政策分析虽然是一种结构分析，但仍然有着很大的缺陷。强国主导欧元区货币政策的说法站不住脚。事实表明，欧洲央行的政策取向是相对独立的。例如，虽然2016年以来，德国一再指出应当结束量化宽松策略，但欧洲央行长期不为所动[①]。退一步来说，即使南欧各国促使欧洲央行通过了贬值措施，但这一措施对欧元区各国的效果是等同的，并不能减少债务国的负担。而且即便一国政府有权实行货币贬值措施，那也只能减缓或减轻债务危机，而不能预防危机或从根本上解决危机。另一方面，要求债务规模巨大的政府迅速直接地实行紧缩政策太过于理想化。正因如此，宏观政策分析只能无奈地承认并消极地批判这样的事实：多数债务规模巨大的南欧政府为了维持执政地位，非但不敢主动实行紧缩政策，降低社会福利，反而进一步增加举债规模和维持高福利来取悦选民。

对于社会福利与欧债危机的关系，马克思主义的结构分析范式更为深入和系统，也更有批判性。这套范式从资本主义生产方式和社会制度根本矛盾的不可解决出发，认为欧债危机只是根本矛盾的反映，只要实行资本主义制度就无法避免。这一阵营比较普遍的看法是，既然资本主义私人占有和生产社会化的根本矛盾无法解决，那么欧洲国家大多便采取社会福利的办法安抚工人，缓和阶级矛盾，但社会福利只是权宜之计，不可能从根本上改变无产阶级的贫困地位，无法真正增加社会需求，迟早会导致危机。[②] 除了从阶级对立的社会结构来分析这一问题，还有学者运用系统论的方法对资本主义政治经济结构展开研究后认为，资本主义经济系统（生产系统）和政治系统（分配系统）之间的矛盾无法克服，其中，经济系统以效率为最终追求，要求不断削减民众的福利水平，而政治系统实行民主制度，要求不断提高民众的福利水平。两者之间的矛盾无法调和，

---

① 余永定：《欧洲主权债危机和欧元的前景》，《和平与发展》2010年第5期。

② 沈尤佳、张嘉佩：《福利资本主义的命运与前途：危机后的思考》，《政治经济学评论》2013年第4期。

是欧洲福利国家出现危机的根本原因。[①] 可见，马克思主义认为，这场危机表面上是债务危机，本质上是福利和资本主义不相容的矛盾引发的福利危机，根本上是资本主义不可调和的各种矛盾的爆发。

马克思主义的结构分析范式，实际上是把经典的阶级分析方法应用于对空间产业布局、市场供需匹配以及资本再生产持续性的研究领域，极大地扩展了欧债危机研究的视野。这种范式的一个重要贡献，是指出了欧债危机中福利资本主义和民主制度并存的背景，揭示了欧洲福利资本主义国家削减福利所面临的巨大障碍，即为了缓和阶级矛盾而实行的民主制度造成了所谓的"福利刚性"。由于选举民主制度的存在，政客为了获得政权或代表资格，不断通过提高福利制度来收买选民，造成福利只能上升不能下调的状况。

综上所述，分析欧债危机的过程进路和结构进路在一定程度上揭示了危机的一些侧面甚至是深层次的原因。所有这些研究明确指出或默认的一个假设是：欧债危机之所以爆发，是因为危机国家财政支出的不断增加超出了财政收入所能承受的水平；而财政支出之所以不断增加，是因为民主制下的社会福利存在刚性。因此，大多数分析都承认，撇开其他的因素不谈，欧债危机确实是一场福利危机，而其直接原因是债务国家不可降低的高福利水平。

随着欧债危机的发酵和从福利支出方面解释欧债危机的文章增多，"民主—福利刚性—债务危机"的逻辑链条在欧债危机成因分析中得到了广泛运用。相关论者通常从希腊等国的高债务入手，然后推及福利水平的赶超，再进一步溯及民主的问题。比较典型的做法是揭示南欧各国的高福利水平，推究其民主制的无能。例如，有论者将希腊的养老金替代率（2010 年为 95.7%）和人均 GDP 与其他国家相比，指出希腊在人均 GDP 不足他国一半的情况下，替代率达

---

① 冉昊：《1980 年以来福利国家改革中政府和市场关系的结构分析》，博士学位论文，北京大学，2013 年。

到了他国的3倍；[①] 同样，债务危机也很严重的意大利、法国和西班牙的养老金替代率高达58%—70%。[②] 而这种所谓"畸高福利"的根源，则来自于民主制度。有不少论者认为，选民会倾向于选择能让其短期利益得到满足的政治家，而不会顾及包括财政赤字和通货膨胀在内的政策成本由谁来承担。[③] 概而言之，民主引起了福利刚性，福利刚性又导致福利方面的财政支出不断增多，进而主权债务增多；在某一时点，当这种不稳定的平衡被打破，就会出现债务危机。

还有一种做法是将欧债危机爆发后相关国家的政局混乱作为福利刚性导致紧缩政策难产的佐证。有学者指出，"欧猪四国"在2011年都发生了政府下台。2012年和2013年，希腊和意大利政府频繁更迭，政府难产。此外，各种民粹主义的示威、游行、"占领"等抗议运动此起彼伏，也表明民众对福利紧缩政策完全不可接受，进一步佐证了民主体制下福利刚性逻辑的有效性。有人认为，以债权方为代表的经济界也已经承认了民主政治的福利刚性，因而对任何民主手段的应用都抱有一种疑惧和防备的心态了。例如，他们指出，2011年底，时任希腊总理突然宣布对"三驾马车"（欧委会、欧洲央行和国际货币基金组织）要求财政紧缩的救助方案进行公民投票，引起欧盟领导人对希腊的反对和胁迫，就是一个例证。[④]

在对西方民主制度感到悲观的学者看来，民主的福利刚性一定会变种为"福利民粹主义"，即政治力量为获得支持而强行制定违背经济发展规律、带有"政治性分配激励"色彩的社会福利政策。这

---

① 鲁全：《欧债危机是社会保障制度导致的吗？——基于福利模式与福利增长动因的分析》，《中国人民大学学报》2012年第3期。

② 郑秉文：《欧债危机下的养老金制度改革——从福利国家到高债国家的教训》，《中国人口科学》2011年第5期。

③ 王汉儒：《国际货币体系视角下世界经济失衡与纠偏——兼论欧债危机爆发的根源》，《当代经济研究》2012年第7期。

④ 黄静：《试析欧洲"民主困境"》，《现代国际关系》2014年第2期。

种福利民粹主义不仅可能出现在那些被认为民主制度尚不稳固的国家,而且也会发生于法国、奥地利等老牌民主国家。① 燕继荣教授认为,民主制度促使政治取向"平民化",而政治"平民化"又有利于福利主义国家的成长,并在一定情况下引发债务危机。② 从民主制到福利刚性;再从两者互相加强,生发出民粹主义乃至债务危机:这一逻辑链条看来不是偶然,而是一种必然,或者说是"民主之树结出的一颗自然果实"。欧债危机只不过是西方民主制度必然要遭遇的命运的一次验证罢了。由此,对福利刚性的检讨又再次转向了对于西方民主政治乃至整个制度框架的反思。

总之,"民主—福利刚性—债务危机"的因果关系链条已经成为解释欧债危机成因的一个主流模式。据此,欧债危机表面上是纯粹财政问题引发的财务危机,但深层次的原因是民主—福利危机,从根本上说是资本主义的制度危机。民主制下的福利刚性的一般性逻辑似乎意味着,资本主义、民主政治和社会福利无法兼容。尽管欧债危机引发了人们对资本主义和民主政治的一轮批判热潮,但在资本主义民主政治制度难以撼动的情况下,似乎应对的措施只能转移到政策领域,走到缩减社会福利的道路上了。于是,欧债危机以来,欧洲各国无不面临着降低福利水平、紧缩再分配政策的压力。③

尽管基于从民主制下的福利刚性到债务危机的这样一种似乎已成为不言自明的论证逻辑,对资本主义民主政治和福利体制的批判方兴未艾,也产生了实际的政策后果,但是,对于这一逻辑本身的可靠性,目前却还没有充分的检验。实际上,多数文章在利用这一

---

① 赵聚军:《福利民粹主义的生成逻辑及其政策实践——基于拉美地区和泰国的经验》,《政治学研究》2015 年第 6 期。

② 燕继荣:《对民主政治平民化的反思——欧债危机的启示》,《山西大学学报》(哲学社会科学版)2012 年第 4 期。

③ Annette Schnabel, "Religion und Wohlfahrtsstaat in Europa-eine ambivalente Liaison", *Zeitschrift für Religion*, *Gesellschaft und Politik*, Vol. 1, Issue 2, November 2017, pp. 211 – 237.

逻辑链条来论证主权债务危机时，只不过是用理性选择的逻辑，对选举政治中各参与者行为后果作了简单推论而已。由此可见，这一逻辑链条是否经得起理论的辨析和经验的证明，也还有很大的探讨空间。

第二节　债务危机作为民主—福利刚性假设的事实验证

欧债危机以来，对所谓民主制的福利刚性的谴责不断见诸分析其根源的文章之中。例如，学者郑秉文指出，高福利就是引发欧债危机的重要因素。[①] 他以希腊过高的养老金水平为例，指出社会支出过多导致了巨大的财政压力，是引发债务高企的主要因素。他还认为，提高福利一定要谨慎，因为社会福利具有很强的刚性。与此相反，研究社会保障问题的专家郑功成认为，社会福利不是欧债危机的原因，反而是作为一场经济危机的欧债危机导致福利制度被当成了"替罪羊"。[②] 目前，欧债危机已经过去了十多年，与此相关的数据更加丰富和准确，为检验社会福利是否存在刚性并进而引发债务危机提供了条件。

为了论证社会福利刚性的存在，一些论者罗列了社会支出的绝对数字，乍看之下颇有令人惊诧的效果。然而，这些绝对数字并不可靠。因为，虽然资金规模颇为可观，但也要考虑到可比价格和经济发展带来的实际 GDP 的巨大增长。因此，社会支出占 GDP 的比重这一相对数字更有意义。通常情况下，这一数字也被当作社会福利

---

①　参见郑秉文《高福利是欧债危机的重要诱因》，《紫光阁》2011 年第 12 期；《欧债危机下的养老金制度改革——从福利国家到高债国家的教训》，《中国人口科学》2011 年第 5 期；《欧债危机为中国养老金制度提出的改革清单》，《中国劳动保障报》2011 年 10 月 21 日。

②　郑功成：《欧债危机不是福利惹的祸》，《新华每日电讯》2011 年 12 月 6 日。

水平的衡量指标。

　　根据 OECD 的数据，所有经合组织国家包括养老金、残障金、失业金、住房补贴、家庭补贴、遗属津贴、医疗补贴和积极劳动力市场政策支出（即就业培训等项目支出）在内的社会支出，在 1980 年占 GDP 的 15.6%，到 2007 年（欧债危机爆发之前）提高到 19.2%。而原欧盟 15 国中除掉爱尔兰和奥地利，其社会支出占 GDP 的比重从 1980 年的 19.4% 提升到 2007 年的 23.8%。① 社会支出占 GDP 的比重在 37 年的时间里只提升了约 4%，相当于每年增长只有约 0.1%。尽管社会福利水平确实有上升，但上升的幅度非常之小。而且，它也没有表现为一直上升的趋势，即福利刚性所定义的那种状态，而是呈现出一定的波动性。

　　分国家来看，对以南欧国家为代表的欧债危机国家而言，其社会福利发展的总体趋势似乎可以作为福利刚性说的证据，但北欧和中欧的一些国家的社会福利水平却呈现出明显的波动性，在相当长的一段时间内甚至在不断下降。

　　欧债危机首先发源于希腊，然后在南欧四国的范围内蔓延开来，并最终波及其他国家。在欧债危机中，四国的经济指标也表现最差，如 GDP 增速下降剧烈，失业人口暴增。因此，要寻找欧债危机的根源，首先要从这四国的债务状况入手。

　　从图 1.1 可以看出，1995 年以来，希腊和意大利的政府债务常年超出 GDP 水平，葡萄牙和西班牙的政府债务也在 2007 年后迅速提高。自危机爆发以来，这四国的政府债务明显呈上升趋势，且从 2013 年起都超过了 GDP 水平。2014 年后，希腊的政府债务仍在上升；除希腊外，南欧三国的政府债务都有一定程度的下降，但仍高于 GDP，这一债务水平一直持续到 2018 年。但是，西班牙的债务数据呈现出较为明显的异质性。尽管在 2008 年后，西班牙的政府债务

　　① OECD, Social Expenditure：Aggregated Data. *OECD Social Expenditure. Statistics* (database). (March 27, 2019), https：//doi. org/10. 1787/socwel-data-en.

水平上升较快，但在 2007 年之前，其政府债务基本上处于下降通道，而且到了 2007 年，其债务水平已经不足 GDP 的一半。总之，一方面，南欧四国的政府债务处于较高水平的区间，基本上呈现出债务上升的趋势；另一方面，把欧洲的经济危机片面地定义为债务危机似乎有失偏颇，因为即使在被视为欧债危机最为典型的南欧四国中，也出现了并不典型的个例或时间区段。

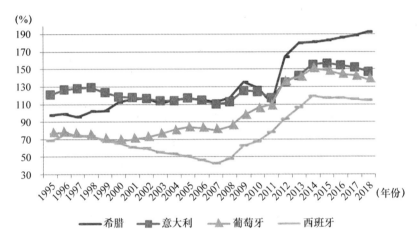

图 1.1   南欧四国政府债务占 GDP 的比重（1995—2018 年）

数据来源：OECD Statistics，2020.

至于四国的社会福利水平，则可以用公共性的社会支出占 GDP 的比重来衡量。图 1.2 显示，希腊、意大利、葡萄牙三国的社会支出水平在 1995 年之前大致处于小幅波动上升趋势，在 1995 年后开始快速上升，直至 2008 年欧债危机爆发前都保持这种增长态势；而西班牙则是在 2002 年后才出现了社会支出比重上升的情形。2008 年后，四国的社会支出比重增速有所放缓；2014 年以来，四国的福利水平开始下降，但都在 OECD 国家平均水平之上，意大利的社会支出占 GDP 的比重仍处于较高水平。

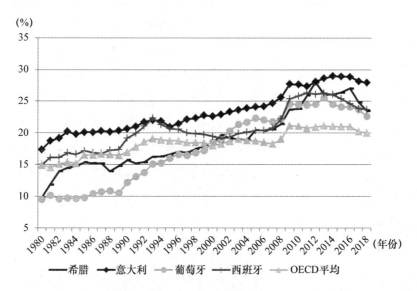

图 1.2 南欧四国社会支出占 GDP 的比重（1980—2018 年）

数据来源：OECD Statistics，2020.

　　从南欧四国的政府债务和社会支出总体上呈现出的同向上涨趋势可以看出，较高的社会福利水平对于政府债务高企确实有所贡献。但是，社会支出和政府债务的关系呈现出时滞效应。一方面，从西班牙的个例来看，其社会支出在 1993 年到 2002 年呈略微下降的趋势，而其政府债务则是从 1996 到 2007 年呈下降趋势。另一方面，其他三国的社会支出在上涨，但债务水平进入上涨通道的时间相对滞后。如前所述，许多对希腊债务状况的分析指出，希腊政党和政客为了在选举中获胜，不断制定越来越优厚的福利政策，而民主福利刚性的存在，又使得债务危机暴露之后，选民无法认同债权国提出的福利紧缩措施，内阁由此不断更换。其他三国也是类似的情况。这样看来，从民主制下的福利刚性到债务危机，再到紧缩政策难以施行，债务危机愈演愈烈，似乎是不可避免的合乎逻辑的发展。这也是许多认为欧债危机是民主—福利危机的文章提出的主要证据。

然而，这种逻辑只是在南欧四国得到了印证。[①] 对北欧国家来说，其政府债务变动和社会支出变动（见图 1.3 和图 1.4）也大致呈现出相似的形态。这一点与南欧相同，表明两者确实具有一定的正向关系。作为通常被认为的高福利国家，北欧四国的政府债务在欧债危机爆发前大致上处于下降态势，而且这种下降态势持续的时间长达 10 年之久。这些国家不仅不是债务危机的发源地，而且经济和社会运行平稳。北欧的福利支出占 GDP 的比重长期处于 20% 以上，四国长时段的均值甚至是在 25% 左右。与此相比，南欧四国在欧债危机爆发前，福利水平一直在 25% 以下。这足以表明，社会福利的绝对水平高并非债务危机的原因。

如果将北欧四国和南欧四国的绝对福利水平进行对比，我们会发现，在 2001 年，南欧四国中有三国的社会支出占 GDP 的比重在 19% 的水平上收敛，之前长达 20 年的时间一直是缓慢增长。而在 2001 年之后的几年，南欧的福利水平大致在 26% 的水平上收敛，也就是说，不到 10 年时间就上升了 7% 左右。相形之下，北欧的社会福利水平除了 1990—1993 年急剧增长外，基本上处于缓慢向上或向下调整的状态。由此可以看出，福利的急剧变化特别是过快增长可能给财政造成巨大压力，是引起债务危机的一个重要因素。

---

① 有人或许会举出反证，指出政府债务占 GDP 比重已经达到 200% 的日本并没有发生债务危机，表明了这种逻辑并不正确。当然，这种反证不无道理。但这里需要注意的是，欧债危机是一种主权债务危机，危机国家如希腊的政府债务多为外债，而日本的债务则仅有约 8% 为外债；另外，希腊在危机爆发之前，多年都处于债务严重高企的状态，却并没有爆发危机，似乎也可以作为一个反证。正如前文所述，关于欧债危机还可以从过程和结构的角度识别出多种影响欧债危机的因素。不过，这些都涉及到债务危机的直接触发因素，或者表面上的事实细节，而非根本性的、长期多次发挥作用的因果机制。社会支出占据着政府支出的很大一部分，因此，社会福利水平对于一国的财政状况特别是债务状况理应有着极大的影响。本书试图主要从制度对行为施加的限制和提供的机会这一角度，来揭示福利体制的发展和改革面临的结构性问题和因果机理，而不是纠缠于债务危机发展的细节因素。

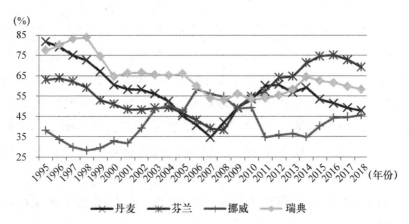

图 1.3 北欧四国政府债务占 GDP 的比重（1995—2018 年）

数据来源：OECD Statistics, 2020.

如图 1.4 所示，北欧国家的福利支出在 20 世纪 90 年代初达到高点以后，就开始持续下降了 10 年，自此至 2018 年又有些微的上升。在几十年的多党竞争和民主选举传统下，这些国家的福利水平仍然呈现出强烈的弹性而非刚性，表明民主制下的福利刚性并非是不容置辩的事实，至少不是普遍适用的一般性规律。

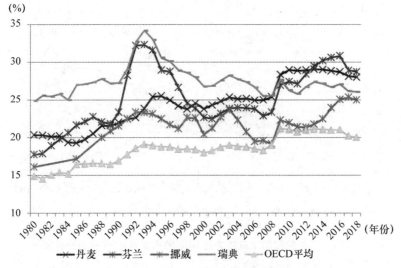

图 1.4 北欧四国社会支出占 GDP 的比重（1980—2018 年）

数据来源：OECD Statistics, 2020.

　　与北欧和南欧相比，中欧四国的状况似乎更为接近，也更为稳定。从 1995—2007 年，除比利时外，中欧三国的政府债务水平都处于 60%—80% 之间；2008 年后，债务水平迅速达到了 100%，且总体上呈上升状态。与此相应，2008 年后，社会福利水平也从 25% 左右提升到了 30% 左右。这再一次验证了社会福利水平的变动和政府债务变动之间的正相关关系。但这种正向关系只是针对同一个国家而言，而不是意味着，福利水平越高的国家，债务水平就越高。因为三组国家的社会福利水平都在 30% 附近，但债务水平却是南欧最高，中欧次之，北欧最低。

　　在中欧四国中，德国特别引人注意，其社会支出占 GDP 的比重处于较低水平，向上和向下的调整相对较多；尤其在欧债危机后，相对于其他国家社会福利水平的上升，德国却出现了下降趋势，并在 2011—2016 年成功地将其稳定在 25% 的水平。与此同时，尽管其政府债务水平曾在 2012 年达到 88%，但最近几年一直在下降。新近

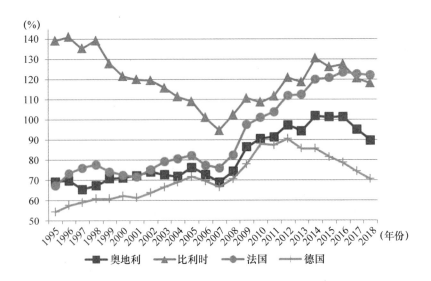

图 1.5　中欧四国政府债务占 GDP 的比重（1995—2018 年）

数据来源：OECD Statistics，2020.

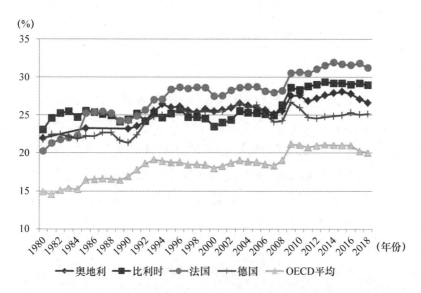

图 1.6 中欧四国社会支出占 GDP 的比重（1980—2018 年）

数据来源：OECD Statistics, 2020.

的统计结果表明，德国从 2014 年至 2018 年已经连续四年实现当年财政盈余。这足以表明，所谓社会福利的刚性作用在该国表现得并不显著。

综上所述，我们可以得到这样几个结论：第一，一国社会福利水平的变化同政府债务水平的变化确实存在着某种正向关系，但这种关系并不适用于国与国的比较。第二，高福利未必意味着高债务，也不是引发债务危机的动因；恰恰相反，北欧高福利国家在此次欧债危机中的债务水平并没有南欧国家高，而且它们在经济发展、政治运行和社会秩序等方面都表现优异。第三，虽然福利水平高未必引发债务危机，但过快提高社会福利水平很可能引发债务危机，这才是希腊等危机深重的南欧国家带给我们的一个重要教训。第四，从民主制下的福利刚性到债务危机的逻辑适用于对南欧国家引爆欧债危机的解释，但这在中欧和北欧都没有得到验证，表明民主—福利刚性可能不具有普遍性。

第三节 福利刚性问题研究现状综述

一 中文语境关于福利刚性问题的研究进展

如前所述，在分析欧债危机以及福利国家的多数问题时，福利刚性是一个得到广泛运用的概念。但与大量的应用不相称的是，对这个概念的阐释却很少。在商务印书馆 2012 年出版的《现代汉语词典》第六版中，"刚性"有三个义项："坚强的性格或刚强的特性"，"坚硬不易变化的"，"不能改变或通融的"。显然，这三个义项分别描述了心理的、物理的以及拟物理的或一般抽象的方面不易改变的属性。与此相近的是"刚度"这个工程物理的概念，其含义是"机械、构件等在受到外力时抵抗变形的能力"。

在日常用法中，刚性也是指不易改变的特性，如"刚性需求"指不论价格是否上升都将购买的需求，"刚性约束"指不会改变或变通的约束。不过，刚性在社会经济方面还有另外一种用法。它不再是指不变，而是指只朝着某一方向变化，反映的是变化的单向性。例如，信托产品或地方债务的"刚性兑付"是指这些金融产品到期一定获得正向收益。福利刚性的概念就是在这种意义上指社会福利水平只能上升不能下降的属性。

在经济学领域，"刚性"所指涉的属性被换成了"粘性"（stickiness）这一概念。例如，"价格粘性"同"刚性需求"的用法异曲同工，指的是无论供给和需求如何变化，一些商品的价格都不会受到影响。与"福利刚性"有密切关系的一个概念是"工资粘性"（wage stickiness）或"工资刚性"（wage rigidity）。工资粘性或工资刚性指的是工资不能随着雇员劳动贡献、组织经济效益和外部条件的变化而变化，主要是指工资水平只能上升不能下降。对于这一概念及其反映的现象，已经产生了效率工资假说、隐形合同理论、交易成本理论等多种解释。看起来，"福利刚性"中的"刚性"和

"工资粘性（刚性）"中的"粘性（刚性）"并无实质区别。不过，经济学界使用"粘性"这一术语的频率要远多于"刚性"。

就目前学界的研究而言，福利刚性概念的定性有如下三种。

一种定性是将其视为大众心理的一种取向，这种心理取向会产生一定的政治效果。经搜索"知网"数据库发现，中国学界引用较多的定义是"人们对自己的福利待遇具有只能允许其上升，不能允许其下降的心理预期"。[①] 这种心理上的福利刚性包含着三个原则，即社会福利的规模只能扩大不能缩小，项目只能增加不能减少，水平只能升高不能降低。[②] 因此，以降低社会福利水平为目标的政策，往往会遭到公众的强烈抵触，甚至引发政治危机。尤其是在以政党竞选为核心制度的民主国家，政党顺应大众的这种心理取向，会导致政策向福利提升倾斜，而为了避免政治危机，福利削减的改革往往不会成为政党的选择。

另一种定性是将其视为一种政治文化。有学者认为，以北欧为代表的一些欧洲国家，维持较高福利水平并不断将其提高，已经成为主流的政治文化，得到了社会公众和政治党派的认可。[③] 这种政治文化不仅仅是心理预期的结果，也是长期以来实行的福利政策的惯性使然，反映了得到普遍认可的政治意识。在民主国家，福利刚性是民主权利意识的产物。削减社会福利的举措与政治文化相悖，不但不可能取得成功，反而会给改革者造成严重的政治后果。

还有一种定性指其为一种普遍的制度取向和现实的政策实践。福利刚性论者认为，社会福利从无到有、从少到多，项目、覆盖范围、支出不断扩张，形成了多种多样且不断扩张的福利机构，表明

① 徐延辉：《福利国家运行的经济社会学分析》，《社会主义研究》2005年第1期。

② 赵志刚、祖海芹：《从社会福利看我国养老保险制度改革》，《中国劳动》2005年第7期。

③ 赵聚军：《福利刚性、市场、区域差距与人口结构——公共服务均等化的制约因素分析》，《天津社会科学》2012年第2期。

社会福利具有自我强化的属性。如郑秉文研究员认为，福利刚性已经是一种制度。他指出，在法国，福利刚性甚至已经被"指数化"，福利水平不得不根据指数的提高而逐年上调。① 社会福利制度的建立和强化，塑造了"路径依赖"效应。降低福利水平的改革无异于要突破完善的制度网络，而提高福利水平则是维护根深蒂固的制度传统。因而，后者往往成为政党和政治家的选择。所以，有学者指出，社会福利刚性是一种"制度刚性"，即在形成后具有内在稳定性，使得资源分配格局产生了难以改变的惰性。②

在具体的分析中，这些定性多是杂糅在一起的。从三种定性的共同点来看，福利刚性是指社会福利水平缺乏向下调整的余地。它既是显性的制度、政策和文化现象，又是对这种现象的一种解释，即，基于社会心理学的个人理性假设，推定社会成员不能接受社会福利水平的下降，从而使政治行为和政治决策倾向于提高福利水平。三种定性都强调，社会福利具有一种自我强化的属性。一旦社会福利体制建立起来，不论是作为社会成员的普通公民，还是政治行为者，都会自觉地选择强化这种体制，而不会主动选择削弱福利水平。

福利刚性不是指社会福利体制的不可废除。从实践上看，只要一国建立起社会福利体制，在正常的条件下不会将其废除；从理论上看，"废除福利国家所带来的影响将简直是毁灭性的"，"资本主义也不能没有福利国家"，而无论是左派、右派还是其他任何批判社会福利弊端的立场，都未能设计出具有实际意义的社会福利替代方案。③ 即使是社会福利水平相对而言处于较低水平的盎格鲁－撒克逊国家，社会福利制度也没有被废除。因此，探讨社会福利体制的存在问题意义不大。事实上，在出现福利刚性概念的文章中探讨的也

① 郑秉文：《国外低保的前车之鉴》，《金融博览》2006 年第 10 期。

② 黄少安、陈言、李睿：《福利刚性、公共支出结构与福利陷阱》，《中国社会科学》2018 年第 1 期。

③ ［德］克劳斯·奥菲：《福利国家的矛盾》，郭忠华等译，吉林人民出版社2006 年版，第 1—16 页。

并不是社会福利体制的存续性问题。

值得注意的是，"福利刚性"概念具有浓厚的中文色彩。从相关学术研究来看，经在"知网"搜索，从 1986 年到 2017 年，共有 1804 篇文章提到了"福利刚性"一词。从民间对这一概念的相关应用来看，"百度"搜索返回结果达 230000 个，而且多次随机抽样发现，约 8 成以上的内容都是有效讨论。再从福利刚性在政策的影响来看，以《人民日报》为例，除 1989 年有一期即谈到了"福利刚性"之外，从 2007 年到 2015 年，又有 6 篇文章提到了这个概念，而且都提出要预防这个"陷阱"或"弊端"；另一方面，高层主管官员也曾以福利刚性为由，公开警示"福利陷阱"。[①] 可见，福利刚性在中国已经是一个得到广泛承认的概念。

从多数谈及福利刚性的文章内容来看，中文语境下对福利刚性的探讨有这样几个特点。第一，认为福利刚性的根源是心理动因，其心理发生机制类似于消费经济学上的"棘轮效应"，[②] 即福利水平一旦上升就不易于下降，而且会越来越高。第二，关于福利刚性是否与政治相关，有两种不同看法：一种认为福利刚性与政治无关，是心理学倾向在福利方面造成的客观事实或客观效应；一种在对西方资本主义民主制度的批判中指出，选举政治加剧了福利刚性。第三，对福利刚性基本没有进行论证，只是简单提及其概念或者简述心理发生机制，似乎将其作为不容置辩的、得到认可的事实。第四，在福利刚性的政策含义上，对福利刚性压倒性地持负面看法，认为

---

① 参见楼继伟《避免重蹈一些国家陷入"高福利陷阱"覆辙》，人民网，http://cq. people. com. cn/n/2015/1216/c365403-27326411. html，2015 年 12 月 16 日；胡晓义：《严防福利刚性弊端》，人民网，http://finance. people. com. cn/n/2014/0324/c70846-24716395. html，2014 年 3 月 24 日。楼继伟时任财政部长，后任社保基金理事会理事长；胡晓义时任人社部副部长。

② "棘轮效应"由经济学家杜森贝利提出，指的是消费者易于随着收入提高而增加消费量或消费好的产品，却不易于随着收入降低而减少消费量或消费相对次一些的产品。参见 James S. Duesenberry, *Income, Saving, and the Theory of Consumer Behavior*, Oxford：Oxford University Press，1967。

政策要避免引发其机制效应的发挥，必须对提高福利水平持谨慎态度。

总体上来看，中文语境对于社会福利问题的研究，主要还是处于劳动和社会保障这一专门领域，其特点是对社会福利的起源、理念、发展、种类、不同方案的细节研究较多，并且形成了丰富的成果，但对于福利刚性现象及其背后的制度逻辑，却没有深入探究的兴趣，可以说，这一领域几乎处于空白状态。另一方面，对于福利国家的改革，在政治学界特别是政党学领域，其中尤为突出的是在对欧洲社会民主党的研究方面，确实取得了不少成果。但是，这些研究所关注的对象，主要是政党内部、政党之间以及各政党与民主选举之间的关系，其几乎全部都遵循着这样一个模式，即，只要实行福利紧缩，政党和政治家就会失去选民，以致在政党竞争中失败，失去执政地位。它们可以分为两种：大部分研究对于福利紧缩的具体措施不感兴趣，似乎只要紧缩就一定失败；一小部分研究分析了福利紧缩的具体措施，但是没有分析政治家推出这种政策组合的动机、他们所面临的政治力量环境和他们所倾向的利益集团究竟为何，更不用说探讨到底民主政治和政党体制为紧缩措施提供了什么样的改革机遇了。因此，在国内学界，无论是在劳动和社会保障研究领域还是在福利国家研究方面，从政治角度切入社会福利问题，几乎都处于浅尝辄止的层面上，大多数情况下都是重复一些似是而非的概念，也正是在这样的学术背景下，"福利刚性"的说法才大行其道。

二 西方政治理论关于福利扩张与紧缩的研究成果

虽然福利刚性在中文语境中已成为显性话题，但在外文语境中却几乎没有完全对应的概念。用多个与福利刚性相近的术语对外文主要社会科学数据库和大众媒体的搜索，几乎没有反馈任何结果，只有保罗·皮尔逊提出了一个类似的概念——"制度粘性"（institutional stickiness）。不过，他所谓的制度粘性，并不专门针对扩张了的社会福利的紧缩性调整而言，而是指任何激进性变革都会因为正式与非正式制度中的"否决票"和"路径依赖"而面临巨大的障碍，这种障碍使得原来的制度及其变化趋势得以维持。"制度粘性"具体应用到社会福利方面，就是指其社会福利水平很难下降。

不过，如果不局限于福利刚性的字眼，而是将其转换到其相近的研究方向，如福利国家及其主要指标社会支出的变化，就会发现相关文献成果极其丰富。

关于福利国家的兴起和扩张的早期研究，主要发生于 20 世纪 60 年代中期至 70 年代早期。这些研究主要集中于一些非政治的结构性因素。代表性的看法有如下几种。

首先是 60 年代以来最流行的工业主义逻辑。这一遵循结构功能主义框架的逻辑指出，社会福利的产生是为了应对工业化、城市化、人口老龄化导致的社会经济的结构变迁，即工业化形成了产业工人阶级，城市化导致人口不能通过农业自然经济达到自给自足，这两者导致的人口流动和人均寿命的延长提出了社会福利需求，但农业社会传统的家族、宗族、行会等福利扶助或保障功能却缺乏对应的机构或组织来承担。与此同时，现代社会高度的专业化和资源的集中化也为社会福利体系的形成提供了条件，即各种类型的社会保险的分化与社会保障领域从经济生产和交换领域的抽离以及集中化的城市福利设施形成了社会福利供给。[①] 工业化逻辑着眼于从传统农业社会向工业社会的产业结构变迁和从农村到城市的人口流动趋势，在一定程度上解释了战后（甚至也包括之前）福利制度产生的经济和社会动因；然而，这种逻辑无法解释为何福利制度不是产生于工业社会初期，而是在"二战"后工业社会已经成熟的阶段才广泛建立，也无法解释美国等工业化程度领先于欧洲的国家福利制度比较

---

① 参见 Clark Kerr et al. , *Industrialism and Industrial man: the Problems of Labour and Management in Economic Growth*, Cambridge: Harvard University Press, 1973; Harold L. Wilensky, *The Welfare State and Equality: Structural and Ideological Roots of Public Expenditure*, Berkley: University of California Press, 1975, p. xii。

不完善的问题。

其次是新马克思主义的资本主义再生产功能需要逻辑。这一逻辑是从资本主义经济系统的正常运转的角度出发的。资本主义生产社会化和私人占有的根本矛盾导致工人处于受剥削、受压迫的地位，其购买力和消费能力越来越低，导致生产过剩。为了达到生产和消费的平衡，并且也为了维持对工人这种劳动力商品的持续剥削，资本主义社会建立了福利制度，使工人得到最低限度的生活资料，物质再生产也得以持续进行。[①] 按照这种逻辑，资本主义的根本矛盾没有解决，这种补偿工人的方式只不过是暂时性的，最终会带来资本主义的崩溃。然而，这种解释过于抽象，往往只是基于一些资本主义国家的某些侧面做出片面的结论，而没有顾及社会福利制度从初步建立以来已经有了一百年的时间，尽管在 20 世纪 70 年代后期出现了一些波折，但至今也没有被废弃，资本主义仍然具有很强的韧性。另外，这种逻辑假定了资本主义社会自有一种维护此种制度的自觉的"理性"，如为资本主义长期利益谋划的国家，而忽视了资产阶级之间的利益冲突、政治现实的复杂多变和历史发展的偶然断裂。

再次是文化价值论。相关论者认为，社会福利体制的建立和扩张有一定的文化背景，特别是那些强调互助、团结、合作、博爱的价值观对于弥合社会分裂和阶级冲突具有重要的作用。例如，有学者比较了欧洲和美国不同的文化，指出德国的父权主义社会理想和基督教伦理倡导社会庇护和和谐，为社会福利政策的实施奠定了基础，而美国的自由主义文化提倡的是个人责任，则不利于社会福利的扩张。[②] 这种看法有一定的道理，解释了价值规范对于社会政策的作用，但无法解释为什么这些文化因素没有在封建社会孕育出社会福利政策。它也无法指出到底何种文化因素有利于福利扩张，因为

---

① 参见［德］克劳斯·奥菲《福利国家的矛盾》，郭忠华等译，吉林人民出版社 2006 年版。

② 参见 Gaston V. Rimlinger, *Welfare Policy and Industrialization in Europe, America and Russia*, New York：Wiley, 1971。

也有不少论者认为工人运动以来的社会民主主义文化或者左翼文化比保守的父权主义和基督教伦理在这方面发挥的作用更大，而同样深受儒家父权主义文化影响的东亚却在社会福利方面发展缓慢。另外，这一路径最大的问题在于，它无法阐明文化因素具体是如何塑造社会福利体制的，特别是没有揭示它们如何影响政治过程从而促使国家成为社会福利体制的建立者和扩张者的。总之，文化因素对于社会福利体制建立和扩张的解释似是而非，其影响实际上还需要从其作为社会政治的意识形态背景对于具体政治过程的影响这一角度予以进一步澄清。

复次是扩散效应论，即从福利先进国家对邻近国家造成的示范模仿效应来解释福利体制建立和扩张。有学者研究了 19 世纪末期以来其他国家对于德国社会保险的学习、研究和效仿，描述了社会政策扩散的历史过程。[①] 其他学者更进一步，研究了福利国家扩散的具体路径，发现地理位置的邻近具有很大影响。[②] 扩散效应论解释了随着人类活动范围的扩展特别是全球化的深入，以社会福利体制为代表的政策传播现象，对于福利扩张具有一定的解释力。但是，这一模型在细节上仍有有待商榷的地方。按照这个模型，德国是社会福利体制的发源地，而实际上，俾斯麦政权也是从法国拿破仑三世那里学习的福利政策，可是这一模型并未说明为何法国没有成为扩散的中心。它也未能解释，为何在"二战"以前，虽然一些国家建立了社会福利体制，但被称之为福利国家和福利扩张的现象却是在战后以英国为典范发展起来的。另外，当今最典型的高福利国家既不是法国、德国，也不是英国，而是北欧国家，这与从中心到边缘的扩散路径也不相符合。

---

① David Collier and Richard Messick, "Prerequisites vs. Diffussion: Testing Alternative Explanations of Security Adoption", *The American Political Science Review*, Vol. 69, Issue 4, December 1975.

② 参见林万亿《福利国家——历史比较的分析》，（台北）巨流图书有限公司1994 年版，第 80—83 页。

　　从时代背景来看，这些成果的产生，与富裕而老龄化的西方福利国家的发展有着莫大的关系。当然，除了这些研究成果，在"冷战"的意识形态下，针对福利国家，左派和右派也各有意识形态色彩浓厚的批判。但是，无论是赞许还是批判，这些研究大多认为，社会福利的扩展和福利国家的产生是无法避免的、必然的趋势。

　　20 世纪 70 年代后期以来，随着全球化的发展、国际格局和各国内部政治形势的演变以及福利国家改革浪潮的到来，政治因素日益受到研究者的重视，掀起了以揭示民主政治制度及相关政治行为者在福利扩张中的作用为主攻方向的研究浪潮。但相对而言，福利国家分析的政治视角发展得比较晚，所以这些分析吸收了之前的社会学家和经济学家的已有成果，就具体的领域而言，这些研究可以归入到政治经济学和政治社会学领域。与此同时，经济学也开辟出了一些新的研究领域，其中影响大的是罗纳德·科斯（Ronald H. Coase）、道格拉斯·诺思（Douglass North）和奥利弗·威廉姆森（Oliver Williamson）等。他们观察到市场交易并不是"平滑"进行的，而总是面临着摩擦和外部性，经济结构的演化反映了对于"交易成本"的降低过程，由此衍生了很多的制度，这些制度影响了或者限定了各种经济活动的形式。新制度经济学的理论也被用于揭示社会福利制度演进和社会开支变化的制度因素。到了 20 世纪 90 年代，随着冷战的结束、全球化的挑战、老龄化的加剧、产业结构的调整和财政压力的显现，研究风向又转向了对福利紧缩的检讨和对福利重建的研究，视角也逐渐走向交叉化、综合化。例如，在 2009 年获得诺贝尔经济学奖的埃莉诺·奥斯特罗姆（Elinor Ostrom）就是在 90 年代提出用多中心治理理论来解决西方国家社会福利问题，该理论也被同时列入经济学和政治学的经典。21 世纪以来，福利国家的改革再度燃起学界的研究热情，但已经不局限在某一学科，而是在政治学、社会学、经济学以及交叉领域遍地开花，如何在承认福利国家已经根深蒂固的前提下更好地提高社会福利供给的质量成了所谓福利治理的中心问题。在这样的情况下，从西方资本主义国家不同的政治经济模式出发，来探讨多样化的社会福利发展路径也成为了一个专门的研究领域。例如，现任美国政治学会主席凯瑟琳·西伦（Kathleen Thelen）就是从资本主义多样性角度来展开福利国家研究的。尽管还有一些研究重复着以往的陈词滥调，但总的来说，福利扩张还是收缩的问题热度已经消退。然而，2007—2008年欧美的经济危机出现以来，福利扩张说甚至福利刚性说再次流行起来。

如果说70年代之前从政治之外的角度切入的对于社会经济现象的分析，往往认为福利国家的建立和社会福利的扩张是不可避免的，那么无论是90年代之前还是之后的研究，甚至包括在70年代之前从政治方面切入的福利分析，都不承认社会福利制度必然会建立，福利国家必然会建成，福利水平必然会提高，或是福利刚性必然会存在。相反，这些大多运用比较方法进行的制度分析探讨的恰恰是社会福利制度在什么样的条件下才能建立起来，为什么社会福利制度的类型不同，社会福利制度发展的不同途径是由于哪些因素而产生的。与当前社会学和经济学领域近乎千篇一律地解释福利制度的"兴起—壮大—问题—改革—新问题"的套路以及过分沉浸于各方面福利制度的细节设计不同的是，政治学特别是政治经济学的福利分析更加注重政治意识形态、制度机制和政策行为同社会福利的互动。有学者认为，社会福利研究甚至出现了"政治学派"，这个学派受社会学冲突理论的影响，基于对工业化逻辑的功能主义的批判，而转向了对政治因素的关注。这一思潮认为，民主制度下的社会矛盾、社会冲突和政治博弈，决定了社会福利的变迁，因此，应把研究重点放在西方民主制度上。[1]

从政治特别是政治经济互动的角度来分析福利国家而产生的代表性成果主要有如下几种。

---

[1]　刘涛：《德国劳动力市场的改革：社会政策的 V 型转弯和政治光谱的中性化》，《欧洲研究》2015 年第 1 期。

（1）作为政策纲领的社会福利

在西方民主国家，政治的首要问题和直接内容是选举，而社会福利往往构成政党纲领的重要成分，影响到选举的结果。一种政党理论认为，政党及其推出的候选人是政策导向的，一旦上台，他们将把选区的偏好转化为符合其支持者意愿的政策。政党的纲领及其意识形态确定了政策的偏好，选民按照这种政策偏好来投票。也就是说，选民和政党之间是意识形态上的委托—代理关系。据此，福利政策究竟采取扩张还是紧缩倾向，实际上取决于政党特别是执政党及其所代表的那部分选民的倾向。[①] 这种政党理论实际上是在政策和意识形态之间建立联系，认为特定的政策体现着特定的意识形态取向，而特定意识形态取向的政治主体也要求或主张特定的政策。在这种背景下，福利政策就体现着左翼的意识形态。据此，韦伦斯基和凯斯贝根认为，基督教民主党和左翼政党当选时都会推行扩张福利的政策，因为它们都秉持左翼的意识形态，代表着左翼选民的利益。[②] 同样，有实证研究指出，右翼政党在紧缩福利即削减社会支出方面发挥的作用越大。[③]

与此相反，奥托·基希海默认为，政党已经从意识形态政党转变成为全方位政党（catch-all parties），即面向各个阶层、各种职业选民的全民政党。为了争取尽可能多的选民支持，政党会尽量包容各种意识形态，不再坚持其特定的政策原则，而是尽可能多地覆盖广大选民的实际利益。[④] 在民主研究方面做出开拓性贡献的理论家安

① 参见 Peter Flora and Arnold J. Heidenheimer eds. , *The Development of Welfare States in Europe and America*, New Brunswick：Transaction Books，1981，pp. 314 – 378。

② Kees van Kersbergen, *Social Capitalism. A Study of Christian Democracy and the Welfare State*, London：Routledge, 1995.

③ Carsten Jensen, Peter B. Mortensen, "Government Responses to Fiscal Austerity：The Effect of Institutional Fragmentation and Partisanship", *Comparative Political Studies*, Vol. 47, No. 2, Feburary 2014.

④ Otto Kirchheimer, "Der Wandel des westeuropäischen Parteiensystems", *Politische Vierteljahrsschrift*, Vol. 6, No. 1, March 1965.

东尼·唐斯提出，在民主国家，政党的主要目标是赢得选举和连任，投票者的动机只是为了自身利益考虑；在两党制传统的国家，处于中间的政策能够照顾到最多数选民的利益，由此形成所谓的"中间选民"；而为了竞逐中间选民，两党的政策会向中间靠拢，呈现出收敛趋同的趋势，导致政策的意识形态色彩已不再显著。20世纪70年代以来，基于这种理论进行的福利国家研究大多认为，对于中间选民的个体而言，提高社会福利水平符合每一个人的利益，因而，中间选民乃至大多数选民倾向于提高自己能享受到的实际福利，所以社会福利水平会不断提高。但也有少数研究显示，这种理论并不适合于个别国家的特定情况，尤其是在特定选举制度下，很难辨认出所谓的中间选民，政党之间传统的意识形态差异仍然存在，选民的社会福利主张也并不呈现出明显的趋同趋势。

（2）开放—全球化压力论

社会福利进入政党纲领之中，并不是在历史上一直就有的，也是随着商业活动和市场经济在地理空间上的扩展而出现的。外部因素对于一些国家的社会福利变迁有着十分重要的影响。在国际政治经济学领域，戴维·卡梅隆提出，开放环境或者外向型的经济会促使小国构建较大规模的公共部门和福利设施，保护本国劳动者免受世界市场扩张的伤害，引发社会福利的扩张。[①] 实际上，这种主张是卡尔·波兰尼关于保障资本主义经济和社会正常运行的"双重运动"主张在开放小国语境下的运用。波兰尼认为，在现实的资本主义发展中存在着市场的自由主义原则的扩展，但也存在着社会的自我保护。在卡梅隆提出向全球开放的市场经济会引发社会福利的扩张这一主张后，在国际政治经济学领域形成了一些经验研究成果。其中，卡岑斯坦赞成这种论断，并将其纳入到开放小国政治经济结构之中进行研究。

不过，更多的研究认为，经济开放对于福利国家是一种威胁而

---

① David Cameron, "The Expansion of the Public Economy: A Comparative Analysis", *American Political Science Review*, Vol. 72, No. 4, December 1978.

不是助力，全球化对于经济效率和流动性的要求会造成福利削减，因为社会福利会造成价格扭曲，损害效率，而工会等提供的劳动保护和依附于民族国家的福利供给则会妨碍生产要素的自由流动。据此，既然全球化的压力来自外部，而且是客观上的不可抗力，那么民主政治的要求包括福利提升的需要就只能被忽视了。目前看来，后者仍然占据着主流。

在开放和全球化的"抹平"作用下，随着资本主义经济体系的扩展，各国的福利水平可能会趋同。有学者认为，"追赶效应"可能会使福利支出过高的国家向下调整福利，使福利支出过低的国家向上调整，最终，全球福利水平将上升到某种较高的位置，面临着进一步上升的瓶颈，从而在适当的水平保持稳定。[1] 这种分析表明，福利要经历一个从无到有、从低水平到高水平的阶段，但到了一定水平后就会围绕着这个水平向上或向下调整，而不可能一直上升。

一些学者却认为，全球化对各国社会福利的影响是不同的。总体而言，中北欧以集中的政治权威、多党制和法团主义为主要特征的福利体制不容易受到全球化的影响，社会福利总体上保持了韧性，而英美以分散的政治权威、两党制和多元主义为主要特征的福利体制则在全球化的影响下发生很大的波动。[2] 实际上，这种分析是把全球化的视角和艾斯平 – 安德森的福利资本主义体制的类型划分结合起来进行的论述。

也有学者运用全球化的视角根据不同类型的社会福利政策来阐述社会福利的不同变化趋势。面临全球化，资本方可能对于某些社会福利政策是支持的，对另外一些是反对的。由于全球化加强了资本方的力量，因此，他们有着很大的选择空间。具体而言，资本方偏好以职业培训为主要内容的积极劳动力市场政策，反对一些和市

---

[1] Peter Flora, Growth to Limits, *The Western European Welfare States since World War II*, Berlin/New York: de Gruyter, 1986.

[2] 参见 Duane Swank, *Global Capital, Political Institutions, and Policy Change in Developed Welfare States*, New York: Cambridge University Press, 2002。

场参与并无太大关系的社会政策，如养老金、医疗金等，而对教育
开支等一般社会政策没有特别的意见，因而，这些方面便相应地会
出现扩张、紧缩和不变的趋势。①

（3）国家视角的制度约束论

20 世纪 70 年代末期以来，随着比较历史分析方法对国家作用的
重新发现，制度要素又引起了人们的关注，并逐渐形成新制度主义
流派。在此影响下，在社会福利的研究方面，不仅非传统意义上的
制度，如非正式制度、不成文制度、宽泛意义上的制度，引起了人
们的关注，而且正规制度（如国家结构形式、议会内阁关系、宪法
效力等以国家为核心的制度）的影响也得到了进一步的挖掘。西
达·斯考切波、曼菲尔德·施密特等学者都强调，政党和政治家并
不是在制度真空中仅仅基于自身利益最大化的目标而进行理性选择
的，相反，制度框架限制了可以选择的方案和行为的路径，特别地，
以国家为核心的制度因素塑造了或限制了政党和政治家推行社会改
革的能力。② 在社会福利方面，总的来说，在国家能力较弱的情况
下，如当其面临着松散的官僚体系、联合内阁、强大的利益集团时，
福利改革会面临很多制约因素，因而最终结果倾向于制度稳定，即
社会福利水平不会发生太大波动。

这里值得一提的是两位学者的贡献。伊莫加特运用否决点（veto
points）概念分析了瑞士、瑞典和法国医疗体系"社会化"的不同后
果，指出政治制度中的"否决点"而非社会中的"否决集团"（veto
groups）对于制度变迁起着非常重要的作用。③ 这一观点影响了赛贝

① Brian Burgoon, "Globalization and Welfare Compensation: Disentangling the Ties
that Bind", *International Organization*, Vol. 55, No. 3, June 2001.

② 参见 Theda Skocpol and Edwin Amenta, "States and Social Policy", *Annual Review
of Sociology*, Vol. 12, No. 1, 1986 及 Manfred Schmidt, "When Parties Matter. A Review of
the Possibilities and Limits of Partisan Influence on Public Policy", *European Journal of Politi-
cal Research*, Vol. 30, No. 2, 1996。

③ Ellen Immergut, "Institutions, Veto Points, and Policy Results: A Comparative A-
nalysis of Health Care", *Journal of Public Policy* Vol. 10, No. 4, 1990.

里斯（Tsebelis）的否决者（veto players）理论的构建，并通过它对于一般的制度变迁和具体的福利改革研究产生了很大影响。

此外，艾斯平－安德森的研究表明，各种制度因素的作用促使不同国家形成了三种福利体制，即英美国家的自由多元主义体制、北欧国家的社会民主主义体制和中欧国家的保守主义体制，限制了福利改革的路径。这一研究也开启了福利体制类型学的先河。[①] 根据这种类型划分，自由多元主义体制下的福利大体上都由市场提供，福利类型大多为社会保险；国家提供的福利很少，主要是针对处于困境中的人们，一般采用家计调查的办法来确认受助者的资格，其主导价值是个人自由。社会民主主义体制下的福利具有普救性，依靠国家汲取高税收来维持，对市场的依赖程度最低，其主导价值是平等。保守主义体制下的福利具有分层化的特点，不同职业、不同等级的社会团体可以争取到不同程度的福利，国家起到协调的作用，传统价值和生产生活方式受到保护。

虽然这种分析视角在应用到具体的福利国家上时，可以在一定程度上解释福利扩张或紧缩的原因，但从一般理论的角度来看，这只是一种不包含论断的分析范式。换言之，福利扩张还是紧缩，取决于所研究的福利体制原初的状态和当时的制度。

（4）权力资源—联盟视角

政治社会学将社会福利的发展视为社会力量互相作用的结果。在各种性质和形式的社会力量中，工人阶级被认为是支持社会福利的主要因素，是一种权力资源（power resource）。他们可以成为被动员起来的权力，作为压力因素来实现福利目标。[②] 工人阶级的权力资源一般从两个维度来衡量。一方面，工人要达到一定的规模，在数

[①]　参见［丹麦］哥斯塔·埃斯平－安德森《福利资本主义的三个世界》，古允文译，（台北）巨流图书公司1999年版。

[②]　参见 W. Korpi, *The Democratic Class Struggle*. London：Routledge and Kegan Paul，1983；"Power，Politics，And State Autonomy in the Development of Social Citizenship"，*American Sociological Review*，Vol. 56，No. 3，June 1989。

量上具有一定的优势，并且形成阶级认同，具有阶级意识，从而在力量上和行动上成为真正的权力资源。在这个维度上，工会作为工人阶级自我管理的组织，其数量、密度和影响力可以作为工人阶级这一权力资源的重要指标。另一方面，工人阶级应当在政治体制中或政治体制外拥有代表自己的政党。在资本主义社会，对于社会福利具有实质意义的政党一般指社会民主主义政党。这些政党代表工人阶级争取经济民主，并通过国家的再分配作用推进社会福利的扩张。一般来说，工人在选举中的参与率和社会民主党在议会中所占的席位多少可以大致作为衡量这一维度权力资源多寡的指标。

经典的权力资源理论把国家分为三组，分别对应艾斯平－安德森的三种社会福利体制。在自由主义的社会福利体制下，工会密度（union density）往往在 15% 以下，社会民主党力量很弱；在社会民主主义体制下，社民党往往是执政党，工会密度最高，往往在 60% 以上；处于两者之间的基督民主主义体制下，社民党可能会分享政权，但执政的机会相对而言较少，工会密度一般在 20%—40% 的水平。[①] 实证研究证明，在工人力量较弱的地方，贫困指数和不平等指数较高，社会福利受到抑制。[②]

根据权力资源理论，工人阶级力量越强，社会福利水平越高；工人阶级力量发展越快，社会福利跃升幅度越大。显然，纯粹的权力资源理论秉持线性的决定主义。这在某种程度上解释了福利体制建立和福利水平变动的社会因素。在现代化的工业国家，工人阶级在政治上的影响确实是不容忽视的，因而，从权力资源的角度来解释社会福利有着一定的合理性。照此来说，在工业化早期，随着工人阶级力量的增强，社会福利水平应当迅速上升；但是到了工业化

① 凯瑟琳·西伦：《资本主义多样性：自由化的轨迹和社会团结的新政治》，张志超译，《国外理论动态》2015 年第 11 期。

② D. Swank, "Withering welfare? Globalization, political economic institutions, and the foundations of contemporary welfare states", in *States in the Global Economy: Bringing Domestic Institutions Back In*, Weiss, New York: Cambridge University Press 2001, pp. 58 – 82.

的后期，随着工人阶级力量的削弱，社会福利水平可能无法上升，甚至出现一定的下降。历史确实提供了工会和左翼政党力量变迁的证据和社会福利变化之间的互动关系。可见，由于结构性的变迁并非单向度，所谓的福利刚性可能并不存在。

事实上，权力资源的理论框架还需要进一步地完善。从理论内部来说，在何种意义上工人阶级的力量可以被视为是强大的或者弱小的：工会和社会民主党可以被视为参照指标吗？工人在某种情况下也许并不认同工会，而工会也可能被整合进法团主义的体系之内，与工人的福利利益相悖。同样，社会民主党也可能出于政治原因或由于外部原因而更接近资产阶级的利益，从而背离工人阶级的福利利益。即使工会和社民党代表工人阶级的利益，工人阶级总是有着强烈的社会福利要求吗？显然，这些问题否定了权力资源理论的单向度。

从权力资源理论同其他理论的关系来说，把这一视角和联盟理论结合起来也许更容易把握社会阶级影响社会福利的整全图式。从根本上讲，权力资源理论无非是传统的阶级动员理论的另一种称呼而已。显然，在任何一个时刻，被动员起来的阶级必须与其他阶级结盟才能实现自己的政治目标。在一个工业化程度很低的社会里，即使工人阶级具有明确的自我意识和严密的组织，他们也必须和农民阶级合作，这样一来，他们关于社会福利的要求可能就无法实现了，因为社会福利要求国家汲取较多的赋税，而农民一般而言是抗拒赋税的。这也解释了为什么在工业化早期只有零星的、针对特定群体的福利设施和政策，但并没有建立全面的社会福利体系。此外，在后工业化的今天，权力资源理论也必须与联盟理论更好地结合，因为产业结构越来越偏重于第三产业，传统意义上的工人逐渐让位于服务业从业人员和中产阶级，工会和政党都必须做出更多的调整来适应这种变化，其中最重要的是如何通过联盟而真正地发挥出权力资源的效用。从某种意义上说，原来被当成工人对立面的雇主在当前的条件下也并非没有和工人联合起来的可能。所有这些都给权力资源理论提供了更多的变量，也为社会福利的分析增添了变数，从而使得社会福利刚性说愈发显得无力。

(5) 政党分布论

这一研究方向的一个分支其实是对"否决点"理论在制度变迁方面的应用。根据否决点理论，在基于特定选举制度尤其是比例选举制而形成多党制和联合政府的情况下，相对不占优的小政党作为大党主导的联合政府的"否决者"，会对政府提出的政策持反对态度。由于"二战"后多数国家都发生了福利扩张，所以进一步的政治改革是紧缩性的。为了进行改革，政府就得通过其他方面的社会支出增加来收买小党，这就降低了制度改革的效果。由此，要么政府不进行改革，福利水平保持不变；要么政府以增加某些方面的社会支出进行改革，福利可能会继续进行扩张。① 这也就意味着，福利制度可能最终不会迅速走向紧缩，而是存在着反复的震荡。

除了小政党的作用，政党体制也影响到社会福利状况。在民主体制下，政党体制一般为两党制和多党制。马库斯·克雷帕兹（Markus Crepaz）认为，多党制和联合政府需要反复协商，一般会推高社会福利，这可以解释为否决点较多，也可以理解为责任不明导致不会出现坚定的反对意见。相形之下，两党制容易形成国会和总统分属于不同政党，两个机构互相龃龉，否定对方扩大预算支出的方案，更容易导致社会福利停留在原来的水平上而难以升高。②

还有一种观点再次引入了政党意识形态因素，但它关注的不是政党与选民倾向的关系，而是左右翼政党的分布。其代表基奇尔特认为，紧缩政策能否取得成功，取决于政党体系的轮廓和社会政策的框架。他指出，由于发达资本主义的社会变迁，传统的政党图谱

---

① Bernhard Kittel and Herbert Obinger, "Political Parties, Institutions, and the Dynamics of Social Expenditure in Times of Austerity", *Journal of European Public Policy*, Vol. 10, No. 1, March 2002.

② Markus Crepaz, "Inclusion versus Exclusion: Political Institution and Welfare Expenditure", *Comparative Politics*, Vol. 31, No. 1, Oct. 1998.

已经不适用了，现在的政治版图是左翼自由主义和右翼权威主义的对立。在经济危机时期，以强大中右翼政党为核心构建的政党体系会抗拒福利紧缩。[①] 一些学者指出，右翼政党主导的紧缩政策会被左翼批判为只是以牺牲贫困人口的利益为代价的、贯彻自由主义意识形态的改革；而左翼政党为了福利国家的长期存续，更有意愿进行迫在眉睫的小规模改革，而且它们在工会的支持下也更有效率。在左翼政党执政时，议会中的反对派是右翼，在议会中福利紧缩方案也更容易得到支持，故而左翼政党紧缩政策更容易获得通过。[②]

然而，我们却不能以僵化的观点来看待政党体制和政党格局的作用。与它们相比，在紧缩性的福利改革中，各政党是否结成了支持改革的联盟更为紧要。有研究表明，支持改革的联盟越大，福利调整的压力越有可能在各选民群体之间均衡分配，在议会内外形成强大反对派的可能性越小，改革措施越有可能长时间延续下来，越不易于在下一次选举后被废除。无论是大联合政府，还是少数派政府，这一模式都适用。[③]

（6）福利紧缩新政治学

这一理论的旗手是保罗·皮尔逊。他认为，自 20 世纪 70 年代末期以来，福利紧缩的政治气候占据主流，传统上以研究福利扩张为主要对象的旧政治学已经过时了，因此，他提出了福利紧缩的"新政治学"，特别要关注福利改革引发的政治冲突问题。皮尔逊认为，政治制度的纵向结构和横向结构与福利紧缩改革的难易并不必

---

① 参见［英］保罗·皮尔逊编《福利制度的新政治学》，汪淳波、苗正民译，商务印书馆 2004 年版，第 379—435、605 页。

② Fiona Ross, "Beyond Left and Right: The New Partisan Politics of Welfare", *Governance*, Vol. 13, No. 2, April 2000. Klaus Armingeon et al., *Comparative Political Data Set 1960 – 1998*. Berne: University of Berne, Institute of Political Science 2000; "Choosing the Path of Austerity: How Parties and Policy Coalitions Influence Welfare State Retrenchment in Periods of Fiscal Consolidation", *West European Politics*, Vol. 39, No. 4, July 2016.

③ Arend Lijphart, *Patterns of Democracy: Government Form and Performance in Thirty-Six Countries*, New Haven: Yale University Press 2012.

然存在对应关系。他对里根和撒切尔改革的研究表明，相对于英国议会权力集中的状况，美国的三权分立增加了制度否决点，即使民主党人控制了国会两院，并且选民赞成某种医保计划，也未必可以抗拒少数派的优势。

皮尔逊还从英美的福利紧缩改革中发现，在民主体制下，新政的要点是"避免被选民责怪"（blame avoidance）。为了减少紧缩面临的抗议，可以采取"模糊"、"分化"和"补偿"三种策略。此外，政策和政治过程的关系也被他重新界定：政策不仅是政治过程的结果，也是政治过程的原因，特别是，改革者可以通过政策塑造利益集团的激励。① 皮尔逊还根据艾斯平－安德森的理论，从再商品化（Recommodification）、成本控制和重新校准（Recalibration）三个层次分析了不同福利体制类型下的具体情况。他指出，不同的制度和现实状况制约着改革者的策略选择，所以，并不是所有紧缩改革都跟里根改革和撒切尔改革一样做到了对福利国家的"拆散"（dismantling），相反，在很多情况下，我们能够观察到的是重新协商（renegotiating）和重新构造（restructuring）。②

这些对发达民主国家社会福利发展状况的研究虽然没有直接提出民主制下的福利刚性概念，但也讨论了相关的问题。和中文语境压倒性地把福利刚性视为不容置疑的事实不同的是，几乎每一种理论都没有明确表现出支持福利刚性或者否定福利刚性的结论；相反，它们几乎都对这一问题持开放态度。看起来，福利刚性是否存在，还要从政治制度和政治行为者的复杂结构和互动中来寻找线索。这些分析给我们的另外一个启示是，关于民主体制下的社会福利是扩张还是紧缩，似乎难以做出必然的结论，还必须结合各国的不同情况做具体分析。

---

① 参见［英］保罗·皮尔逊《拆散福利国家——里根、撒切尔和紧缩政治学》，舒绍福译，吉林出版集团有限责任公司 2007 年版。

② Paul Pierson, "Coping with permanent Austerity: Welfare State Restructuring in Affluent Democracies", in *The New Politics of the Welfare State*, Oxford: Oxford University Press, 2002.

有鉴于此，民主制下的福利刚性问题需要从理论方面进行系统的思辨，也需要在实践方面接受事实的检验。既然民主—福利刚性还是一个尚需甄别和检验的问题，那么由民主制下的福利刚性再推及债务危机的原因，就更是一个似是而非的分析模式了。

第四节　本书的意义价值和研究思路

在福利刚性问题尤其是民主政治条件下福利刚性问题的研究方面已经取得了一些进展，但仍有一些重要问题没有得到解答。

首先，民主选举造成福利刚性和债务危机的逻辑初步看来是很有说服力的，这也是中文语境对此深信不疑的原因所在，但既然事实无法证明其具有一般规律性，那么问题很可能在于，其理论方面的论证不够周延。实际情况甚至更糟：目前国内学界对于这一逻辑的阐发几乎是凤毛麟角，完整的论证更是空白。因此，本书将努力填补这个空白，从理论上对这一逻辑进行系统的梳理和思辨，推究其可能的漏洞，并在此基础上阐明这一逻辑适用的条件。由于一般理论的探讨摒弃了具体过程的细节，因而探究的主要是结构性的因素。从近年来政治学的分野来说，从理论上探讨福利刚性更加注重的不是行为主义强调的微观的、个体的方面（虽然也不排除相关要素），而是制度主义强调的中观的或者宏观的、制度的方面。

其次，理论上的论证尚不足以回答民主制下的福利刚性逻辑究竟是如何被突破的问题，而其答案尚需在具体的案例中寻找。因为民主不仅仅是一个决定权力和利益归属的程序，而是西方多数资本主义国家政治制度的核心，对于整个政治生活具有决定性的意义和压力，对社会福利水平提升的影响也难以否认，因此，福利的紧缩和福利刚性的突破意味着，这个根本的政治框架的压力被绕开了或者被抑制了，其机理必定是十分巧妙和耐人寻味的。尽管南欧国家陷入深重的债务危机，尽管面临着国际债权人的巨大压力，尽管这

些国家的政党也不乏清醒的政治家，但目前看来，它们只有付出异
常巨大的代价才有望摆脱民主—福利刚性的控制。与此相反，中北
欧一些国家特别是德国却在这方面似乎并未遇到太大的困难。这种
差异不能从行为来获得解释，而应当主要归因于制度的差异。因为
如果政治家的行为具有迅速改变形势的力量，那南欧国家就不会形
成严重的危机了，也不会长期陷入危机而难以自拔了。

有鉴于此，本书的意义和价值是：第一，填补福利刚性研究方
面的空白，探究民主制度对于社会福利发展的影响，澄清关于福利
刚性的误解。第二，探明政治行动者、民主制度要素和社会福利政
策之间的互动方式和行动策略背后的制度框架，为发展关于政治制
度和社会福利的一般理论提供启发。第三，鉴于中国当前正处于社
会福利起步阶段，而福利刚性又在中文语境广泛流行，本书对于福
利刚性的研究对于福利体制和政策的设计必将有所启发。

基于上文关于事实和理论的初步观察，本书提出这样一个假设：
民主—福利刚性机制的形成和生效需要一定的制度条件，而这种条
件在中北欧国家特别是德国并没有得到满足，导致了社会福利并未
形成刚性，或者刚性作用的发挥遭到了抑制。在论证过程中，本书
将先在理论上检视民主—福利刚性—债务危机的逻辑链条，从民主
政治内在的意识形态、民主选举过程和工具以及民主制下的利益协
调机制三个层面对这一逻辑链条的各个环节、假设和条件展开考察，
探讨这一逻辑链条究竟是反映了普遍性的、一般性的规律，还是要
满足特定的某些条件才能成立的个别的、特殊性的解释。接下来，
本书将依据理论检视的成果，以欧债危机中表现良好且社会福利水
平呈现出非刚性特征的德国为例，分别从该国社会福利体制所依循
的制度倾向、政党格局和政党体制对福利刚性的影响以及国家—社
会关系构成模式与福利改革的联系这三个角度分析德国社会福利紧
缩的制度环境和现实运作。最后，本书将基于对德国民主制度和社
会福利刚性关系的案例研究，再次回到对民主和福利刚性的关系的
抽象的理论探讨，以便得出具有一定理论价值的结论。这是本书的

研究思路。

需要指出的是，本书将选择中欧国家德国进行研究，而没有把在这个问题的处理上也比较成功的北欧国家列为案例研究的对象，主要是出于如下考虑。第一，德国的社会政策调整相对于北欧国家更为平稳，且近期表现为下降趋势。如上图所示，1980—2016 年，北欧国家的社会福利水平最大变动幅度达到约 15%，而德国的变动幅度只有 5% 上下。另外，北欧国家在欧债危机后呈现社会支出水平上升趋势，而德国却进行了紧缩，而且是在遭遇"难民危机"的情况下进行了福利紧缩。尤其值得注意的是，德国在 1990 年实现了历史上的第二次统一，为此要在至少几十年的时间里为新联邦州负担巨大的社会福利成本。在这些危机叠加的条件下，德国能实现社会福利水平的控制甚至紧缩，是一个相当了不起的成就。第二，德国的现实条件适合于综合研究各种因素，也更容易得出相对而言适用性更强的结论。它处于欧洲中部，可能融合了南北欧福利体制的特点，福利水平处于两者之间的适中状态。从国际比较的意义上说，作为一个自然人口规模只算是中等的国家，德国却是欧盟经济发展最强劲的国家之一，在欧洲政坛举足轻重，对大陆各国的福利体制和政策都有重要影响，而北欧国家并无这样的优势。第三，德国是历史上第一个实行普遍社会保险的国家，在社会福利实践方面开创了先河，而且也曾发生过类似于南欧债务危机的魏玛危机，其长期的历史积累和制度积淀，对于我们从长时段的角度来观察资本主义民主政治和福利制度共存的百年历史具有无可比拟的优势。

第五节　本书的研究角度和研究方法

已有的研究表明，社会学、政治学和经济学能够分别从不同的角度揭示社会福利问题的侧面，但单一的学科却难免造成狭隘、片面的结论。社会学已经发展出来专门的社会保障（或称劳动和社会保障）次级学科，其对于社会福利的研究已经不太侧重于社会阶级、劳资关系、社会流动等相关方向，而是更加注重如何在既定的人口结构和经济体制下设计社会福利项目，以达到一定的价值目标，如社会公平，从而使技术性的探讨成为了学科的主题。相应地，劳资关系这一社会学的经典问题逐渐演变为劳动经济学或人力资源学的研究对象，而从成本—收益均衡分析的角度探讨就业政策和宏观经济、人力资源管理、工资福利和公司成本等也成了经济学的主要议题。在政治学方面，如前所述，对社会福利的研究往往会结合以国家为核心的政治制度和政治行为，尤其是政党选举和福利改革。显然，三个学科的研究兴趣、目标和方法分别在社会福利问题的研究上取得了丰硕的成果，但是，单一学科的视角难免存在偏颇，使得研究格局呈现出碎片化的特点，研究成果也常常互相冲突，迫切需要整全性的、综合性的范式和方法。之所以会出现这样的问题，也与研究对象有关。社会福利并不是从来就有的。它是一种现代现象，更准确地说，是随着资本主义生产方式和社会制度的发展而产生并日臻成熟的现象。在很大程度上，社会福利和资本主义存在着密不可分的联系。因此，对于社会福利的研究，不可避免地要使用研究资本主义的、具有整全性特点的范式和方法。只有这样，才能全面把握生发或避免社会福利刚性的政治的、社会的和经济的机制。

要论整全性的视角，马克思主义尤其是马克思本人的理论无疑是当之无愧的。马克思立足于历史唯物主义和辩证唯物主义的世界观和方法论，从生产力和生产关系、经济基础和上层建筑的关联全面分析了从物质生产直至意识形态的广泛对象，揭示了资本主义和人类社会运行的规律。但是，也有很多人认为马克思的理论是和现实保持相当距离的"宏大叙事"，抽象色彩较浓，导致马克思主义理论也"不注重现实新变化"，难以被用于对现实的解释。[①] 实际上，

① 吴宣恭：《重视所有制研究，学好用好政治经济学》，《政治经济学评论》2015年第1期。

这是对马克思的误解。马克思本人的叙述和研究坚持了从具体到抽象、从抽象到具体的认识论，真正做到了"每一个具体都是总体"的高度。但不可否认的是，一些马克思主义理论还停留在旧教条的水平，没有发展出新的解释方式，给人们造成了过时或者过于抽象的印象。

有鉴于以上考虑，本书在主要以政治学特别是政治经济学的视角观照社会福利刚性问题的同时，也吸收借鉴了当代资本主义的两个正在发展中的整全性范式——积累的社会结构和资本主义多样性。这两种整全性范式虽然并不或者并不全都是马克思主义的，但却在很多方面借鉴了马克思的理论要素。

积累的社会结构（Social Structure of Accumulation，简称 SSA）是 20 世纪 70 年代末、80 年代初由大卫·戈登（David Gordon）等人提出来用以解释资本主义周期性危机的概念，后经大卫·科茨（David M. Kotz）等人进一步发展为解释资本主义长期波动的理论。其核心思想是，由于资本主义系统的无政府状态，资本投资面临的利润率等存在着很多的不确定性，相关的决策因此而难以做出，导致积累难以进行。为此，资本主义发展出了一套稳定的制度安排来提供规则、缓和矛盾和提供确定的预期，从而使积累在相当长的一段时间内不断增加。这套制度安排就被称为"积累的社会结构"。每一个 SSA 都是一个互相联系的、统一整体，各种机制互相配合，消除了各自的问题，为资本积累创造了最有利的条件。但随着时间的推移，资本有机构成等生产的因素的功能被耗尽，阶级矛盾等社会因素激化，投资率不断下降，需要过渡到另一个 SSA 才能确保积累的正常进行。因此，SSA 存在着一个生成、繁荣、衰退、蜕变和新生的循环，相应地，资本主义社会也就出现了周期性的危机。①

在"积累的社会结构"范式看来，社会福利是促进资本积累的

---

① 丁晓钦、尹兴：《积累的社会结构理论述评》，《经济学动态》2011 年第 11 期。

重要制度之一，其作用在"二战"到 20 世纪 70 年代资本主义世界
的经济危机期间得到了最明显的体现，但在之后又被削减和压制，
从而进入到新自由主义的积累模式。对于社会福利，不应当仅仅从
资本主义生产过程本身来考察，还应当纳入到 SSA 之中。就此而言，
SSA 既提供了马克思主义的整全性，又为具体的分析提供了"抓
手"，这表现在三个方面。第一，开发了一系列中介范畴，即中间层
次的制度。虽然马克思既有对资本主义运行规律和历史趋势的最为
抽象的揭示，也有非常具体但仍具总体性的分析，但他未完成《资
本论》的写作计划，从而未系统地总结抽象和具体之间的中介环节。
在这方面，SSA 发现了一些可以用于叙述和分析的中介范畴①，从政
治经济制度的层面假设了社会福利所附随的抽象规律和微观的福利
计划之间的桥梁，特别是为分析民主政治理论下的社会福利刚性现
实提供了切实可用的工具。第二，超越了简单、机械的决定论，以
多元制度的整体效能作为解释的起点。SSA 对于社会福利的理解不
是硬生生地从生产力的角度出发，也不是机械地从其减轻生产过剩
和消费不足的矛盾等似是而非的角度出发，也不是从缓和阶级矛盾
的角度出发。它认为，每一个时期的 SSA 都是由一系列复杂的制度
共同构成的，这些制度相互勾连和嵌套，形成了一个整体从而以整
体的效能来对积累发挥作用。在此，没有任何一种制度具有绝对的
优先性。社会福利也是嵌入到一整套政治制度、经济制度和社会制
度之内的；进而推知，民主—福利刚性的机制也是受到一整套制度
的制约的。第三，既否定了资本主义永世长存，又不承认它会迅速
走向灭亡，从而更贴近当前阶段的现实。SSA 理论认为，资本主义
生成一种 SSA，就走向了一种稳定的、适宜积累的状态，这表明它
存在自我调节的能力，但这种调节能力是有限度的，终将无法调节
而进入到下一种 SSA，其间必然发生经济危机。这种周期性的、而

①　大卫·科茨：《长波和积累的社会结构：一个评论与再解释》，《政治经济学评
论》2018 年第 2 期。

非终结性的交替和循环模式，既符合资本主义变迁的现实，也符合社会福利周期性扩张或减少的现实，从而为分析民主—福利刚性问题提供了一种适宜的历史观。

如果说积累的社会结构范式为民主—福利刚性的分析奠定了分析工具、框架和历史观等形式上、方向上的基础，那么，资本主义多样性理论则为这个问题的实质内容方面提供了相当丰富的研究资源。

资本主义多样性（Varieties of Capitalism，简称 VOC）理论是 21 世纪初期比较政治经济学的一个产物，最早是由皮特·霍尔（Peter A. Hall）和大卫·索斯齐斯（David Soskice）在其颇有影响的《资本主义多样性》① 一书中提出的。但实际上，政治经济学对于不同国家不同的发展模式一直有着浓厚的兴趣。在这门科学诞生之时，不同国家的学者曾不自觉地把那个时代本国的发展道路和经验理解为普遍模式，由此出现了各种学派。作为古典政治经济学的批判家，马克思早就超越了这种狭隘的民族科学，他深入研究了欧洲主要国家资本主义发展方式、路径和程度的不同，论述了资本主义多样性。不惟如此，他还提出了"生产方式"的概念，对前资本主义的生产方式和社会形式以及亚细亚等欧洲以外的资本主义做出过概括。但是，马克思的兴趣并不在于总结这些模式。"二战"以后，德国和日本的繁荣及其不同于英美的特殊发展模式虽然引起了人们的广泛兴趣，但被很多人视为终将回归所谓新自由主义"主流"的暂时现象。在这样的背景下，VOC 理论的提出也是对于所谓"历史终结论"的回应。2007—2008 年的危机中欧洲和美国危机的不同形式、危机中不同国家的表现和应对策略展现了 VOC 理论的巨大解释力，促使其成为当代政治经济学特别是制度主义研究方向的重要学派。

虽然 VOC 是以企业作为分析的中心，但其重点探讨的金融制

---

① P. A. Hall and D. Soskice, eds., *Varieties of Capitalism: The Institutional Foundations of Comparative Advantage*, New York: Oxford University Press 2001.

度、劳资协调、公司治理、教育培训制度和社会政策等问题已经超出了企业微观经济学的层次，进入到广阔的资本主义模式领域。经典的 VOC 理论将资本主义分为两种类型，即自由市场经济体（liberal market economies，LME）和协调市场经济体（coordinated market economies，CME）。前者把市场作为协调的核心力量，以常规金融、流动性劳动力、一般教育培训、强竞争关系为特征；后者则以长期的产业金融体系、合作的劳资关系、良好的教育培训和合作关系为基础。[①] 随着时间的发展，这种粗糙的经典划分已经遭到了挑战。VOC 学者们发现了更为多样的资本主义模式，划分出了更为精细的类型集群和发展趋向，如斯堪的纳维亚国家的国家协调模式走向嵌入式弹性化，美国的自由市场经济走向放松管制，而德国的产业或行业协调走向二元化。[②] 和 SSA 方法一样，VOC 也强调制度的整体性，但它更注重"制度的互补性"塑造出来的不同类型，而这些类型都分别解决了自己的问题，发挥了"比较制度优势"。

对于我们的民主—福利刚性研究而言，VOC 为具体分析德国案例提供了视角和材料。事实上，VOC 阵营中的学者大多来自欧洲或以欧洲为研究对象。他们更为关注协调市场经济体特殊的制度结构，特别是社会福利政策与劳动力结构、工会制度以及积极的劳动力市场政策之间的关联，而在自由市场经济体的观察者看来，这几方面很可能是独立的领域。此外，不同于 SSA 范式的是，VOC 理论在资本主义模式的变迁中持有一种类似中庸的观点。在这样的视域下，一国的社会福利政策时常遭受技术、开放等各种外部因素的冲击，因而会不断进行调整；但是，这些调整受到制度互补性的抵制：一些制度可能居于变革的优先地位，而另一些制度却被期望保留下来。由此导致的结果是，总体的制度框架可能从资本积累的角度来看并

---

① 谢志刚：《资本主义多样性与制度动态演化：比较政治经济学的新进展》，《经济学动态》2012 年第 9 期。

② 凯瑟琳·西伦：《资本主义多样性：自由化的轨迹和社会团结的新政治》，张志超译，《国外理论动态》2015 年第 11 期。

不是最有效率的，甚至也不是最有利于资本家赚取利润的。这实际上是说，一些具有重要性的制度可能具备了根本性的地位，成为一种制约其他制度的框架，即使随着时代的变迁和人为的变革，这些制度也依然发挥着强大的制约作用。这样一来，由于历史路径的不同，社会福利的发展一定不会趋同或者收敛。在紧缩性的制度框架下，民主的作用并不都是支持福利刚性发展的。

有鉴于 SSA 和 VOC 这两种范式提供的思想资源，本书决定把制度机理的政治经济学分析作为社会福利刚性研究的重点。制度的定义是多样的。一项刚刚由权威主体通过的规定、法律或法规可以被视为制度，以千年为尺度而形成的文化也可以被当做制度看待。但是，就本书的研究对象民主—福利刚性而言，制度最好是中观层面的、易于被把握和分析的。为此，本书所谓的制度应当具有三个特征：长期性、规范性和广泛性。长期性排除了一时情势而产生却并未延续下来而造成持久影响的规范；不过，那些短暂的规范仍有可能产生某种启示或教训，成为制度变迁的动因和影响制度发展方向的潜在因素，从而作为制度变迁分析的一个对象。同时，长期性也否定了超长期的历史演变而形成的所谓文化，因为一般而言，人们对于过长时间的文化演变以及文化要素并没有达成统一的认识，在分析中也是难于把握的。规范性意味着制度是作为某种模式存在的，它引导和形塑了行为和变迁的取向和路径。因此，一些并非以成文规定的形式呈现出来的规则或框架，也可以被看作制度。广泛性意味着制度得到了社会成员的共同承认，而这种承认可能是主动的，也可能是被动的或者无意识的。

从制度的政治经济学这一角度切入民主—福利刚性问题的研究更注重结构性的因素。在此，不妨借鉴政治学对欧洲社会福利研究的框架。政治学将福利研究分为三个层面：政体（polity）层面、政治（politics）层面和政策（policy）层面。政体层面涉及宪制、国家政体形式、国家结构形式等对社会福利的影响，政治层面聚焦于政治力量、政治冲突、政治纲领等与社会福利取向的关系，政策层面关注福利政策相关理论和设计。① 从制度的政治经济学角度对民主—福利刚性问题的研究也可以采取类似的分析层次，即体制框架、政治框架和政策框架三个层次。体制框架是指一个共同体最初确立并保持稳定性的根本政治经济模式，具体到社会福利问题上涉及宪法中的社会内容和嵌入政治经济模式中的社会福利体制。在民主国家，福利刚性相关的政治框架主要是指政党分布、组成和影响力的模式，具体而言，它主要涉及一定选举制度下的政党格局和政党体制。为了避免社会保障研究对政策设计细节的苛求，本书拟研究政策框架，即在一定的国家—社会关系中，政策和社会力量之间的互动受到何种根本性因素的制约和影响。

在研究方法上，本书将把规范的理论思辨和案例实证结合起来，主要采用文献法、比较法等方法。但是就本书的框架而言，这里主要采用的是将传统的制度研究和新制度主义相结合的研究方法。传统的制度研究虽然似乎有些过时，但其对正式机构和正式制度的重视，对成文规范的严格法学和哲学分析对于我们的研究主题来说，是非常合适的。对于新制度主义的研究方法，本书整体上将以历史制度主义的分析方法为主，根据具体的情况也会采用理性选择制度主义和社会学制度主义的分析策略。理性选择制度主义以成本收益分析为基础，揭示了行为者微观的利益权衡对于行动策略的影响，特别适合于提出假设和演绎思辨。社会学制度主义重视文化等非正式制度和行为者偏好的内生因素，从适宜性逻辑解释制度变迁，为理解制度变迁提供了另外一种视角。相比之下，历史制度主义揭示了历史的偶然性造成的路径依赖和路径突破，重视行为者偏好的内生因素，重新界定了结构性的视角，特别适合于案例研究和比较方法的应用。

本书对于制度的看法依循新制度主义三个流派的共识。本书认

① 刘涛：《德国劳动力市场的改革：社会政策的 V 型转弯和政治光谱的中性化》，《欧洲研究》2015 年第 1 期。

为，制度既包括正式的法律和法规，也包括非正式的习惯和长期形成的文化。制度约束着个体的行为，不仅对个体的行为具有规范意义，而且在某种程度上也塑造了个体的意识。因此，个体是内嵌于制度的，制度建构了个体意识和行为的框架。就此而言，制度揭示的主要是制约行为者的、相互勾连的结构性因素。所以，本书将特别强调体制性的制度，亦即在长期演进中形成的、具有内在联系的、系统性的制度。具体来说，本书将特别关注那些长期稳定的民主国家所发育出来的整体制度倾向与福利刚性之间的关联，揭示政治意识形态、政党政治和政治利益协调机制在福利刚性问题上的共同特点。基于这样的认知，本书可能会忽略掉一些偶然的、个别的、短期的因素和细节。本书认为，这些因素和细节虽然对于社会福利刚性的养成产生了一定的影响，但并不具有根本的决定性作用。

本书的研究方法并非没有缺陷。在三种新制度主义方法（范式）中，本书整体上主要采用的是历史制度主义的方法，而这种方法的特点，是强调变量与变量之间在不同的时间和情境中会产生不同的脉络。因此，"历史制度主义不承认普适性理论的开发，而只有中观层面的分析（meso-level analysis）才具有可能性"①。这种方法势必要忽略掉宏观和微观的因素，从而妨碍到一般理论的构建。具体来说，本书可能不太涉及社会福利计划、项目、设计、发放和相关政策反馈等社会政策研究直接侧重的领域，也不大涉及社会福利的哲学层面（如功利主义哲学、现当代平等理论），而主要地是从制度层面观察不同维度的制度形成的整体倾向及其对社会福利的约束。另一方面，历史制度主义的研究通常以扩充案例类型的比较方法来克服构建一般理论的弊端，但由于本书掌握的材料有限，写作时间不足，难以进行足够广泛和比较深入的案例比较。不过，在比较法的运用方面，本书仍然不乏共时比较和历时比较。值得指出的是，虽

---

① 参见［韩］河连燮《制度分析：理论与争议》，李秀峰、柴宝勇译，中国人民大学出版社2014年版，第159—171页。

然本书的案例分析以德国为论述的主要对象，但在一般理论部分将
对实行民主制度的主要西方国家的有关状况作比较，而在分析德国
案例的过程中，也将对德国和债务危机比较严重的国家进行比较，
同时涉及历史演进的内容也大量运用了历时比较。实际上，辨析中
所涉及的理论大多也是从经验研究和比较研究中抽象出来的。通过
这个部分，本书试图在一定程度上提升研究成果的一般性价值。

第二章　民主条件下福利刚性形成机制的一般理论检视

　　民主—福利刚性逻辑无疑有其合理性的一面。看起来，这套逻辑的一些假设及其推导过程都是合理的，而且在实践中也不乏一定的证据支持。事实上，自20世纪70年代以来，这一逻辑就被用来解释当时福利国家出现的种种问题，如被用来解释政府负担过重、国家干预过度、投资和劳动积极性受挫、经济增长停滞和社会活力缺乏，等等。由此还产生了许多的危机论：福利国家（体制）危机论、社会民主党（主义）危机论、民主政治危机论、资本主义（社会制度、生产方式和再生产方式、生产系统和再分配系统、合法性）危机论等。欧债危机发生以后，这一逻辑链条再次被用来支撑形形色色的危机论，引发了对资本主义经济、社会、政治和文化的大量批判。可见，民主制下的福利刚性逻辑是用来论证资本主义民主国家和福利体制弊端的一个关键环节，是深入认识当代资本主义经济、社会和政治制度的一把钥匙。

　　然而，从整体上看，针对福利刚性何以形成这一基础问题的专门的和深入的探讨，几乎还处于空白状态。在这方面，仅有一篇比较具有代表性的、分析比较完整的文章指出，福利刚性形成的机理有：（1）基本福利需求随着经济社会的发展而不断增长；（2）以养老保险为主的一些福利项目兑现的"时滞效应"需要以政府信用作担保，而只有福利水平不下降甚至有所上升，这些项目才能维持下去；（3）福利项目不断完善、福利机构不断健全、涵盖人群日益广

泛形成了制度惯性和制度压力；（4）民生保障逐渐成为现代国家合
法性的依据，特别是在民主制度下，福利扩张成为政党和政客讨好
选民、获取选票的重要手段。遗憾的是，这篇文章并未对这几点作
进一步的深入分析。

　　上述的前两个因素具有客观性。如果它们是福利刚性的主要成
因，那么福利刚性便成了不以人的意志为转移的客观事实，除非不
建立社会福利制度。照此逻辑，如果因为经济社会的发展而不得不
建立社会福利制度（这越来越成为共识），而社会福利又必然具有刚
性，那么福利的不断增加乃是不可抗力，人为的政策因素并无任何
转圜余地。这一点并不符合福利刚性论的倾向，因为如前文所述，
中文语境对福利刚性的论述大多强调要警惕和避免所谓的"福利陷
阱"，恰恰表明了政策是有很大空间的。事实上，大多数文献也是从
福利刚性的心理机制和社会政治背景出发的。其次，如果社会福利
的发展是由客观因素决定的，那就无法解释为何有些国家经济发展
已经达到很高的水平，而社会福利体系仍未建立，或者只是处于社
会福利水平极低、体系极不健全的地步，而有些经济发展很差的国
家，社会福利水平却很高、体系却很完善的程度；进而言之，对于
已经建立社会福利体系的国家来说，客观因素说无法解释为何有的
国家经济连续多年高速增长，福利水平却刚刚起步；它也无法解释
各个国家进入社会福利体系的时间为何会不同。再次，在社会学、
政治学和经济学领域有相当多的专家，特别是政治学家保罗·皮尔
逊认为，"福利制度现在所面临的基本情形是永久性紧缩，……（但
这）并不意味着结果只能是各国福利制度的垮台或急剧性的缩
减"。① 在这种形势下，社会福利能不能缩减和如何缩减引起了学界
对于主观能动因素的关注。既然社会福利的建立和调整一般来说是
国家行为，那么在各种主观能动因素中，纯粹由人力促成并且又反

---

① ［英］保罗·皮尔逊编：《福利制度的新政治学》，汪淳波、苗正民译，商务
印书馆 2004 年版，第 595—596 页。

过来制约人力的福利政策及其背后的政治体制相对于人口变化、经济发展等因素而言便成为更重要的中心问题了。正是在此意义上，民主政治成为西方学界解释社会福利刚性的重中之重。

　　显然，前文所说的促使福利刚性形成的后两个因素很好地支撑了一些论者认为的民主制度①相对于非民主制度更具有福利刚性，从而更容易导致福利不断攀升乃至引发福利危机的论述。

　　在接下来的分析中，本书将充分展开支持民主—福利刚性论的逻辑，并揭示其理论缺陷。本书认为，如果仔细检视从民主制下的福利刚性到债务危机的整个逻辑链条，会发现这个链条并不是无条件成立的。相反，这个链条由各个环节组成，其中每一个环节都建立在一定的假设和条件之上。由于这些假设和条件要么不合理，要么不符合事实，要么不具有普遍性，因此，民主制下的社会福利刚性并不是一般规律。

第一节　民主—福利刚性的意识形态根源及其嬗变

一　民主政治的意识形态与福利刚性的形成

　　社会福利在民主体制下作为公民社会权利的实现，成为了政权合法性的一个重要来源，因而，福利水平的不断提升，也是民主意

---

　　①　本书论述的对象是西方资本主义民主国家。为了方便得出一般性的结论，本书采用最低版本的现代民主定义，即熊彼特的定义，即包含"竞争性"和"选举制"两个要素的政治制度体系。显然，这一定义涵括了现代西方民主体制的共性。参见［美］约瑟夫·熊彼特《资本主义、社会主义和民主主义》，绛枫译，商务印书馆1979年版。无疑，学界对现代民主制度的定性有各种各样的版本，但是作为论证的背景，本书选择最低版本的、涵括各种定义共性的熊彼特式的民主，才能为福利问题的论述创造一个不太容易引发争议的出发点。在具体哪一个国家在什么时期可以归入民主政体之内这个问题上，本书按照亨廷顿的分类，具体可参见［美］塞缪尔·亨廷顿《第三波——20世纪后期民主化浪潮》，刘军宁译，上海三联书店1998年版。

识形态的题中之义。随着资本主义民主制的巩固和深化，民主政治合法性的异化进一步加剧了福利刚性。特别地，在社会民主主义盛行的民主国家，福利刚性更加突出。

覆盖广泛、项目众多、支出庞大的社会福利并不是从来就有的。在历史上的绝大部分时间里，社会福利只是以偶然的、针对特定对象的、具有施舍性质的有限社会救济的形式存在，如欧洲中世纪天主教会的慈善活动和政府的贫民救济等。那时，贫穷被视为个人的无能，而非社会环境造成的结果，并且接受救济者要以失去参与政治的机会为代价。① 社会福利开始迅速发展并成为普遍性的制度，最早也不过是一个多世纪以前的事。皮尔逊指出，政治普选权和社会保险立法是在 19 世纪末、20 世纪初同时出现的。② 现代代议制民主在 19 世纪的英国和美国得到了实践，但在政权只对市民阶层的精英开放的前提下，这种民主仍是有限民主，而以普选权为标志的、以普通公民政治权利为基础的大众民主，在很大程度上是 19 世纪民主运动和争取工人等底层人民的基本生活保障的社会主义运动的产物。从这个意义上讲，大众民主和社会福利是同源的。民主意识形态关于人民主权和公民平等的要求，激发了争取更高社会福利的意识需要；一定限度的民主空间，如议会代表制，为人民福利升级愿望的表达提供了制度基础。

进入到大众民主时代以后，社会权成为公民的基本权利之一。马歇尔指出，作为三个世纪以来民主化运动的产物，社会权利最终构成了公民权利的重要内容。③ 不但公民的生活境况艰难，而且他们的基本生活甚至比较体面的生活都在一定程度上被视为社会环境的

---

① W. Fischer, *Armut in der Geschichte*：*Erscheinungsformen und Lösungsversuche der* "*Sozialen Frage*" *in Europa seit dem Mittelalter*, Göttingen：Vandenhoeck & Ruprecht, 1982, p. 33.

② 汪行福：《分配正义与社会保障》，上海财经大学出版社 2003 年版，第 212—213 页。

③ 参见 T. H. Marshall, *Citizenship and Social Class*, London：Pluto Press, 1992.

结果。社会福利便由政府的特殊"施舍"演变为国家必须承担的常规责任。特别是在"二战"以后，发达资本主义民主国家建立了福利国家，其典型特征是：公民与国家的关系基于契约，"公民获得社会福利并非政府的恩赐和慈善，而是公民权利的体现"。[①] 在政权源自于选举这一人民赋权的程序正义之外，对民生的保障又在实质正义的意义上加强了其合法性。[②] 在这种意识形态下，对民生福利的削减必定造成对政权合法性的损害。于是，相反的政策选择，即不断提高福利水平，成为巩固民主体制和厚植执政根基的重要手段。

作为公民权利，社会权本来是事关人的尊严的一种不可交换的原则。只要建立了社会福利制度，即使是在资本主义制度下，公民似乎也不再是纯粹的商品，无须完全依赖于在市场上出卖劳动力维持生活。即使公民丧失了劳动力，社会权也确保了公民依靠福利来获得生活保障。因而，社会福利实际上带有"去商品化"（de-commodification）的性质，[③] 意味着公民能够在一定程度上"逃离"市场领域的伤害；或者说，公民在一定条件下可以选择不进入市场，而仍然能够得到生活福利的保障。

然而，从理性选择的角度来看，资本主义民主政治并不是社会公正原则大行其道的道德领域，实际上仍然是一个"政治市场"，即不同的政治行为者通过资源的交换来达成各自政治目标的场域。在这种情况下，社会福利成了社会权利资源和政治权力资源交易的中介，兼具两种互相矛盾的属性：既有经济市场的"去商品化"属性，又有政治市场的"再商品化"性质。拥有权利的公民出卖合法性给政党和政治家，而政党和政治家则回报以社会福利。"利益政治"对"原则政治"的取代，使得资本主义民主国家的合法性越来越倚重对

---

① 雷雨若、王浦劬：《西方国家福利治理与政府社会福利责任定位》，《国家行政学院学报》2016 年第 2 期。

② 周弘：《福利国家向何处去》，《中国社会科学》2001 年第 3 期。

③ ［丹麦］哥斯塔·埃斯平 - 安德森：《福利资本主义的三个世界》，古允文译，（台北）巨流图书公司 1999 年版，第 38—39 页。

选民的福利收买和利益交换。[①] 由于福利的"欲望"被刺激起来以后很难加以抑制，人们对福利的预期便形成了不断升高的心理惯性。[②] 这样一来，在这桩交易中，一方是在提高社会福利水平上意见一致的全体公民，类似于一个垄断者；另一方是民主政治下两个以上的政党和政治家，类似于多个寡头。显然，这种交易的结果有利于公民。公民对国家的福利"要价"越来越高，而政权为了获得合法性和政治认同，也不得不接受这样的代价。[③] 因此，福利刚性是民主政治合法性异化的结果。

一些学者认为，福利刚性在欧洲国家更为突出，主要是因为社会民主主义意识形态盛行的缘故。社会民主党在 19 世纪末期上台，对于社会福利体系的建立和发展产生了重要影响。例如，1892 年，意大利劳工党成立，1895 年改称社会党，1913 年已经在议会拥有 52 个席位；再如，1879 年，法国成立工人党，其社会主义党团在 1914 年获得了议会的 103 个议席，成为第二大党；又如，1871 年、1887 年和 1889 年，丹麦、挪威和瑞典的社会民主党也分别成立。这些社会民主党的成长壮大，以及它们对于工人社会福利的主张乃至相应的斗争，为社会福利制度的建立和扩张提供了政党基础。[④]

研究福利资本主义体制的专家埃斯平－安德森把具有最高水平的普惠性社会福利的北欧国家归入社会民主主义类型之内。[⑤] 从第二国际和社会党国际（Socialist International）的一些宣言中可以看出，社会民主主义的主要主张是，在资本主义民主的框架下，通过和平

---

① Nikolas Luhmann, *Political Theory in the Welfare State*, Berlin: Walter de, 1990, p. 38.

② 陈良瑾：《社会保障教程》，知识出版社 1990 年版，第 213 页。

③ 如保罗·皮尔逊认为，福利紧缩带来的分散的和个别的利益相对于福利扩张带来的集中利益（conentrated interests）是处于劣势地位的，参见其论著《福利制度的新政治学》。

④ 和春雷编：《社会保障制度的国际比较》，法律出版社 2001 年版，第 36 页。

⑤ ［丹麦］哥斯塔·埃斯平－安德森：《福利资本主义的三个世界》，古允文译，（台北）巨流图书公司 1999 年版，第 38—39 页。

的政治改良来保障人民特别是工人阶级的经济地位和生活福利。在这里，民主与其说是其次要目标，倒不如说是实现社会福利的手段。① 在欧洲，社会民主主义推动社会主义工人运动同时为建立民主政治制度和工人的社会经济地位而斗争，成为后来大众民主和福利体制得以建立和巩固的重要因素。② 在当代欧洲，由于倡导社会保障提供的平等生活条件、国家的收入再分配作用和互助团结的理想社会图景，社会民主党成为了推动社会福利不断强化的主要力量。总之，社会民主主义的使命和社会民主党推动工人民主运动的历史经验，使得社会民主党特别依赖工人阶级的选民基础和社会福利的选举工具，并由此推升福利刚性不断加强。

二 支持福利刚性的意识形态因素的变迁

从意识形态方面来看，民主的公民权利和社会福利制度之间的所谓同源性命题不全然符合历史事实，社会权利是否构成基本权利也存在争议，社会福利与政权合法性脱节，支持社会民主党推升社会福利的条件也已发生很大变化。在这些因素的共同作用下，社会福利刚性从民主意识形态那里获得的支撑正在走向衰微。

首先，从公民政治权利和社会福利制度的发源上看，两者存在时间上的错位；民主制和社会主义工人运动未必对于社会福利的增进有所助益，或者说它们之间并不存在必然的因果联系；而社会福利未必促进了公民政治权利和社会主义工人运动，反而可能恰恰起到相反的作用。其关键在于，资产者和工人并不是社会福利体制确立之初最大的受益者，国家设计社会福利体制的本意也不是为了保障他们的利益。

---

① 参见社会党国际文件集编辑组编《社会党国际文件集（1951—1987）》，黑龙江人民出版社 1989 年版，特别是其中的《法兰克福宣言》。这份文件指出，"社会主义只有凭借民主制才能完成，而民主制也只有通过社会主义才能彻底实现"，"维护政治民主是实现经济民主与社会民主的一个条件"。

② 周弘：《福利国家向何处去》，《中国社会科学》2001 年第 3 期。

对于这一问题，可以从选举权、普选权和社会福利制度确立的具体时间上来进行考察。例如，在法国第二帝国时期，拿破仑三世通过有限的社会福利措施来加强社会控制，而其公民的选举权却经历了多次反复：1792 年引入了男性公民选举权，但实质上受到了各种限制，1815 年被废除；1848 年革命又确立了男性公民选举权（但1850 年排除了罪犯和流浪者），接着又在帝国时期被取消；1870 年再次确立了男性公民选举权，如此等等。这表明，社会福利制度和普选权并无对应关系。而在拿破仑三世时期，社会福利所服务的制度非但不是民主，而恰恰是帝制。

再如，德意志帝国启动社会保险立法的时间是 1881 年（此前，在个别领域也有一些针对特殊群体和特殊情况的福利制度），而其男性公民选举权确立的时间是 1871 年，表面上看来似乎有所关联，但建立社会保险制度的目的和实际上起到的作用都是维护帝国统治和抑制民主运动，而不是促进了民主制度的建立。

诚然，社会主义工人运动和资产阶级民主运动确实曾在斗争中相互促进。例如，英国从 19 世纪 30 年代开始的宪章运动就是一场同时兼具社会改革和民主改革性质的运动。但是，英国在 18 世纪 60 年代就已经开始了工业革命，从宪章运动以来，有组织的工人运动开始蓬勃发展，但只是到了 19 世纪的最后几年，英国在德国社会保险立法的示范作用下，才建立了有限的工人补偿制度，而其男性公民选举权直到 1918 年才得到承认，普选权更是到 1928 年才得以确立。[①] 可见，英国作为较早确立代议制度的国家和工人运动的发源国，却在实现公民民主权利和建立社会福利制度方面相对落后。

对法、德、英三个主要国家的具体分析表明，民主制和社会福利制度并无绝对的同源关系。因此，关于民主权利和社会权利以及民主制度和社会福利制度的相互促进作用的说法，并不是普遍事实，不足以支撑民主—福利刚性逻辑的一般性。

---

① 参见和春雷编《社会保障制度的国际比较》，法律出版社 2001 年版，第 1—34 页。

表 2.1　　　西方国家社会保险的最早实施和公民获得选举权的时间

	工伤保险	医疗保险	养老保险	失业保险	家庭津贴	男性公民获得选举权时间	所有公民获得选举权时间
比利时	1903	1894	1900	1920	1930	1894	1948
荷兰	1901	1929	1913	1916	1940	1918	1922
意大利	1898	1886	1898	1919	1936	1913	1946
德国	1871	1883	1889	1927	1954	1871	1919
爱尔兰	1897	1911	1908	1911	1944	1918	1923
英国	1897	1911	1908	1911	1945	1918	1928
丹麦	1898	1892	1891	1907	1952	1849[a]	1918
挪威	1894	1909	1936	1906	1946	1900	1915
瑞典	1901	1891	1913	1934	1947	1909	1921
芬兰	1895	1963	1937	1917	1948	1907	1907
奥地利	1887	1888	1927	1920	1921	1907	1919
瑞士	1881	1911	1946	1924	1952	1848	1971
澳大利亚	1902	1945	1909	1945	1941	1902[a]	1902[a]
新西兰	1900	1938	1898	1938	1926	1879[b]	1893[b]
加拿大	1930	1971	1927	1940	1944	1920	1920
美国	1930	—	1935	1935	—	1860[b]	1920
法国	1898	1898	1895	1905	1932	1848[c]	1944

说明：[a]选举权的限制条件非常严苛；[b]在种族上还局限于欧洲人（白人）；[c]经历了多次反复。

数据来源：Pierson, C., Beyond the Welfare State? The New Political Economy of Welfare, University Park：The Pennsylvania State University Press, 1998. 笔者根据历史资料做了适当修改。

其次，当代社会福利制度建立和福利国家扩张的主要渊源不是民主体制下的社会权利，而是在资本主义发展到一定阶段的特殊形势下对凯恩斯主义和社会改良思想的结合。福利刚性论认为，社会权是当代民主社会的基本权利，它的确立成为福利国家建立和扩张的依据。然而，虽然二战以后，美国总统罗斯福提出了包含广大社会权的所谓"第二权利法案"，并对《世界人权宣言》的主要内容起到了很大影响，但这些社会权利并未写入美国宪法，仅仅是罗斯福当局的政策宣示。事实上，联合国基于此而达成的公约是把公民权利和政治权利同经济权利和社会权利分开的，并且对社会权利做了边缘化的处理。一方面，缔约国有义务立即实施《公民权利和政治权利国际公约》，将其规定为国内法律的内容，个人可以凭此诉诸司法救济，而对于《经济、社会和文化权利国际公约》，缔约国只需基于其所拥有的资源限制逐步履行。其后果，就是社会权利被当成了一种宣示权利，即并无法律强制力的导向性权利。另一方面，公民权利和政治权利的保障很早就以联合国人权事务委员会作为监督机构，要求缔约国定期提交报告，而经济、社会和文化权利只是到了 1985 年才成立了相应的委员会，但并没有建立定期检查的制度。[①]这就在国际层面否认了社会权利的基本权利地位，因为基本权利是任何时候都不允许被侵犯或剥夺的。

　　尽管《世界人权宣言》确立了人的尊严的先验性地位，但绝大多数发达国家并不承认社会权的先验性。这主要体现在两个方面：第一，尽管个别国家的法律规定了一些社会权利的内容，但在大多数西方国家，社会权都被认为没有先验的道德基础，不被视为基本人权和公民权，也没有在宪法中予以规定；第二，无论在西方还是非西方国家，社会权不能被个人直接主张而诉诸司法，司法机关也不能以此为依据进行判决。[②] 例如，民主国家印度的宪法虽然明确规定了经济和社会权利的内容，但又指出这些只是不可诉诸司法救济的权利。

　　可见，民主体制下的社会权利并不是战后福利国家扩张的主要缘由。在这个问题上，已有研究指出，英国的"贝弗里奇计划"和美国的罗斯福新政中实施的社会福利政策，其实是当局面对经济危机造成的失业、贫困和战争创伤的形势，结合社会改良思想和凯恩斯主义关于国家干预经济的思想而采取的措施，其理论逻辑并不是以社会权利为中心，而是垄断资本主义需要以社会福利来维持资本

---

① 左传卫：《经济和社会权利保障的理想与现实》，《法商研究》2004 年第 6 期。
② 参见夏正林《社会权规范研究》，山东人民出版社 2007 年版，第 1—13 页。

主义社会经济正常运行。①

再次，社会福利的扩张虽然可以在一定时期强化民主政权的合法性，但这种策略的效用具有一定限度，并不会导致福利刚性。

民主政治是沟通国家与公民的"桥梁"，用李普塞特的话说，它就是"民主阶级斗争"的舞台，② 或者如恩格斯所说的，民主国家是把阶级冲突限制在一定范围之内的一种组织形式。在一定阶段，民主国家确实可以通过社会福利扩张来收买选民，但当这种扩张遇到资本主义周期性的经济危机和财政上的压力时，就无法继续进行下去，而不得不走上削减福利的道路了。

另一方面，人口结构和劳动力市场的变化以及阶级结构的变迁，也导致了资本主义民主政权合法性的削弱而不是强化。例如，在20世纪60—70年代，社会经济地位上处于弱势的工人数量及其在就业人口中所占的比例减少，中产阶级成为主流，支持福利刚性的传统势力和希望强调个人自由的新兴势力之间的力量对比发生了变化，引起了福利国家的"合法性危机"（Legitimitätskrise）。③ 这表明，社

---

① 参见陈银娥《现代社会的福利制度》，经济科学出版社2000年版，第29—60页。

② ［德］克劳斯·奥菲：《福利国家的矛盾》，郭忠华等译，吉林人民出版社2006年版，第29页。

③ 参见 Ursula Dallinger, *Die Solidarität der modernen Gesellschaft*, Wiesbaden：VS Verlag für Sozialwissenschaften 2009, pp. 209 – 210。Legitimität 一词一般译为合法性，但严格来讲，这个词应译为正当性，合法性应该是 Legalität。两者的区别在于：合法性是指符合法（包括习惯法、通行规则）的规定，必须先有法，才谈得上合法性；而正当性则是指本身是正确的（right），可以先于法而存在。对此分野，可参见《合法性与正当性》，载《施米特文集第一卷》，刘小枫编、刘宗坤等译，上海人民出版社2004年版。只不过在现代民主国家，人们对合法性与正当性不再区分，所谓的政权合法性是指其行为无论如何都得到了人民的承认，而这种承认就可以被视为法了；或者更确切地说，承认带有法的形式：一方面，"人民承认政权"这本身就是政权得以稳定的形式，是一个规则，也就是法；另一方面，"人民承认"就是人民发出了意志，也就是立了法。在社会福利的提升作为民主政权合法性的一个表征这个问题上，必须要指出这种差别，因为法律未必会规定民主政权一定要提升社会福利，这种"合法性"的真实含义只不过是，社会福利的提升符合了一些人的利益，得到了他们的支持而已。

会福利的需求方是有分歧的，并不像有些人描述的那样是一个面对多个福利提供者的"垄断者"。正是在这个意义上，皮尔逊指出，在福利紧缩时，可以"采用相互对立的措施让一个群体反对另一个群体"。①

20世纪60年代后期的世界性青年反叛浪潮表明，这场危机既是福利国家的危机，也是包括民主政治在内的现存秩序的危机，因为60年代正是西方国家社会福利大幅扩张的时期。② 如果允诺提高福利水平并践行福利承诺有利于提高合法性，西方国家的投票率这个体现公民认可民主秩序的指标理应是上升的或至少是维持在一定高度的，但现在投票率却出现了相反的趋势。而且，在投票率越来越低的情况下，政党在选举中获胜的得票率在最近几年也变得越来越微弱，反映了执政党的合法性在减弱。总之，社会福利既未能增强民主政体的合法性，也未能增强执政党当局的合法性。

实际上，如果增强民主政权合法性的考虑是福利刚性得以确立和增强的一个主要原因，那么反推之，人们对政府应当提供的社会福利的期望，理论上应该是不断加强的，但数据调查却得出了相反的结果。例如，1990年的"世界价值观"调查结果显示，与欠发达国家相比，西方民主国家民众对于"国家是否应负更大责任为公民提供社会保护"这一问题持肯定态度的比例都在50%以下，北欧国家和联邦德国的相应比重更是在25%以下。越是福利水平高的国家，越是对福利扩张感到反感。③ 这种态度产生的原因可能是，在西方民主国家特别是社会福利制度健全和长期存续的国家，民众对于国家在提供社会福利时扩张干预权力的行为产生了反感，也可能是时代

①　参见［英］保罗·皮尔逊《拆散福利国家——里根、撒切尔和紧缩政治学》，舒绍福译，吉林出版集团有限责任公司2007年版。

②　［德］克劳斯·奥菲：《福利国家的矛盾》，郭忠华等译，吉林人民出版社2006年版，第72页。

③　［英］保罗·皮尔逊编：《福利制度的新政治学》，汪淳波、苗正民译，商务印书馆2004年版，第386—390页。

的变化促使民众对于国家角色和个人自由的认知发生了变化。可见，所谓福利扩张可以增强合法性的说法不完全符合事实，并且随着时间的推移而越来越缺乏解释力。

最后，社会民主党在推动社会福利扩张方面的作用有限，其角色定位的转变也不利于福利刚性的形成。

社会民主党奉行的改良主义路线实际上是以一些社会条件和政治条件为基础的。左翼历史学家霍布斯鲍姆认为，社会民主党的改良主义路线能够发挥作用的社会政治环境有三个要素。第一，工人数量庞大并不断增长，形成自己阶级的归属意识。第二，资本主义制度自俄国十月革命以来对共产主义和苏联的恐惧和戒备。第三，社民党可以凭借成功的充分就业政策和福利政策使资本主义经济的生产和再生产功能正常运行。①

然而，这些条件在战后都发生了变化。20世纪60年代，资本主义国家进入后工业化时代，产业重心由第一、二产业向第三产业跃迁，白领阶层人数愈益超过工人。工人的阶级意识也已式微，这意味着支持社会民主主义的第一个条件不存在了。70年代后期，在世界性的经济危机影响下，西欧福利国家的充分就业政策和社会政策的效果有限，由此终结了社会民主主义运行的第三个条件。80年代后期以来，苏东剧变和苏联解体，两极对立的冷战格局被"一超多极"的国际形势取代，欧洲社民党纷纷败退，社会福利政策也向紧缩的方向纵深发展。这些条件的变化使得社会民主党根本不可能成为福利刚性的塑造者。

20世纪70年代，西欧社会福利国家遭遇了种种问题，一直倡导福利国家的社会民主党在各国选举中遭遇惨败。例如，在瑞典，执政长达34年的社民党也在选举中折戟。到了80年代，法国社会党

---

① 参见张世鹏《全球化与美国霸权》，北京大学出版社2004年版，第280—283页，转引自刘玉安《从民主社会主义到社会民主主义：苏东剧变后西欧社会民主党的战略调整》，《当代世界社会主义问题》2008年第4期。

在 1986 年的议会选举中败北；英国工党则在 1979 年大选败给保守党后，又在 1983、1987 和 1992 年连续三次选举失败。选举结果促使各国社会民主党修改纲领。法国社会党在 1987 年 4 月的代表大会上发布了一个《原则声明》，这个声明不仅不再提"革命"、"与资本主义决裂"等传统提法，而且大力强调"自由"和"民主"；英国工党领袖布莱尔甚至认为社会民主主义是"永恒的修正主义"，他还指出要开放工党的社会基础。在福利政策上，欧洲社会民主党重新界定了国家对于个人承担的福利责任，指出个人不承担义务就无法享受社会保障的权利，福利国家也应转变为"社会投资国家"①。欧洲社会民主党的这些变化表明，欧洲的主要政党中已经很少有赞成福利扩张的党派，民主制度下的政治意识形态给福利刚性留下的政策空间越来越小了。

第二节　政党的选举竞争塑造福利刚性的逻辑及其缺陷

一　社会福利的选举工具论

在民主体制下，社会福利成为政党和政治家谋求执政地位的工具。在实行民主制的国家，选举是政治活动的关键环节之一。在间接的代议民主制度下，如何争取到选民的投票成为其政治上的代表，成了政党和政治家关注的中心议题。社会福利作为争取选票的政治工具，其水平必然会不断提升。在特定的政党体制和政党格局下，福利刚性的强度更大。

从选民的角度来看，关于他们参加投票的动机，历来有两种说法，即"政党忠诚论"（选民忠实于政党的纲领和意识形态）和

---

① 胡晓亚：《20 世纪 90 年代以来欧洲社会民主党社会福利政策的革新》，《上海党史与党建》2011 年 10 月号。

"问题导向论"（选民聚焦于专门问题和特定利益）。随着政党的政策取向日益向中间选民靠拢，政党的意识形态特征愈发不明显，选民也更加理性化、实用化，更加关注政治家给他们带来的短期利益。① 在这样的背景下，依靠公共资金支撑的社会福利的提升，常常进入政党和政治家的竞选纲领之中。

从政党和政治家的角度来看，为了赢得选举，各政党及其推出的候选人主观上存在着允诺更高社会福利的动机。而一旦社会福利成功地发挥了其作为选举工具的作用，它就会进行自我强化，因为在之后的每一次选举中，相对于做出福利承诺或承诺较多的政党而言，不做出承诺或承诺较少的政党会天然地陷入劣势。因而，每逢选举，有关社会福利政策的承诺便会"满天飞"。而为了不失信于选民，更为了谋求连任，这些福利允诺也必须在政党或政治家上台以后得到实践。由此造成社会福利支出越来越高。② 这种趋势被称为社会福利的"泛政治化"倾向，即政党动用公共资源为政党竞选提供服务，使社会福利从政策问题演变为政治问题。

上述解释其实是一种需求侧的理性选择解释（demand-side retional choice explanation），即社会福利的需求在民主选举中被转变成了政治工具。③ 它假设了选举政治的主体都是理性的（并非长远的、客观的理性，而是短期的、自私的理性），并且能够有清楚的偏好，因而在民主制的框架内做出了提升福利的选择。

还有一种解释考虑到了特定选举制度和由此形成的政党制度传统，将理性选择和路径依赖的因素结合起来加以考虑，指出在这种制度条件下，福利刚性问题会更为突出。具体来说，一些国家长期

---

① 孙洁：《选民、政党与社会福利研究》，《教学与研究》2006 年第 2 期。

② 郑功成：《社会保障学——理念、制度、实践与思辨》，商务印书馆 2000 年版，第 235 页。

③ Gary Freeman, "Voters, Bureaucrats, and the State: on the Autonomy of Social Security Policymaking ", in G. P. Nash, N. H. Pugach and R. F. Tomasson eds. , *Social Security: the first half-century*, Albuquerque: The University of New Mexico Press, 1988.

实行比例代表制的选举制度，形成多党制的传统。在很多情况下，较大的政党不能获得执政所需要的多数票，需要和小政党联合执政，从而为小政党的运作提供了政治舞台。

有学者指出，小政党多奉行实用主义的策略。对于它们来说，执政机会是稀缺的，在竞选中创造上台的机会是其主要目标。因此，它们会不负责任地做出福利提升的承诺，加剧社会福利的刚性。[①] 与大政党相比，一方面，小政党没有稳定的意识形态取向，立场处于摇摆状态，容易追随选民的短期意愿；另一方面，小政党通常缺乏连续执政甚至长期执政的经验，导致其并不考虑福利升级的长远后果。深陷欧债危机的希腊就是这样的一个典型。它在实现民主化后，因为比例代表制而形成五个政党，左翼的福利提升路线占优，导致了希腊政府债务高企。[②] 特别值得注意的是，一些国家的公民运动型政党作为反建制政党，可以利用的资源不多，更容易依靠民粹主义的煽动来竞取上台的机会，此时，社会福利往往会成为它们滥用的政治工具。

二　选举对于福利刚性的影响再辨析

从选民的角度来看，福利刚性逻辑所依据的心理学假设，即人们对社会福利水平永远不满足，并不总是成立的。这个假设意味着，人作为自私的、理性的个体，从社会福利体制中享受到的物质利益或服务利益要大于本人所承担的成本。其背景是福利体制的这样一种意图：社会福利是用集体的贡献来消除个别弱者的损失，用现时的存量来抚平不同时段的风险。这样一来，个体的成本和收益不可能精确匹配，存在着外部性和"搭便车"的激励。每个个体都认为自己能从集体中取得大于其付出的份额，造成整个社会福利的"蛋

---

① 孙洁：《西欧政党政治中的社会保障与国民福利浅析》，《兰州商学院学报》2004 年第 6 期。

② 包刚升：《发达国家公共债务比较研究》，《国家行政学院学报》2011 年第 5 期。

糕"越做越大，但个人所要缴纳的税收和保险费也越来越多。这是一个典型的、由个体理性导致集体非理性的"囚徒困境"。这种理性选择的博弈，正是福利刚性逻辑心理学假设的原理。

然而，这个假设并不可靠。从理论上说，"无限次重复博弈"是破除"囚徒困境"的一个办法。民主制度的一个重要特征是任期制，每隔一段时间就要重新选举。这种"有限次重复博弈"，虽然不足以完全消除外部性，但可以抑制个体寻求自身利益最大化的动机，在一定程度上实现集体理性。具体而言，即使个体"搭便车"的激励引起社会福利不断升级，经过多次选举的公民也会认识到，每个人都会为此付出更加沉重的税收或保险费用，从而主动倾向于"福利满足"。在这个意义上，民主制非但不是造成福利刚性的原因，反而是降低福利刚性的制度条件。这在现实中也得到了证明。例如，对德国一些关于公民对社会福利态度的调查表明，虽然德国绝大多数人都反对取消福利国家，但各个阶层大体上对于社会福利水平感到满足，只有少数人提出了进一步的要求。①

相形之下，福利刚性作用得到充分展现并被一些学者从中抽象出"福利民粹主义"类型的国家，很多都是在所谓"第三波"民主化浪潮中刚刚建立民主政体的、制度尚不完善的国家，特别是拉美国家。这次深陷欧债危机的"欧猪四国"中，西班牙、葡萄牙、希腊都是在"第三波"民主化浪潮中确立民主制度的。这些国家较为显著的福利刚性作用，表现了政治参与者各方不仅缺乏民主实践的经验，而且对民主体制的认知，特别是对民主与社会福利的关系的认知，尚与成熟民主国家存在较大差距。

从政党或政治家的角度来看，支持政党推升社会福利的逻辑是不一贯的，也是不符合现实的。

首先，政党做出提升福利的承诺只是在特定条件下才是可行的：

---

① 参见 Edeltraud Roller, *Einstellungen der Bürger zum Wohlfahrtsstaat der Bundesrepublik Deutschland*, Opladen：Westdeutscher Verlag, 1992。

在大选之前，经济必须增长，为负载更高水平的福利提供条件，民众也才会产生相应的预期。因为客观上，在经济衰退的情况下，民众也不会产生福利提升的预期，而政党也不倾向于做出无法落实的承诺。照此推论，政党提升福利的动机表明其执政期间将会增加支出，但这只有在经济仍然发展较好的情况下才是可行的。但事实却是，经济运行具有周期性特征。在面临经济危机时，民主国家的政党大多提出了福利改革的承诺，执政党大多实施了福利紧缩措施。经济上的客观条件，构成了对所谓福利刚性的天然限制，也形塑了民众的福利预期和政党的福利政策。

其次，在稳定的政党体制下，长期存续的政党并不会为了当选，而发生福利提升承诺的短期行为。在民主制度稳定运行至少几十年的国家，由于选举制度的作用，往往会形成两个以上长期存续的政党。这些政党，特别是保守党，往往具有较为清晰的意识形态和政治纲领，规定了其在社会福利政策上的方向。此外，长期民主实践形成了轮替性和宽容性，使得政党无论是作为单一执政党、联合执政党还是反对党都能够发挥影响政策的作用，而且客观上都有执政的机会，这也大大降低了政党仅仅为了一次胜利而做出福利承诺的动机和可能性。另一方面，政党连任的动机不但不会助长提升福利的政策，反而会降低这样的可能。其原因在于，为了谋求连任，一般应确保第一个任期就有较好的政绩。福利承诺过于厚重就会难以实现，反之，福利承诺温和则易于实现，并且为下一个任期的政治承诺保留了充分的余地。因此，连任的动机有利于抑制政党的福利攀比。

这里的关键在于政党遵循的不是福利刚性论的一个假设，即政党要谋求最大数量的选票，从而不得不尽可能地提高福利水平。然而，对长期存续的政党来说，选票数量无须达到最大化，只需达到适当、合意的水平，能够保证其竞选获胜即可。政治商业周期的研究证实了这一点。许多实行民主制度的国家在选举之前和期间往往会出现通货膨胀率较高、失业率较低的局面，但在大选后的几年又会采取措施降低通胀率，并且执政党并不在意失业率一定程度的上升。特别地，一种主要基于美国、法国、新西兰等国经济政策实践的政治经济周期理论指出，公众是基于过往来预期将来的，因此，政党当选后可能会采取控制支出等降低通胀率、提高失业率的政策来降低公众对未来的预期，以便在未来突然实施高于预期的政策来更容易地赢得选票。虽然这种理论和现实并非若合符节，但它表明，政党为了赢得选票可能会采取适当的权宜之计，而获得执政地位之后却又可能采取较具有持续性的政策。① 在体制正常运行期间，社会福利承诺和相关福利政策也遵循着这样的逻辑，不容易形成福利攀比的局面。

再次，小政党是否会成为福利刚性的推动因素，取决于特定政治条件。如前所述，小政党似乎倾向于不负责任地做出提升福利的承诺，但这种作用的发挥也需要一定的制度条件。第一，小政党一般在纯粹比例代表制下才能成为具有影响力的政党，但许多国家实行的是多数代表制，或者比例代表制与多数代表制的混合，一些国家还为获得执政地位或获得议会席位附加了"选票门槛"，这些限制了小政党的作用，使执政权为大政党所掌握或所分享。第二，如上文所述，长期存续的政党并不依赖短期的福利手段，因此，小政党奉行这种策略的制度环境，要么是民主制度尚未稳固，要么是发生了非常严重的危机，导致长期存续的政党特别是执政党失去民意。也就是说，在民主制度稳固时，并不会引起所谓民主福利刚性的逻辑链条；而危机情况之特殊少见，也不足以支撑这个一般性命题。第三，小政党未必奉行福利削减政策。在民主制度稳固的国家，也有小政党长期存续。例如，在德国，自由民主党（FDP）不仅自联邦德国成立起就已经存在，而且多次作为联合执政党参加联合政府（加总起来长达几十年），而这个政党在福利政策上从来都奉行紧缩政策。可见，民主制下的小政党助力福利刚性，需要同时达到多个

① 文建东：《政治经济周期理论的研究进展》，《经济学动态》1998 年第 10 期。

严格的条件，而这种情况一般并不存在。

复次，以选举时的福利提升承诺来论证福利刚性，似乎忽略了选举承诺未必得到履行的问题。虽然从理论上说，如果当选政党和政治家履行承诺，选民可以用下一次选举的投票来施行惩罚，但在绝大多数民主国家，都没有建立政治承诺履行监督机制，从而也就并不要求承诺必须履行。一些研究指出，大多数政党上台执政后履行了它们选举时的诺言。如 1980—2004 年，美国民主党人和共和党人在参众两院的投票与其政党纲领的一致性程度高达 82%，比 1944—1976 年的数据（66%）还高。[1] 但这些数据衡量的只是美国两党在国会投票时的数据，对于政府首脑（如美国总统）就并非如此，例如美国总统老布什的"听好了，不加税"（Read my lips：no new taxes！）就是政客食言的一个著名例证。竞选行为和执政行为存在着显著的区别。有研究指出，政客在实际的执政过程中表现出对于不同价值观和不同政策目标的权衡取舍，但是一遇到竞选活动，他们便放弃了这种理性的权衡，而是回到了简单化的处理方式：尽量对各种选民的愿望都承诺予以满足。[2] 一份对西方 12 个民主国家 57 次选举的研究指出，当选组阁的政党确实比没有进入内阁的政党（如议会中的反对党）履行竞选承诺的频率更高；但更重要的是，联合政府中的执政党（多发生于德国、荷兰、奥地利、保加利亚、爱尔兰、意大利）比单一的执政党（多发生于英国、瑞典、葡萄牙、西班牙、加拿大）更容易食言。而在联合政府内，一个执政党在其提名的候选人成为政府首脑且其他执政党的竞选承诺与其类似时，

---

① Jeff Stein，"We asked 8 political scientists if party platforms matter. Here's what we learned，" *VOX*，（Dec. 12th, 2016），https：//www. vox. com/2016/7/12/12060358/political-science-of-platforms.

② P. E. Tetlock，"Cognitive biases and organizational correctives：Do both disease and cure depend on the politics of the beholder?" *Administrative Science Quarterly*，Vol. 45，No. 2，June 2000. .

履行竞选承诺的可能性最高。[①]

在一个具有多党制传统的国家，如果相对于左翼政党为主的联合政府，右翼政党和中右翼党派联合组阁的时间要长得多，左翼政党联合政府主政的情形又多为执政各党立场差别较大的情况，那么长期看来，这种格局特别有利于右翼政党遵守承诺而左翼政党食言；而且，出于经济状况、预算等客观限制而无法实施提高福利水平政策的情形时常发生，而承诺提高福利水平的执政党食言，又会被反对党用作攻击的"靶子"：这两个因素加起来，会使得该国在社会福利政策上长期秉持保守倾向，进一步减弱所谓的福利刚性。当然，这种政党格局并非总是能够实现，但形成这种格局的可能性很大。

最后，政党或政治家是否因为提升福利政策而被选民"奖励"，取决于其政治责任是否能够为选民所确认。选民能够辨认政党或政治家的福利政策，也是需要一定条件的。第一，选民对福利政策具有一定的了解。现实恰恰相反：从主要民主国家来看，福利项目繁多，运作方式十分复杂，涉及政府部门和机构众多。如果没有专业知识和持续关注，是不可能了解社会福利的具体情况的。这就为福利紧缩政策的运作提供了巨大空间。第二，关于福利政策及其制定过程的信息公开透明。实际上，福利政策制定过程也是非常复杂的，需要政治家、行政官僚、专家之间以及党内和党际的反复沟通和协调，有时还具有保密性质，这给选民辨认哪个政党和政治家制定了什么政策造成了很大障碍。第三，正如上文的调查数据所示，联合政府中的执政党比单一的执政党更容易食言，这也同样适用于选民确认政治责任的问题。针对一项福利政策，各执政党究竟采取何种态度，各党达成了何种协议，几乎是一个独立于外界的"黑箱"，选

---

① Robert Thomson, "The Fulfillment of Parties' Election Pledges: A Comparative Study on the Impact of Power Sharing", *American Journal of Political Science*, Volume 61, Issue 3, July 2017.

民很难辨认清楚。和政党选举承诺问题相关的一点是，既然选民识别能力如此重要，那么关键似乎不是做出什么承诺、如何落实这些承诺，而是如何让选民信任政党是能够落实某些承诺。就此而言，选民是非完全理性的，过分强调选举承诺及其落实是没有意义的。

在这个问题上，尤为值得注意的一点是，政党竞逐选票不但不能导致社会福利扩张或福利刚性，甚至妨碍了全面的社会福利体系的建立。在一些情况下，特定选民群体对于一个政党具有特殊的重要性，足以成为其传统"票仓"。此时，政党为了稳定这些选民的票源，可能使他们享受超额的社会福利，从而妨碍普遍、均等、全面的社会福利体系的建立。例如，斯考切波观察到，美国虽然在普遍的社会福利体系方面远远落后于西欧和北欧福利国家，但美国早在19世纪末就有了社会福利制度了，只不过这些制度只有美国北方至少一半的白人老人和内战以来的寡妇享有，对他们的抚恤金占到联邦财政支出总额的20%—25%。其实从生活困难程度上来说，这些人未必需要政府的津贴，但他们之所以得到了优待的福利，只不过是共和党为了赢取选票。[①] 斯考切波认为，这是阻止美国建立普遍社会福利国家的一个历史因素。可见，政党选举对于福利制度的影响，也要考虑政党面对的选民基础。如果政党面对的稳定"票仓"是少数人，那非但不会有助于反而有损于福利刚性。

第三节　国家—社会关系与福利刚性的形成

一　利益集团：推动民主—福利刚性形成的社会力量

福利制度豢养了相关的利益集团，它们在民主体制下影响福利政策的制定，而维护自身存在和扩大自身力量的动机又驱使他们推

---

① 参见［德］汉斯·约阿斯等《战争与社会思想：霍布斯以降》，张志超译，华东师范大学出版社2017年版，第238—240页。

动福利政策向提高水平的方向发展。

以社会福利谋生的利益集团的出现，是福利制度建立和完善的一个派生结果。随着福利制度的完善和福利水平的提高，不仅一些希望从政策中谋求利益的人群结成了集团，而且也形成了广泛的保险公司、公益福利机构和律师等。他们都依赖福利制度来维持生存，构成了奥尔森意义上的"分利集团"。而允许利益集团游说的西方代议制民主则成为这些分利集团活动的温床，政策的制定也由此更加趋向于提高福利水平。

塔洛克运用公共选择方法研究了利益集团推动公共支出增长的条件。他指出，在实行多数票规则的情况下，容易形成利益集团的联盟。这个联盟通过内部的互投赞成票，获得了某些公共物品，但其成本却要由全民负担。[①] 这种解释对于那些私人享受但又由全民"买单"的公共产品是很适合的，其根本原因在于外部性和"搭便车"的激励。社会福利显然就是这样的公共物品。

新制度经济学的代表学者诺思等人提出了另外一种思路。他们指出，随着科技和经济的发展，交易费用猛增，各个利益集团为了减轻交易费用，就要求政府降低交易费用，而政府作为提供公共物品且拥有强制力的机构，可以通过公共物品的供给和有效履行合约降低交易费用，由此导致公共开支增长。[②] 这种逻辑其实是工业化逻辑和利益集团逻辑的一个结合。具体到社会福利的发展上，这套逻辑是指，工业化导致了大量流动的人口，其产生的生活福利需求是保证现代产业正常运转的必需，也就是所谓的交易费用，而政府作为公共机构由于利益集团的压力，会通过社会福利的形式提供这种公共物品，来降低交易费用。随着工业化进程的加快和复杂化，交易费用增多，福利开支也越来越多。当然，这种将工业化逻辑和利

---

① G. Tullock, "Some Problems of Majority Voting", *Journal of Political Economy*, Vol. 67, No 6, Dec. 1959, pp. 571 – 580.

② D. C. North and J. J. Wallis, "American Government Expenditure: A Historical Perspective", *American Economic Review*, Vol. 72, Issue 2, May 1982, pp. 335 – 340.

益集团逻辑相结合的分析，其关键在于利益集团有能力诱使或者迫使国家承担起这样的责任。

利益集团对社会福利刚性的作用，在实证研究中也得到了重视。例如，有学者指出，英国的医学会（British Medical Association）作为一个很有影响的福利压力集团，曾促使英国在1968—1988年调用的资金达到了相当于瑞典GDP的规模。[①] 有学者通过经验研究指出，在意大利，由于政党和利益集团对社会福利政策的长期干预，甚至出现了一个"政治救济市场"。[②] 庞大的福利支出和项目意味着大量可以获得代理费用的机会，潜在的福利受益对象会被充分挖掘出来，在信息不对称、监管不严格的情况下甚至使一些并不满足条件的人得到救助或补贴。与分散的选民相比，这些随着福利制度而壮大的分利集团构成了有组织的、支持福利刚性的强大力量。

皮尔逊认为，在成熟的福利国家，享受福利待遇的多种利益集团而不是工人将成为阻碍福利国家变革的主要力量。[③] 不过，在论述利益集团影响社会福利的文献中，几乎都会提到工会对提升社会福利的突出贡献。委托代理视角（klientelistische Perspektive）指出，社会福利制度是实现特定社会阶层利益的产物，可以被看作其集体的代理人。工人由于其脆弱的社会地位，成为了制定和推广社会政策的最主要支持者。[④] 直观上看，工会作为工人自己的联合组织，在资本主义民主制度下有着合法的地位保障，既可以通过温和的意见表达渠道影响福利政策，也可以借助罢工来达成一定的福利目标。特别是当各行业的工会联合起来争取某种福利目标时，他们影响的

---

① ［英］诺尔曼·吉麦尔编：《公共部门增长理论与国际经验比较》，经济管理出版社2004年版，第219页。

② 李琮：《西欧社会保障制度》，中国社会科学出版社1989年版，第283页。

③ 参见［英］保罗·皮尔逊《拆散福利国家——里根、撒切尔和紧缩政治学》，舒绍福译，吉林出版集团有限责任公司2007年版。

④ Ursula Dallinger, *Die Solidarität der modernen Gesellschaft*, Wiesbaden：VS Verlag für Sozialwissenschaften 2009, p. 209.

不再是部分工人的福利，而是整个社会福利。

除了工会组织，也有人认为官僚集团是促使福利刚性强化的重要力量。如米尔顿·弗里德曼就指出，养老金机构的国家化导致了庞大官僚机构的形成，并且这个集团和养老金机构会不断扩大，而它们又会要求社会福利事业不断扩大，以致引发财政灾难。[1] 有人还援引 1960—1975 年瑞典各级政府工作人员和英国中央政府（包括国营公司）工作人员占全部就业人口的比例分别从 28% 上升到 41% 和从 21.9% 上升到 28.2% 为例，指出社会福利机构的官僚是福利经济制度的既得利益者，其坚决反对削减作为其财源的社会福利支出，是福利水平不断提高的重要因素。[2]

二　利益协调和国家自主性对福利刚性的影响

从社会福利制度的建立和福利扩张中获益的利益集团是否有助于福利刚性的确立和加强，这一问题部分取决于民主政治下的利益集团格局，部分取决于国家是否具有相对于利益集团的自主性。

首先，社会福利的分利集团在新生民主国家可能大行其道，但其影响力会很快随着整个社会福利体制的崩溃而大幅削弱，并不会形成长期的福利刚性。从国家—社会关系的角度来说，社会福利的分利集团能够支持强烈的福利刚性，其实只是在社会主导国家的情况下才有意义。这就意味着，国家缺乏足够的资源，或者国家不能从社会有效攫取资源而又不引起强烈的抵制。就民主政治的福利刚性而言，刚刚实现民主化的国家力量较弱，可能需要以公共资金支持的社会福利，来收买社会对于新生民主政权的支持。例如，德国历史上的魏玛共和国、当前的南欧四国和拉丁美洲一些盛行"福利民粹主义"的国家，就属于福利分利集团大行其道的典型例证。在

---

① ［美］米尔顿·弗里德曼：《资本主义与自由》，张瑞玉译，商务印书馆 1986 年版，第 170—182 页。

② 陈银娥：《现代社会的福利制度》，经济科学出版社 2000 年版，第 100—102 页。

这种环境下，国家只不过是与社会各个集团并列的一个集团而已。它对社会福利扩张无能为力，直到这种扩张因为财政压力或其他危机崩溃为止。这种福利扩张是畸形的、没有节制的，但也是短期的、脆弱的，并不会形成长期的福利刚性。

其次，在国家承担较少福利职能的情况下，利益集团很难成为社会福利的分利集团。蒂特姆斯在其于1974年出版的《社会政策导论》一书中将社会福利模式区分为三种：残补型、绩效型和制度型。我们可以结合他的福利模式分类（如表2.2所示）来观察国家承担的福利责任。在残补型的社会福利模式下，国家只是承担最基本的济贫职能，接受福利的人需要经过严格的筛选，而且在道德上蒙受耻辱，社会福利规模总体较小。在制度型福利模式下，国家对于公民负有充分的社会福利责任；只要具有居民资格，就有权享受普遍福利；社会福利规模非常庞大。在绩效型福利制度下，国家和雇员、雇主等共同分担社会福利责任，福利享受者根据自己的收入和缴费来获得相应水平的保险偿付；社会福利规模适中。

表2.2　　　　　　　　　　　社会福利模式的分类

	残补型福利	绩效型福利	制度型福利
价值取向	个人主义思想	等级身份思想	团结博爱思想
权利广度	倾向于有条件的权利或无权	倾向于按义务获得权利	倾向于充分的权利
道德含义	接受福利即意味着污名	按照能力或贡献享受权利	理所当然的权利
调查方法	家计调查	与收入和缴费挂钩	居民资格
资金筹措	资金筹集易受经济、政治和慈善的影响	资金主要来自会费	资金筹集稳定安全
福利水平	标准可能是最低的	标准按项目确定	高福利标准
服务对象	面向贫困者	面向缴纳福利费用者	几乎面向所有人群

资料来源：Titmuss, Richard, *Social Policy. An Introduction*, London：Allen and Unwin, 1976.

无疑，在残补型福利模式下，严格的条件和小规模的福利大大增加了竞取福利资金的交易成本，不易形成社会福利的分利集团。相反，在制度型福利模式下，国家公共资金大规模用于社会福利支出，享受福利的条件又不严格，最容易培养强大的分利集团。而在绩效型的福利模式下，各种类型的相关利益集团都会找到发展的空间。不仅社会福利的分利集团可以影响政策，维持福利扩张的倾向，而且雇主集团、纳税人压力集团、主张个人自由的利益集团都会发展起来，构成对于福利扩张的制约。例如，社会保险经办机构，特别是私人保险机构及其利益集团，是影响最为显著的力量。追求利润的取向使它们倾向于减少支出和增加收入，从而限制着它们支持福利刚性的意愿。就成熟民主国家现实的福利模式来看，除了北欧高福利国家外，大部分地区都不易于形成太大力量的福利分利集团；即使对北欧来说，20世纪70年代后的改革也大大降低了分利集团的影响。因此，总的来说，由社会福利的利益集团来推动福利刚性的证据并不充分。

再次，利益集团和政策的互动并不是单向的，相反，公共政策也能塑造福利领域的利益集团；在国家具有自主性的前提下，紧缩倾向的政策会调整利益集团的结构，使其朝着打破福利刚性的方向发展。在民主政治下，利益集团可以代表某些特殊利益，并在法律规定的范围内对决策者发挥影响力，但利益集团并不能单向度地决定公共政策。实际上，公共政策的输出还受到政治领域和行政领域的复杂博弈的影响。在一定条件下，在社会福利问题上持紧缩倾向的国家具有独立于利益集团制定和推行公共政策的能力，并且可以以公共政策来调整利益集团的格局。第一，政策可以直接用公共资金支持某些利益集团，如议会可以制定政策，支持宣扬新自由主义的智库，使其向民众阐发紧缩政策的合理性，从而影响整个社会在社会福利政策上的取向。第二，政策可以增加或减少利益集团接近决策者的机会，如内阁可以设立福利紧缩政策方面的专家咨询委员会，议会也可以在专门委员会中增强紧缩倾向的利益集团影响力。第三，政策可以调整不同项目的重要性或收益，使利益集团之间产生分化。例如，社会福利项目有很多，政策可以以某种客观限制条件为由，在预算既定的情况下，加强某些福利项目，又削弱另外一些项目，使它们陷入竞争和冲突，而总的结果却是福利紧缩。因此，即使利益集团的总体格局倾向于福利扩张，政策仍然拥有调整这种格局，使其向着福利紧缩方向"移动"的余地。

复次，工会在维持福利刚性方面的作用不仅受到自身发展的限制，而且受到集团联盟的限制。工会的历史发展表明，它作为一个强大的、代表工人的利益集团，的确对促进福利扩张做出了很大贡献，但是，工会能否具有强大影响力，与其是否能垄断工人代表权有很大关系。一个国家的工会组织可能多种多样，如欧洲历史上的工会至少就有红色工会（革命工会）和黄色工会（改良工会）之别，分散了对全体工人的代表权。随着产业格局的变迁，蓝领工人数量下降，职员比例上升，工会越来越难以覆盖就业人口的多数。而且，工会本身就只是维护加入工会的工人利益即"局内人"（insiders）的利益，而随着工作的流动性、自主性的增强，很多职业群体游离于工会之外。这使得工会在面对国家时，未必能代表全体工人，可能还要和同类组织展开竞争，这削弱了工会的力量，迫使其在福利政策上向资方组织和国家做出让步。

另一方面，从比较政治经济学的社会联盟视角来看，工会能否影响政策，也取决于工会与农民代表团体、商业代表团体的联盟是否牢固，是否可以引导福利政策向着扩张的方向发展。在这个问题上，研究社会福利体制的代表学者艾斯平－安德森的看法可以归入"联盟—体制视角"（Koalition-und Regimesperspektive）。根据他的看法，不仅工人在面临劳动力市场的变动时需要社会保障，而且受基督教世界观影响的阶层和农民也对社会福利有一定的要求，甚至官僚、地主和工厂主的利益也需要在福利体制中得到保障。他的研究证实，福利体制具有分层化的特征。实行何种福利体制，在一定程度上取决于不同阶级或阶层的联盟在历史上具有什么样的需求、发挥了什么样的作用。实际上，这也是一种"委托代理视角"，只不过

"委托人"不再只是工人阶级。① 例如，20世纪70年代以来，工会逐渐失去了这两个盟友的支持。商业代表团体认为企业的国际竞争力低下是由于社会福利给企业主施加的沉重负担造成的，农民代表团体则在各种补贴方面和工会处于竞争关系之中。失去这两个盟友，直接导致工会不得不退居守势，由此促成了福利紧缩。② 所有这些因素限制了工会表达福利扩张意愿的机会，最终在选民的投票和政党的席位中反映出来的，绝不是福利扩张不断加强，因而也绝非福利刚性的趋势。

最后，在民主政治下，官僚集团是发挥支持福利刚性的作用，还是发挥削弱福利刚性的作用，取决于行政权由何种取向的政治力量控制。在保守或自由取向的政党或政治家当选的情况下，如果官僚集团与整个社会福利体制纠结在一起，甚至成为社会福利的提供者，并从而阻碍普遍社会福利的紧缩，那么，政治家通常会推行改革以破除其阻挠，实现福利紧缩的目标；如果官僚集团按惯例与社会福利体制的联系不太紧密，只是在乎自身的福利，那么，政治家就可以用保障官僚集团福利待遇的方法，来换取其对于紧缩改革的忠诚。

如果国家本身，特别是官僚组织本身，就是一个从福利扩张中分利的利益集团，那么行政权力以建立福利体制和扩张社会福利为方向，福利刚性的作用会十分强烈。奥罗夫和斯考切波对英美国家自主性与福利制度建立的分析表明，英国在很久之前就建立了独立的行政官僚体制，并在19世纪的民主化过程中不断强化，这种强大的行政权力是其在20世纪初学习德国逐渐建立起社会福利制度的前提；而美国联邦政府的行政控制力相较于其他权力分支、地方政府和社会力量较弱，使得其在"二战"以前一直未能

---

① Ursula Dallinger, *Die Solidarität der modernen Gesellschaft*, Wiesbaden: VS Verlag für Sozialwissenschaften 2009, p. 209.

② ［美］彼得·古勒维奇：《艰难时世下的政治——五国应对世界经济危机的政策比较》，袁明旭、朱天飚译，吉林出版集团有限责任公司2009年版，第17—20页。

建立全面的社会福利国家。① 对于民主政治来说，代议制民主的元
素之一代议制政府远比现代民主实践的历史更为悠久，英国的行
政官僚就是这种代议制内阁自主能力的代表。同样，美国在富兰
克林·罗斯福执政白宫之后，由于行政官僚队伍的扩大，也一度
建立起社会福利体制。

　　但是，在民主政治下，行政权力的逻辑需要服从民选领袖和政
治力量的逻辑。这意味着，官僚集团是执行政策的主体，但不是政
权的执掌者，也因此不是政策的制定者。当行政权由福利扩张倾向
的政党和政治家把持时，福利刚性会显得特别突出，如"二战"以
后十几年的情况。但当行政权由福利紧缩倾向的政治家主导时，行
政官僚必须执行紧缩政策；如果福利官僚集团进行阻挠，当局一般
会通过行政改革来破除这个利益集团。20 世纪 70 年代末和 80 年代，
英国撒切尔政府和美国里根政府发起的新公共管理运动，实际上就
是在国家组织的层面为福利紧缩政策清除障碍。因此，在一些民主
国家，从社会福利中受益的行政官僚集团究竟能否成为社会福利扩
张的主要支持力量，也取决于当选政治力量的倾向及其贯彻自身意
志的能力，并不一定导向福利刚性的加剧。

　　更重要的是，民主国家的社会福利体制虽然是由国家发起成立
的，但社会福利的提供却并非一定是国家的责任。在一些地方，国
家只是以公共财政负担有限度的几种福利，官僚集团没有从普遍的
社会福利体制中得到太多益处。它所关心的，只不过是自身的福利
而已。在这种情况下，官僚集团只要自身的社会福利得到了保障，
就不会关心整个社会福利的扩张或是紧缩。因此，在这种情况下，
官僚集团不可能是福利刚性的形成因素。实行紧缩改革的政治家就
可以实行"分而治之"的策略，以优厚福利待遇换取官僚集团对打

---

① Ann Shola Orloff and Theda Skocpol, "Why Not Equal Protection? Explaining the Politics of Public Social Spending in Britain, 1900 – 1911, and the United States, 1880s – 1920", *American Sociological Review*, Vol. 49, No. 6, Dec. 1984.

击其他福利分利集团的支持，从而导致整个社会福利的减少，有效抑制福利刚性的生成。

第四节　小结

民主—福利刚性—债务危机的逻辑是，民主制度引发福利刚性，既是意识形态和制度惯性的产物，又是政党、政治家、选民和利益集团共谋的现实结果。民主制下的福利刚性，一方面促使决策者提高社会福利，另一方面又使降低社会福利的政策难以提上日程、被讨论、被通过和被施行，其后果就是社会福利支出不断增加。由于政党竞争中许诺的、保障公民社会权利的和利益集团竞相分配的，主要是作为公共福利资金的"蛋糕"，因此，福利刚性会促使这块"蛋糕"越做越大，导致政府福利支出越来越多。在财政收入不抵支出的情况下，政府便举借外债。长期的外债积累，在特定条件下就会导致债务危机。

但从民主意识形态、民主选举和民主体制下的利益集团三个方面可以看出，尽管学界为福利刚性的存在提供了各种各样的理由，但这些说法大多似是而非。它们不仅在理论上是相对主义的，即依赖于一定的条件和假设，而且这些条件和假设又未必得到实现或印证。民主体制下究竟是否发生福利扩张，甚至形成福利刚性，是政治、经济和文化因素综合作用的结果，而制度框架则限定了这些因素发挥作用的空间和方式。

还需补充的一点是，即使在福利刚性非常显著的情况下，也未必会导致公共社会支出的增加，更不一定引发债务危机，特别是主权债务危机。其中的关键在于，国家财政与社会福利体系保持多大的距离。如果财政资金负担的社会福利责任很少，社会福利体系的运行主要以各种保险项目特别是私人保险项目为基础，并且福利支出的方式主要采取基金制（即一个人能领取多少取决于个人缴费多少）而非现收现付制（pay-as-you-go，即用即期劳动者的缴费来支付退休者等等的福利），那么社会福利支出不会给国家财政带来太大的影响，实际上这种机制反而会"倒逼"社会福利体系提高资金使用效率和削减支出。另外，即使社会福利支出很大一部分由公共财政负担，那也未必会导致债务危机。因为正如北欧国家长期运营普遍福利体系的经验所表明的，只要让社会福利水平与经济发展水平相适应，那么在经济保持一定的增长、社会福利支出不突然增加的情况下，并不会发生债务危机。此外，一国债务也并非一定是主权债务，如日本尽管债务规模惊人，但外债比重很低，也就不易于引发主权债务危机。

总之，民主制引起福利刚性乃至债务危机，其逻辑链条并不是连贯的，不足以支撑普遍适用的一般性命题。同样实行民主政治的国家，如果制度框架不同，社会福利的刚性机制就未必生效。因此，与其把民主—福利刚性作为有效的一般假设来设计政策，还不如从具体国家如何抑制福利刚性中汲取经验。在这方面，德国是一个非常值得借鉴的对象。

第三章　德国政治经济体制与社会福利的制度性保守倾向

　　欧债危机爆发以来，德国除了最初受到一些影响外，经济表现非常优异，被一些媒体形容为欧美发达国家的"一枝独秀"。不仅GDP增速创下近年来的高点，而且失业率非常低；国家财政也从2014年开始实现盈余，创下近年来的记录。与此同时，公共社会支出不像多数OECD国家那样大幅上升，其占GDP的比重在2009年达到一个较低水平的高点后开始下降。如果把考察的视角放得更长远一些，会发现20世纪70年代后期以来，德国的公共社会支出水平仅仅是在1990年两德统一时期出现了一个高点，而且这个高点比2009年还要低，总体上呈现出相当平顺的特点，整体水平在欧洲也处于较低程度。这表明，德国的社会福利做到了与经济和社会发展相适应。

　　德国社会福利在发展中表现出来的良好绩效，并不能简单归功于经济发展，因为在经济遭遇困境时，福利国家的管理也相对表现很好；也不能仅仅归功于具体的社会福利政策，因为这些政策的产生、实施和生效都是以一定的制度为背景的，绝非仅仅是社会福利相关行动者偶然的主观行为的产物。德国社会福利体系运行良好，特别是所谓民主—福利刚性不显著，由制度主义的视角观之，这可能和德国社会福利的演进过程中面临的紧缩性的制度取向有关。在这里，尤为值得一提的是：魏玛民主时期福利扩张造成的悲剧，使得优厚社会福利制度从一开始就被排除在联邦德国建国方案之外；

宪法对社会权利的不置可否，造成了德国社会福利制度缺乏根本大法的支撑，而只有效力较弱的实体法支持；在联邦德国成立初期，领土被占领的特殊形势和艾哈德的社会市场经济的成功实施，为德国长期的社会经济发展设定了一个难以突破的制度框架。

第一节　路径淘汰：魏玛时期福利扩张的教训

前文已经证明，虽然欧债危机整体上并不能被视为民主—福利危机，因为成熟的民主国家（同时也是高福利的国家）在欧债危机中表现良好，但是，南欧国家，特别是希腊的危机，确实在一定意义上可以被视为民主—福利危机，因为这种危机发生于刚刚实现民主化的国家，不成熟的民主实践确实造成了社会福利的过快上涨，而这种上涨又反映在政府财政的债务结构上，最终引发债务危机。

在欧债危机中，德国的表现相对较好。但在魏玛时期，德国也曾发生过类似于希腊的危机。这种危机的起因，本是为了填补在原帝国专制权力戛然倒台的政治真空，以社会福利手段维持原帝国各种势力和臣民对于民主共和国的政治忠诚，却引发了社会福利体制的迅速完善和社会支出的迅速扩大，最终使德国走入了严重的民主—福利危机中。

1919 年的《魏玛宪法》是魏玛共和国的根本大法。该宪法确认，社会权利是公民的基本权利，国家有责任保障公民的社会福利。其中，该法第 122、155、157、159、161—165 条分别从青年教育、住宅、社会救济、社会保险和劳工保护等方面确立了国家的福利责任。第 122 条规定，国家及公共团体应当通过必要的设置使青年免于"道德上、精神上及体力上之荒废"。第 155 条指出，土地的分配和利用，应当使德国人都受到保障，特别是合适的住宅。第 157 条规定，劳动力受国家特别保护，联邦应制定劳动法。第 159 条指出，无论何种职业，为保护和增进劳动条件和经济条件的结社自由必须予以保障。第 161 条明确规定对妇女生育、养老、疾病实行社会保险；第 163 条规定，国家应举行公共福利来照顾无力维持生计者。①第 165 条指出，劳动者可以和雇主一起制定涉及劳动条件、给付薪资和生产发展的规章，并为工会提供了合法存在地位。这些条款明显带有社会主义的性质，为社会福利事业的发展提供了根本大法的保障。

除了宪法的保障，魏玛共和国还不断出台法律，规定了如何完善社会福利事业。1920 年，《帝国供给法》②、《健康严重受损法》、《关于救济义务的帝国条令》和《关于公共救济的前提、方式、程度的帝国原则》出台：前两者将几百万"一战"受伤士兵和烈士遗属的抚养责任和相应的福利待遇确立为国家职责，这些人在医疗、复员就业、教育培训和养老等方面获得了经法律确认的国家保障；后两者将贫穷归属为社会责任而非个人责任。据此，贫穷人口可在工资低于工人平均工资的一定比例时领取救济金，且领取行为不再带有不光彩的意味（而光是这一项就耗费了国家财政支出的五分之四）。这些法律明确宣告了德意志国家在士兵保障和社会救济方面负有承办社会福利事业的责任。

与此同时，传统的医疗、养老、残疾工伤保险也得到了延续和进一步扩展。从 1924 年开始，投保子女的津贴费不断增加。就残疾保险而言，子女津贴费从"一战"前每个月 2 马克提升到 10 马克。参加工伤保险的索赔者子女也可以领取保险金的 10%。1925 年后，工伤保险扩大了承保事项的范围，不仅对劳动事故进行赔偿，而且职业病以及通勤途中的事故和照管生产资料时的事故都被纳入了工伤赔偿范围之内。在医疗保险方面，参保者家属的医疗也被包含在

① 孟钟捷：《试论魏玛共和国的社会政策》，《德国研究》2003 年第 4 期。
② 魏玛共和国继承了原帝国的民族统一体、政权和领土范围，因此，它仍同德意志帝国一样，自称为"Reich"（帝国）。

内，并且无论工作日还是节假日都支付病假津贴。养老保险扩大了覆盖范围，家庭手工业作坊的雇员也参加了保险。从"一战"之前到1929年，工人投保者所获的养老金从33—58马克提高到每月65—70马克。工人的遗属，即去世男工人的遗孀和孤儿，分别可以领取男工人养老金的五分之三和二分之一。妇女可以获得生育后的免费生育服务、医药及分娩津贴和长达10周的产假补助。①

这种社会福利使魏玛共和国陷入了一个难以摆脱的恶性循环怪圈。本来，"一战"造成了社会生产力的极大破坏，物资匮乏，供应短缺，导致物价高涨，通货膨胀十分严重。但社会福利体系的不断扩展又要求企业缴纳社会福利费，国家承担的一部分福利支出实际上也来自企业和员工的缴纳，由此造了企业劳动力成本和税收成本的增加。为了维持一定的利润率，企业不得不进一步提高价格。另一方面，国家的经济存量和生产能力也无法维持法律规定的社会福利水平，甚至可以说和后者还存在着巨大的差距。但是，各政党为了在民主选举中上台，不但不敢得罪选民实行紧缩政策，反而竞相在选举中承诺如何完善社会福利体系，在议会中也要求不断提高福利水平。

这样一来，民主制下的福利刚性形成了，社会福利水平面临着不断上升的任务。而民主程序本身没有提供走出危机的方式，因为在魏玛共和国的政治经济体制下，民众已经对社会福利产生了很高的期待，降低福利水平无异于对抗整个体制。另一方面，魏玛共和国的民主制度十分脆弱，德意志帝国的遗民有相当一部分对民主共和国还保持怀疑和恐惧的态度。如果在承诺了提升社会福利之后，又进行福利削减，势必会动摇民主制度乃至魏玛政权的合法性，造成巨大的政治危机。实际上，由于新生的民主制度是在仓促之间建立起来的，包括军队和各政党在内的各支政治力量呈现出碎片化的、

---

① 和春雷编：《社会保障制度的国际比较》，法律出版社2001年版，第40—41页。

势均力敌的格局，缺乏忠诚于民主制度而又具有广泛政治权威的人物。因此，这种新生的民主制度似乎只能沦为"福利民粹主义"，通过社会福利收买人民和各支政治力量，来换取他们对于民主制度的表面上的拥护。

在这种处境下，政府事实上只能延续增发货币的"老把戏"，与此同时，它又以"道威斯计划"的贷款为保证金，不断增发货币来支付社会保障资金。这两者的结果，就是通货膨胀达到了惊人的程度：1923 年 10 月，每隔 8—11 天德国马克就贬值十分之一；到了 11 月，4.2 万亿马克才能兑换 1 美元。可以说，在魏玛共和国初期的几年里，社会福利使经济面临着巨大的波动，隐藏着崩溃的风险。不过，总的来说，魏玛时期的经济还是得到了恢复和发展。1924 年 9 月，出于贷款方的压力，货币价值终于实现了稳定。①

本来，币值稳定对于经济的长远发展是有很大益处的。但从社会—政治结构来看，这一情形却引发了一些不良后果。在增发货币的办法行不通的情况下，企业得不到足够的贷款，而社会福利费和税务上的负担依然沉重，为此，他们开始发起生产合理化运动。所谓生产合理化，实际上就是通过减少成本来保持利润率，主要的措施就是大量裁员，减少工资支出。另一方面，社会民主党和工会似乎也在跟资方的良好"社会伙伴关系"下，不得不同意进行这一运动。当然，更重要的原因是，在帝国时代一直不曾建立的失业保险，也在 1927 年得以通过法律确立，失业工人可以因此而得到丰厚的补偿。例如，在某个工资等级，有两个子女的男性失业者可以在半年时间里获得其最后劳动收入的 50%—80%。然而，生产的合理化，再加上资本主义世界的经济危机，导致 1929 年底仅仅在劳动局登记的失业者就有 300 万人之多，但德国失业救济金数额只是按照 80 万

---

① ［德］卡尔·哈达赫：《二十世纪德国经济史》，扬绪译，商务印书馆 1984 年版，第 21、30、31 页。

人的失业者规模来设计的。① 本来，劳资双方共同缴纳的保险金中可以开支失业救济金，但很快这种保险金就入不敷出，转而变为"危机救济金"，完全由公共开支负担，其中，80%由国家财政开支，20%由地方财政负担。② 社会福利似乎成了"万能灵药"，只要用它来进行收买，政治、经济和社会问题似乎都能够迎刃而解。然而，这一切增加的成本最终葬送了整个国家的社会阶级合作、政治稳定、财政收支平衡和经济发展。

事实上，社会福利的成本最终还是由人民来承担。人民在过了几年优厚的福利生活后终于发现，越是努力地从事社会生产，自己承担的社会福利费用就越多，而那些由有影响力的政治力量代表自身利益的社会力量则可以通过政治斗争获得丰厚的福利回报。这样一来，魏玛社会便陷入一场分利之争，由此导致社会福利刚性越来越强，陷入不断增加的怪圈。当人们发现整个社会经济无法负担这样的高福利水平时，一场福利危机便爆发了。

在共和国初期，政府一般都由代表工人利益的社会民主党与代表雇主利益的其他政党组成。但是，严峻的社会福利危机造成了联合政府的冲突，政党之间互相攻讦，使"阶级合作主义"走到了破产的边缘。虽然联合政府在1929年达成了提高税收的协议，但还是杯水车薪，根本无法挽狂澜于既倒，而且还引起了企业界的激烈抗议。同年12月，社会民主党的总理米勒和财政部长希法亭建议劳资双方的失业保险缴纳额从3%提高到3.5%，又遭到了劳资双方的普遍反对。这实际上宣告了各支力量对于社会福利体系的信心已经丧失，刚性严重的福利制度已经难以为继。工人和职员重新陷入无产阶级境地，促使他们转而反对魏玛共和国的民主制度，拥抱激进思想：一方面是革命的马克思主义思想，另一方面是革命的民族主义

---

① 李工真：《魏玛时代"社会福利"政策的扩展与危机》，《武汉大学学报》（哲学社会科学版）1997年第2期。

② ［德］卡尔·迪特利希·埃尔德曼：《德意志史第四卷：世界大战时期》（上册），高年生等译，商务印书馆1986年版，第309页。

思想。① 民主共和国岌岌可危，而左翼和右翼的势力都不断增长。

1930 年，由社民党和人民党组成的魏玛政府因为社会福利政策特别是失业保险问题上的分歧而陷入分裂，最后一届联合政府倒台。此后，魏玛共和国再也没有产生稳定的多数派政府，开始进入由总统委任少数派总理组织内阁的时期。无论是布吕宁、巴本还是施莱歇尔政府，都已经背离了民主的统治原则，在议会中很难得到通过法案所要求的多数。他们的福利紧缩措施引起了劳资双方或至少一方的激烈反对，导致内阁执政不久就被迫下台。在此期间，作为宪法保证人和守护者的总统宣布非常状态和发布紧急法令不再是特殊的现象，而是成为了实实在在的日常政治，用右翼法学家卡尔·施米特的话说，紧急状态成为正常状态，标志着魏玛民主秩序已经进入到时时刻刻都需要以主权者的决断来维持国家的阶段，也标志着议会民主制名存实亡。

魏玛民主共和国在十余年的时间里走向覆亡，除了其他方面的因素，实际上也是一场社会政策危机的结果。德国魏玛的社会政策危机和希腊民主—福利危机的共同点在于：（1）两国都刚刚实现民主化。魏玛共和国是在"一战"末期，由于工人和士兵的苏维埃革命，帝制骤然崩溃而建立民主共和制度的；而当代希腊则是在亨廷顿所谓的"第三波"民主化浪潮中新生的民主国家。（2）两国的社会福利都迅速上涨，社会福利的绝对水平都不算太高。德国魏玛时期社会支出迅速增加，从 1913 年到 1929 年，国家财政的社会支出占国民生产总值的比例由 1.8% 迅速上升到 13%。② 尽管增速很快，也只是提升到了一个显然不算太高的水平。希腊 2009 年宣布政府债务达到 3000 亿欧元，2015 年 7 月的主权债务规模占 GDP 的 200%，公共社会支出占 GDP 的比例则从 1980 年的 10% 左右上升到 2010 年

---

① ［德］卡尔·迪特利希·埃尔德曼：《德意志史第四卷：世界大战时期》（上册），高年生等译，商务印书馆 1986 年版，第 303、310 页。

② 李工真：《魏玛时代"社会福利"政策的扩展与危机》，《武汉大学学报》（哲学社会科学版）1997 年第 2 期。

的近30%，也仅仅达到了北欧高福利国家长期的社会福利水平而已。
（3）两国都因社会开支剧增而面临巨额债务压力。德国魏玛时期因
为"一战"赔款而产生了巨额欠款，但又通过"道威斯计划"获得
了大量贷款，并将这些贷款的很大一部分用于完善社会福利体系和
增加福利开支，导致贷款余额难以偿清。希腊借债维持快速上涨的
福利，已经是一个众所周知的事实。显然，社会福利水平的过快提
高远远超出了政治经济体制的承载能力。（4）两国的社会福利紧缩
措施都引发了政局不稳。在欧债危机中，希腊政府的紧缩政策引起
了民意的剧烈反应，多个政党轮番上台，均未稳住政局，最终使欧
债危机愈演愈烈。德国魏玛时期，在严重通货膨胀及偿还巨额贷款
的压力下，政府一度实行福利紧缩政策，戳破了社会福利的"泡
沫"，导致内阁不断更替，有的内阁任职几个月就倒台，社会也陷入
分裂和对抗的严重危机。

　　事实上，社会福利制度在魏玛共和国的末期已经引发了非常尖
锐的分歧。雇主认为，社会福利的不断扩展是引发经济危机的根本
原因。而工会和国家的各种福利机关则提出，社会福利支出并没有
削弱经济，而是稳定和提高了购买力，增加了社会的消费需求。[1] 尽
管如此，内阁和财政当局却为庞大的社会开支缺口而头疼不已，整
个国家也因为削减福利引发的民意抗议、内阁不稳和社会分裂而陷
入崩溃。正是在这种状态下，以纳粹党为主的极端主义势力靠着煽
动民众和一系列政治操作登上了德国政治和历史舞台。在整个纳粹
时期，社会福利水平仍然居高不下，与之相比，经济状况却相差甚
远，根本无法负担如此之高的社会福利水平。为了解决这一赤字，
希特勒统治下的德意志第三帝国采取了对内掠夺和屠杀犹太人、对
外侵略和剥夺国外人民的政策。因而，说社会福利刚性是纳粹罪恶
的一个根源，绝非夸大其词。可见，过快上升的社会福利是任何正

---

[1] 李工真：《魏玛时代"社会福利"政策的扩展与危机》，《武汉大学学报》（哲学社会科学版）1997年第2期。

常的社会制度都负担不起的。魏玛民主制度下社会福利体系过度完善、社会福利水平过快提高，最终导致福利刚性难以消除并造成全面危机的教训在后来的联邦德国的制度设计中产生了重要影响。

历史制度主义认为，特定的历史变迁形成为制度后，将会产生路径依赖效应。即使既定制度下的人们认识到制度的弊端，也无法轻而易举地废除制度。因为制度不仅历时长久、根深蒂固，而且制度与制度之间盘根错节、错综复杂，甚至形塑了人们的思维和意识，形成了巨大的惯性。社会福利制度正是如此。即使是纳粹那样的极权政府，也没有改变魏玛民主共和国的社会福利刚性，甚至还通过非正常手段维持着这种刚性。

不过，纳粹扩张企图的失败，特别是德国在"二战"中的惨败，以一种不可抗的外力形式打破了这种路径依赖效应，对造成魏玛时期民主—福利刚性的畸形社会福利制度进行了"路径淘汰"，打破了社会福利制度不断向前演进的趋势。诚然，社会福利制度几十年的惯性不可能就此完全彻底的消除，但对于联邦德国的建立者和立法者而言，这种无法由国民经济、国家财政、社会各阶级和政治系统负担的社会福利制度无疑对于未来的国家制度设计产生了重要影响。

第二节　宪法中的社会原则与社会权利

联邦德国是法治国家，作为根本大法的《德意志联邦共和国基本法》对于社会生活的基本原则有着决定性的影响。魏玛民主制度下社会福利扩张的惨痛教训，就蕴含在联邦德国的宪法条文中。从整体上看，联邦德国《基本法》是对魏玛宪法的继承和恢复，只是在个别环节进行了修改或删除。例如，在魏玛时期相对于民选议会及其内阁拥有重要影响、在特殊时期甚至是决定性影响的总统制遭到了削弱。因此，比较两部宪法中差异较大的内容，是极具启发意义的。就社会权利而言，魏玛宪法中关于社会权利和福利保障的诸多条款，在《基本法》中被全部删除。历史制度主义的"路径突破"效应在《基本法》上得到了鲜明体现。

一　社会原则的历史和政治脉络

《基本法》中的社会原则（Sozialprinzip）主要体现为社会国家性（Sozialstaatlichkeit），是一个同社会国（Sozialstaat，Sozialer Staat）密切相关的法学概念。虽然在《基本法》中，社会国家性被视为同联邦、共和、民主、法治并列的立国原则之一，但是该法对社会原则的规定非常不明确。《基本法》第20条规定："联邦德国是民主的和社会的联邦国家。"该法第28条第1款规定："各州的宪法制度必须符合《基本法》规定的共和、民主、社会和法治国家的原则。"这是《基本法》明确宣示社会原则的仅有的两个条款。相比于其他原则的明文规定（如共和的意义明确，联邦、民主、法治在其他条款中都有很大篇幅的细化规定），社会原则究竟是何种含义，并没有具体的规定。因此，社会国原则"规范性内涵很少，很难从中演绎出具体的法律后果"。[1] 例如，《基本法》规定了个人的基本自由权利和对财产权的保护，同时该法第14条——通常认为这是《基本法》中与社会国原则相关的一个条款——载明，"财产应履行义务，财产权的行使应有利于社会公共利益"。但是，这种规定相当抽象，和社会权利尚存在很大的差距。

社会权也未被列入公民基本权利范畴。《基本法》第一章即为"基本权利"，其中共有19条，以非常详尽的行文罗列了德国公民的基本权利，但并没有提及社会权利。即使是在两德统一时，考虑到德意志民主共和国（即东德）的社会主义主张，以及未来在统一国家中通过社会福利的"收买"来争取东德人民对统一国家的认同的

---

① V. 诺依曼：《社会国家原则和基本权利教义学》，娄宇译，《比较法研究》2010年第1期。

可能性，社会权利本来是有一定的机会被列入宪法的。但是，经过深入讨论后，在《基本法》中却并未列入社会权利的条款。① 实际的历史过程是，"'把针对社会第三方的保护权也当作一种基本权利来解释'，未被宪法委员会所注意并且也在法理学意义上被拒绝"。在修宪的过程中，虽然社会民主党提出了添加社会基本权利条款的请求，但最终也未被采纳。② 考虑到德国已经是联合国《经济、社会及文化权利国际公约》、《消除对妇女一切形式歧视公约》、《儿童权利公约》、《残疾人权利公约》等联合国条约的缔约国，而这些条约特别是《经济、社会及文化权利国际公约》又以列举法明确规定了公民的社会保障权、适当生活水平权等项权利，宣示社会原则的《基本法》却未将社会权利列入"基本权利"就显得非常不可思议了。

有鉴于此，在德国宪法学界有相当一部分学者认为，《基本法》中极其有限的"社会"原则规定只是一种宣示，而没有很强的拘束力色彩。③ 这种宣示虽然并不意味着完全的否定，但明显不具有积极效力的意义。尽管如此，社会原则和社会权利必须要区分开来。在德国的很多宪法学家看来，社会原则或社会国家性也是立国的一个重要原则，一切法律、主体和行为至少不能明显地同它相背离。但对于社会权利，德国法学界却有着不同的意见。总体上来说，坚决主张德国《基本法》明确承认了社会权利的学者很少。有一种意见认为，《基本法》中的社会国家性体现了一种笼统的社会公正观念，并不具备直接实施的法律效力。④ 为什么在社会原则和社会权利的认

---

① ［德］彼得·托比亚斯·施托尔：《经济宪法和社会福利国家》，陈梦晓译，《中德法学论坛》2009 年第 7 期。

② ［德］沃尔夫冈·鲁茨欧：《德国政府与政治》，熊炜、王健译，北京大学出版社 2010 年版，第 20、33 页。

③ F. E. Schnapp, Was können wir über das Sozialstaatsprinzip wissen? *Juristische Schulung* 1998, pp. 873 – 877.

④ 张千帆：《法国与德国的宪政》，法律出版社 2011 年版，第 290 页。

同上会出现这样的差异呢？事实上，对于社会国家性和社会原则，不能仅仅从具体的、日常生活中的语词意义上进行解读，而应当将其放到法律原则的历史脉络和政治脉络中进行考察。

在不同的历史时期，社会原则有着不同的内涵，对它的解释带有很大的弹性。该原则中的"社会"一词既可能是指，一切生产资料归社会所有（具体表现为归全民国家所有），由国家使用、分配和消费，而这又要求在政治上实行无产阶级的专政，即总体上表现为公有制、计划经济和人民专政的形式；"社会"一词也可以是指，在私有产权的基础上，通过自由的市场竞争进行生产生活资料的交换、流通和消费，坚决反对垄断，实行彻底的资产阶级民主。前者常常被冠以"社会主义"的称谓，后者常常以"自由"和"民主"的符号来作为自己纲领的主旨。在更多时候，社会原则是社会民主党等中间党派的主张的一部分。①

基于这些党派的中间立场，社会原则介于共产主义和资本主义之间，在政治上介于无产阶级专政和资产阶级专政之间。它不像德国共产党等极左党派那样要求彻底的社会公有制或社会主义所有制，也不像自由主义党派那样主张私有制神圣不可侵犯。相反，它真正秉持的是一种阶级调和主义，要求通过国家的力量避免严重的阶级分化和阶级对立，使整个社会不致分裂和对抗，因而，社会原则通常与团结（Solidarität）休戚相关。在特定的历史时期，社会民主党也会向两个极端中的一个移动，导致社会原则的内涵也被解释为不同要素的组合："社会"可能成为"社会主义"，也可能成为"自由"和"民主"。但总的来说，其实质内核是强调社会的整体性和整个社会的"团结"。关于这一点，德国学者罗尔夫·施托贝尔指出，"社会国原则的伦理基础和一个核心组成部分是团结原则"，而所谓的社会团结，是指"为了共同体的利益而对个人经济自由进行

---

① 蔡维音：《社会福利制度之基础理念及结构——以德国法制为中心》，《月旦法学杂志》1997 年第 28 卷。

的修正"。①

　　社会国原则诞生于历史上特定的社会政治背景下。由于当时严峻的社会政治现实，欧洲各国必须高举团结的大旗，并在此基础上承认社会原则。众所周知，工业革命发源于欧洲，使欧洲形成了资产阶级和工人阶级这两大对立阶级。资本主义社会的阶级矛盾在欧洲各国极为激化。而由于近代的结构转型发端于 16 世纪以来的欧洲绝对主义国家的形成，专制君主摧毁了封建社会的各个等级，一度不允许具有政治性质的社会组织存在，使得政府成为垄断社会事务的主要组织，对原子般的个人组成的社会拥有极强的控制力。政治渗透社会的一个后果，就是社会对政治的依赖。虽然经过 18 世纪以来尤其是 19 世纪以来的政治革命或改革，议会或共和制度有取代君主专制制度的趋势，资产阶级也一直在争取国家权力，但在欧洲大多数国家，其他社会等级特别是封建贵族和地主仍通过专制国家来控制和削弱资产阶级，社会自治并未形成。社会力量通过结社特别是结成政党，成为了政治力量，导致欧洲 19 世纪和 20 世纪政党数量猛增，政党活动广泛而活跃。但是，这些社会政治力量的主要诉求是掌握国家政权，然后通过它来维护自身的利益，而不是把社会的问题留给社会自身处理。与美国高度的个人主义、社会自治和社会阶级矛盾不突出的情况②不同的是，欧洲多数国家盛行着依靠政治国家的力量来解决问题的主要模式，大多数社会事务都具有政治事务的性质，社会主要矛盾即资产阶级和工人阶级的矛盾极易演变为政治危机，导致社会崩溃。因此，国家的阶级调和作用在欧洲各国显得比较突出。

　　具体到德国来说，19 世纪 50 年代以来，德国工业蓬勃发展，资

---

　　① ［德］罗尔夫·施托贝尔：《经济宪法与经济行政法》，谢立斌译，商务印书馆 2008 年版，第 298 页。

　　② 参见［法］托克维尔《论美国的民主（下）》，董果良译，商务印书馆 1988 年版，第 116—154 页，以及［美］维尔纳·桑巴特：《为什么美国没有社会主义》，王明璐译，上海人民出版社 2005 年版。

产阶级和工人阶级数量不断增加，迅速形成为有影响的政治力量。特别是在革命导师马克思和恩格斯以及无产阶级政党的领导下，德国的阶级斗争十分尖锐，社会主义方兴未艾。随着法国巴黎公社运动的失败和拉萨尔、伯恩施坦等领导人的影响力的扩大，以德国社会民主党为代表的社会主义党派愈益走上改良的道路，以社会原则为基础的阶级调和主义越发盛行。在此情况下，魏玛共和国的成立又使得主要执政党即社会民主党通过践行社会原则增强了人们对"社会"这一口号的认同，并寻求在法理学上对社会原则和资产阶级国家进行调和。

1930 年，赫尔曼·黑勒（Hermann Heller）在用社会原则来调和资产阶级国家的矛盾这一方向上做出了重要的尝试。他在其著作《法治国还是独裁?》中提出："只有当资产阶级法治国或自由法治国发展成社会国家时，才能避免国家的独裁。"① 这是社会国家概念的首次出现。黑勒的主要看法是，自由法治国虽然也主张平等，但主要是一种形式平等；对于社会本来的不公正和不平等来说，自由法治国不但没有消除，反而予以强化；自由主义只是将这种不平等视为法律的一种事实环境或状态，而不是法律本身应当予以规范的范畴。因此，必须实行一种实质意义上的平等，对市场竞争中的弱者进行扶助，才能使法治国的形式平等具有合意的价值取向，这就是所谓社会国家的宗旨。

由此可见，社会原则在欧洲大陆特别是德国的产生和发展并不能被视为民主权利不断深化的结果。在阐述社会原则的产生方面很有影响的学者马歇尔以民主权利的演进来勾勒社会权利的前因。他指出，在历史上，公民权利、政治权利和社会权利是依次出现的，社会权利是民主要求和民主斗争的产物。② 然而，德国不符合这种发

---

① Ekkehart Stein and Götz Frank, *Staatsrecht*, Tübingen：Mohr Siebeck, 2010, p. 166.

② 参见 T. H. Marshall, *Citizenship and Social Class*, London：Pluto Press, 1992。

展道路。在演进顺序上，德国是先出现社会权利，才出现公民权利和政治权利。从推动权利发展的主体来说，社会权利主要是帝国政府自上而下的社会政策的客观产物，而较少地来自由下而上的民主动力，而帝国政府推行社会政策的目的则是缓和资本主义的发展带来的社会矛盾，以此化解或减轻民众对民主权利和政治参与的要求。这表明，民主权利、民主运动或民主制度不一定是社会权利和社会福利发展的前因、动力或条件，相反，社会权利和社会福利完全可以用来抑制民主的发展。不过，魏玛共和国社会福利的发展也表明，在刚刚实现民主化的社会中，社会福利同样可以用作"收买"公民政治支持的工具。但是，在不成熟的民主制度下，社会权利可能和公民权利、政治权利交织在一起，汇合成福利不断提升的动力，从而很快地穷尽这种工具缓和社会矛盾的效果，走向福利危机的极端。

社会原则正是在上述的历史和政治条件下进入联邦德国时代的。"二战"结束后，经过德国宪法学家和政治家卡洛·施密德（Carlo Schmid）的努力，黑勒的社会国家思想才被写入《基本法》。[①] 但是，与其说《基本法》全盘吸纳了黑勒的思想，不如说它只是以宣示的形式规定了社会国家的原则。事实上，该法对于社会福利制度的语焉不详绝非仅仅是语言辞令上的矫揉造作，而是对联邦德国建立时特定历史条件的在法律上的一种确认，并通过这种确认产生了长期的、不可动摇的法律效力。

从宪法制定时的具体历史和政治背景来看，《基本法》对于社会国家原则的模糊化处理是有意为之。1949 年，在英、法、美占领当局的监督下起草了《基本法》，然后，草案交由各州议会通过后成为德国西部的宪法。在宪法起草者即议会委员会中，社民党和基民盟的代表有着不同的要求。在"二战"后期，为了反对法西斯主义，英、美、法和苏联等暂时搁置意识形态的冲突进行了合作，尤其是

① 胡川宁：《德国社会国家原则及其对我国的启示》，《社会科学研究》2015 年第 3 期。

第三国际提出了建立反法西斯统一战线的口号。为此，德国社民党曾和德国共产党短暂合作。在制定宪法的时候，虽然社民党的领袖已经主张与共产党划清界限，但在组织上和意识形态上还没有脱离共产党的影响。为此，社民党仍然主张在经济上实行社会主义计划经济，在政治上实行民主制度，这是社会原则进入宪法条款的渊源，但最终的结果并不是社民党所能主导的，还需要其他党派的妥协，并得到占领国当局的认可。

一方面，《基本法》确实有一些条款带有社会主义倾向，甚至在一定条件下可以使国家社会主义色彩的经济政策合法化。例如，该法第 15 条规定，土地、地产、自然资源和生产资料"为达成社会化之目的，得由法律规定转移为公有财产或其它形式之公营经济"。但事实上，类似的条款只是在战后极其困难的条件下、在极其有限的范围内才得以施行，而且，对财产转化为公有性质是具有严格的补偿规定的。当然，基民盟对此是明确反对的，并且曾在柏林、汉堡、法兰克福、鲁尔等地区对这一问题展开了激烈讨论，虽然最终还是与社民党达成了妥协，保留了这种看起来极具社会主义性质的条款。社民党人原以为可以保留这些条款，为将来实行社会主义改造留下空间，孰料在联邦德国政权稳定以后，尤其是艾哈德的货币改革、物价调整和取消管制政策取得了良好效果之后，这些条款基本上就毫无用武之地了，再也没有人重提进行公有制改造和计划经济，[①] 而且一些原来公有性质的财产的私有化改造恰恰是在走向相反的方向。

另一方面，由于社民党的妥协，《基本法》只是写入了古典的自由权利，没有把社会权利归入基本权利的范畴。[②] 实际上，当时联邦德国建国的任务也倾向于古典的自由权利。首先，《魏玛宪法》对于社会权利的广泛规定及随之而来的社会福利的急剧扩张造成了严重

<hr />

① 范家骧、高天虹：《新自由主义（下）——西德的新自由主义》，《经济纵横》1987 年第 9 期。

② ［德］英格沃·埃布森：《德国〈基本法〉中的社会国家原则》，喻文光译，《法学家》2012 年第 1 期。

的恶果；其次，非纳粹化，即一方面消除极权主义的军事和政治影响和另一方面消除其以战争和屠杀为基础的社会政策的影响，是最重要的时代任务之一。① 而随着东西方对峙的"冷战"时代的来临，这些自由权利而非社会权利恰恰成为联邦德国在意识形态和社会市场经济模式方面区别于社会主义经济政治体制的重要特征。在这种情况下，社会民主党的主张又回归到了其传统的中间立场。1959年，德国社民党的《哥德斯堡纲领》确立了"民主的社会主义"作为其口号。该纲领指出，"民主的社会主义"就是"自由、公正、团结和产生于共同结合的互相承担的义务"。

从概念发展的历史脉络和政治脉络中可以看出，社会原则和社会国家性的规定性在于强调社会的整体性和整个社会的团结，是一种目的性的原则，但并不包含实现这种目的的手段。它一方面同社会主义的措施没有必然的联系，另一方面也不必然涉及社会福利政策甚至是福利国家。尽管《基本法》承认了社会原则和社会国家性，但从它大幅删除《魏玛宪法》关于社会权利的规定和制宪时的主要考虑来看，根本大法主要强调的是自由权利的保护，并因而倾向于否定社会权利是基本权利，反对社会福利的魏玛模式。就此而言，社会福利体制的建立不为德国宪法所支持，社会福利的扩张乃至福利刚性的形成就更是缺乏宪法基础了。

二 《基本法》中社会原则的法理和实践基础

从法理上和实践上看，社会原则和社会国家性特别是所谓社会权利同《基本法》及其所依据的法学学说之间存在着一定的张力，这种张力使得"社会"的含义始终同福利国家保持着一定的距离，从而消解了社会福利扩张的法理依据，不利于福利刚性的生成。

① 参见郭明政《社会宪法——社会安全制度的宪法规范》，载苏永钦主编《部门宪法》，（台北）元照出版公司 2006 年版，第 313 页；陈爱娥：《自由—平等—博爱：社会国原则与法治国原则的交互作用》，《台湾大学法学论丛》1997 年第 1 期。

　　社会原则经过德国《基本法》的规定，被法学家们引申出了社会国家性的概念。引起法学界注意的是，尽管从字面上来看，特别是在非专业性词典上，社会国家常常被混同于福利国家，但制宪者使用前者而非后者是蕴含着一定的考虑的，因而在法律上不能被随意地混同解释。

　　在其他语言中，例如在英语中，社会国家（social state）和福利国家（welfare state）并无太大不同，几乎是同义词。但在德语中，社会国家（Sozialstaat）和福利国家（Wohlfahrtsstaat，welfare state）却是两个性质不同的概念。有时，福利国家常常被当作照管国家或供养国家（Versorgungsstaat），① 亦即照管公民甚至直接为公民提供生老病死一切福利的国家。就此而言，国家不仅是社会福利的管理者，而且是直接管理者；国家不仅是社会福利的直接管理者，甚至应当是直接提供者或者承担着直接提供的责任。从语言学的角度来看，Wohlfahrtsstaat 具有轻蔑的意义，是指一种"父权依赖、破坏个人自由与创造力的制度"②。在德语法学界和政治语境中，福利国家以斯堪的纳维亚国家为范型，它采取各种各样的措施来提高国民的社会、物质和文化福利，本质上是一个社会经济色彩较为浓厚的概念。但从政治和历史的脉络来看，社会国家是为了调和社会矛盾以达成社会团结，而就基本含义而言，它要求国家对陷入困境而仅凭自己的力量又无法摆脱困境的人给予援助，并采取措施防止这种困境的出现，③ 是一个社会政治色彩比较突出的概念。

　　按照德国法学界的主流意见，《基本法》中关于社会国家的条款旨在保证自由民主的国家拥有社会公正和社会安全，培养人民对于共

_____

　　① Franz-Xaver Kaufmann, *Herausforderungen des Sozialstaates*. Frankfurt am Main：Suhrkamp，1997，p. 21.

　　② 林万亿：《福利国家——历史比较的分析》，（台北）巨流图书公司2003年版，第59页。

　　③ Norbert Hinske, Kants Warnung vor dem Wohlfahrtsstaat, *Die neue Ordnung*, Jahrgang 58，No. 6，Dec. 2004.

同体的信任和凝聚力。[①] 与此相比，历史上的福利国家则赋予了国家广泛的权力，以便对市场的运作及其后果进行修正：一是国家应保证个人和家庭为维持生存而享有一些基本收入，而不论其在市场上的收益或损失如何；二是国家要控制社会偶然性的影响，采取疾病、养老和失业保险等措施避免个人和家庭面临的不确定性；三是国家应保证国民公平地得到尽可能好的社会服务。[②] 显然，福利国家的目标具有较强的实用主义色彩，并且更强调物质和服务这些有形的利益；而社会国家的目标——至少就德国社会国家的目标而言——更着重于社会政治意识，是为了增强国民的认同感和整体的团结。

就社会国原则与现实社会国家的关联来看，联邦德国的社会国还有其区别于福利国家的特殊之处。弗朗茨 - 爱克萨佛·考夫曼（Franz-Xaver Kaufmann）认为，德国社会国的特色在于以下三点。

一是从不同政策领域的关系来看，劳动法对于社会政策的发展有着特殊的重要性。社会政策不是偏重于社会财富的再分配，而是强调基于职业和劳动的福利水平。其表现是，社会政策不强调北欧式的普遍救助式的社会民主主义原则，而倾向于按照职业类别、等级和劳动中的贡献（其中一个重要的依据是所得的薪金）的各类社会保险，后者的原则和后果不是平等性，而是差异化。

二是从社会政策参与主体的横向关系来看，国家提供的直接社会服务相对较少，而基于保险缴费的社会福利显得更为突出。前者针对的主要是无法凭借自身的力量摆脱困境的低收入者、残疾者等等，体现了最低程度的生活保障和国家对国民的关怀；而后者则是与个人在保险中的贡献有关，体现的是多缴多得的分层化体系。

三是在社会政策参与主体的纵向关系上注重辅助性原则，即使是公共任务也未必由像国家这样的公共机关来承担。辅助性原则强

① R. Herzog ed., *Evangelisches Staatslexikon*, 3. Aufl., Stuttgart：Kreuz-Verlag, 1987, pp. 3269 ff.

② Ass Briggs, The Welfare State in Historical Perspective, in Christopher Pierson and Francis Castles：*The Welfare State：A Reader*, Cambridge：Polity Press, 2000, p. 19.

调的是"自下而上"的问题解决路径，即如果问题能够在较低的层次直接解决，就不会被提交给较高的层级。这实际上是鼓励公民通过自我组织、自我协调解决社会问题，将社会福利的提供分别对应不同的层级，避免了集中化处理方式自下而上的信息沟通和自上而下的问题解决造成的失灵。① 有学者指出，《基本法》中的社会国原则"强调私人组织与团体、家庭、个人的自我支持"。保险费与职业地位区隔相挂钩，以及国家一般不介入劳资双方"独占性地"决定工资，都体现了这一点。②

当然，德国宪法中的社会国含义不能仅仅在和福利国家的联系与区别中作出解释。结合《基本法》中关于财产权为社会公共目的而受到限制的条款可以看出，社会国的含义指涉"既非自由放任，亦非福利国家，而是在自由经济观念和财富与机会的分配平等之间寻求调和"。包括"汉堡洪水控制案""药剂师执照案"在内的一系列案例表明，私人财产可以为了公共福祉而被征收，在必要的时候需要承担一定的社会责任，公民的职业自由权利也可以因社会的目的而受到一定程度的限制。③ 因此，在这里，社会国并非与社会福利或福利国家有所关联；它强调的是社会公共利益以及这种利益背后的法理。从德国宪法的整个体系来说，社会原则必须与民主、财产权等宪法原则协调共处，在具体行为涉及到利益补偿的时候必须作衡平处置。

一些法学家认为，《基本法》授权（ermächtigen）和委托（auftragen）联邦德国的立法和行政机关采取塑造社会秩序的行动④。

---

① 参见弗朗茨 - 爱克萨佛·考夫曼《比较福利国家：国际比较中的德国社会国》，施世骏译，（台北）巨流图书有限公司 2006 年版，第 27 页。

② 林万亿：《福利国家——历史比较的分析》，（台北）巨流图书有限公司 1994 年版，第 59 页。

③ 参见张千帆《西方宪政体系》（下册），中国政法大学出版社 2001 年版，第 320—370 页。

④ Klaus Stern, *Das Staatsrecht der Bundesrepublik Deutschland*, Bd. I, 2nd edition, Muenchen：Beck, 1984, p. 880.

这似乎意味着，国家应当采取积极的行动来构建一种有着特定内涵的秩序。但也有专家认为，"授权说"和"委托说"都不足为凭。

授权意味着行为主体不具备相应的权力，需要由另一主体永久地或者暂时地授予，才能合法地展开行动。然而，《基本法》从一开始就确立了联邦德国的国家政权具有主权。国家依据其主权可以采取任何行动，不需要由宪法再授予什么另外的权力。这种主权的确立是一次性的、整全的。宪法实际上只需要规定的是禁止或不允许国家做的事情；换言之，除了宪法明确禁止国家涉足的领域和采取的权力形式之外，国家可以以任何权力形式涉足任何领域。即使授权说有一定的道理，那它也只有在联邦国家的框架下通过对"国家"这一主体的说明，才能获得一定程度的解释，因为联邦德国的主权从根本上是来源于人民的，但是从历史上和法理上来说，它也是来自各州的，因而，宪法的授权其实只能解释为联邦获得了制定和执行社会政策的权限（Befugnis）。然而，即便如此，"授权说"也是同宪法的书写结构相矛盾的：由于《基本法》的其他条款对联邦和各州的权限已经做了划分，没必要再另外加以规定。所以，综合来看，"授权说"的法理依据是极其薄弱的。

另一方面，"委托"一词也有着特定的规定性。委托关系是指出于方便执行任务的目的，委托者将自己承担的责任的一部分委托给其他主体来履行。然而，"委托说"却并不符合使这种关系成立的条件。首先，"委托说"意味着宪法将塑造社会秩序的责任交由国家来承担，但宪法是规则，并不是主体，因而也不存在宪法需要承担的社会责任。其次，"委托说"意味着宪法将塑造社会秩序的全部责任都交给了国家，但委托关系中受委托的责任只应当是一部分。再次，委托是一项关系到具体事务内容的行动，也就是说，它涉及到具体的、明晰的事权。然而，《基本法》中所使用的"社会秩序"一词显然是非常模糊的。该法既没有确切地说明"社会秩序"究竟所指涉的是何种具体事务及其权力，也没有通过其他条款来澄清这一用语的内涵和外延。事实上，历史上制定宪法的议会委员会在社会政策上有着各种各样的主张，却没有就"社会秩序"展开争论，正是因为这一模糊用语能够使各方在搁置分歧的前提下取得可能的、最大程度的共识。因此，"委托说"也是不成立的。①

这样一来，我们就不能认为德国宪法另外给国家规定了需要以积极的行动促成的社会任务。罗尔夫·施托贝尔也指出，"社会国原则是一个高度抽象的原则，对其不能够进行具体描述"，它没有强制要求国家对社会制度和经济制度进行大规模的重构。② 德国著名宪法学者康拉德·黑塞指出，社会国原则也受到了法治国原则要求的限制，因而，"一种涵盖广泛的国家救济，即试图将共同体转化成为一个福利型与保障型国家的愿望，以及欲取消个人承担责任之自由的设想，都不符合社会法治国家的原则"。③

事实上，黑塞关于把社会国和法治国结合起来的看法不仅关乎社会原则在《基本法》原则体系中的地位，也涉及被列入宪法中的社会原则同西方宪法理念本身的关联。只有明确了这一点，我们才能完整地理解联邦德国的根本体制同社会福利制度的关系。

上面的论述已经指出，在德国宪法学的意义上，社会原则不是一个独立的、自足的原则。一方面，它不具有绝对独立的效力，无法提供清晰可辨的、无可争议的实质性含义，而是如上所述，既可以有宽泛的、很有弹性的解释空间，也没有相关的实质性条款对它进行解释或加以印证，不足以成其为德意志联邦共和国成立的坚实依凭。因此，就法理依据而言，只有将社会原则置于德国《基本法》的整体框架中，并结合其背后的法理传统和论证逻辑，才能确认具

① 参见 Paul Tiedemann，"Das Sozialstaatsprinzip der deutschen Verfassung-Rechtsprechungsdirektive oder Begründungsornament？" http：//www. dr-tiedemann. de/sozialstaat. pdf。该文章的作者是法兰克福行政法院法官，威斯巴登行政学院教师。

② ［德］罗尔夫·施托贝尔：《经济宪法与经济行政法》，谢立斌译，商务印书馆 2008 年版，第 300 页。

③ ［德］康拉德·黑塞：《联邦德国宪法纲要》，李辉译，商务印书馆 2007 年版，第 170 页。

体含义和指涉。

社会原则处于五大立国原则设定的框架之内，和其他四个原则之间存在着互相联系特别是互相制约的关系，其含义只能从整体上予以把握。社会原则表面上同共和原则并无直接的关联，因为共和通常被理解为对君主制的否定，在德国历史上则是指对帝国体制的拒斥。然而，社会原则的一个核心旨趣是对共同体的承认，是对全体国民的共同性和政权的公共性进而社会团结的认可，从而必然要求作为公器而非君主私物的国家政权，也就是共和制度。因此，社会原则和共和原则的内涵存在着一定的重叠。社会原则的出发点使得它同联邦制也存在着某种结构性的关联：既然社会原则要求加强整体性的团结，那么它既要求各成员单位得到公平的对待和大致均一的社会经济条件，以达到增强国民对统一国家的向心力和凝聚力的目的，从而要求联邦政府承担起区域平衡发展的义务，同时又扩大了联邦政府调节社会经济的权力，从而增强了权力集中的趋势。不过，总的来说，共和原则和联邦原则同社会原则的关联对于社会福利问题的影响比较间接。就这一点观之，社会原则和民主原则的关系则较为复杂：一方面，社会原则关于加强社会团结的要求似乎与民主原则的民权要素和民生要素关于调和政权和人民关系的要求是兼容的，从而蕴含着扩大社会福利的可能性；另一方面，社会原则的社会团结宗旨需要政府发挥对社会经济的调控作用，从而在权力结构上使官僚集权构成了对民意代表机构立法权力的制衡，在国家与社会关系上对蕴含民主参与要素的社会团体自治和地方自治设置了障碍，并在微观个人层面上引起了对于公民自由权利的制约。这样看来，社会原则和民主原则的结合并不必然导致民主权利和民生要求的过度膨胀，蕴含着社会福利刚性生成和受制的双重可能性。总而言之，社会原则和共和、联邦、民主这三项原则之间的关系在社会福利是否具备持续扩张的基础这个问题上无法提供一个确定的答案。与此相比，它和法治原则的冲突则较为显著，也是法学界争论不休的问题，如德国著名宪法学者福斯特霍夫（Ernst Forsthoff）

就认为，社会国和法治国是无法在宪法中达成融合的。① 这一矛盾既是德国宪法学上的一个基础问题，也是不同法理学系统的一个根本问题。对于这一问题的考察，有助于认清德国宪法中的社会原则对于社会福利问题究竟意味着什么。

在德国五大立国原则中，法治原则通常被德国宪法学家表述为以法治国为思想范型的宪法原则。法治国（Rechtsstaat）是一个在欧洲大陆尤其是德国盛行的法律概念，其含义相当于"法律的统治"（rule of law）或"宪政国家"（constitutional state）。它是作为16、17世纪绝对主义君主国的"治安国家"或"警察国家"（Polizeistaat）以及19、20世纪以政治或军事压制为主要特征的"威权国家"（Obrigkeitsstaat）的对立类型而出现的，后又发展为以法西斯主义为代表的"极权国家"（totaler Staat）的对立面。尽管和英美自由主义思想存在一定的亲缘关系，但其理论基础根植于康德主义国家理论和权利理论的自由主义法学。

法治国原则涉及多个层面，不同法学流派对它的解释是不同的，但其核心要素无非三条：权力法定；国家承认宪法的最高地位，并保护公民的安全和宪法确立的基本权利；立法、行政和司法等权力分立制衡。② 权力法定蕴含着三重意思。第一，从权力来源上讲，公权力即国家或公法团体的权力是法律赋予的，通过实定法（positive laws）的条文予以规定，并须由立法机关通过正式、合法的程序制定的法律予以确定。在现代民主国家，"主权在民"的权力基础决定了公权力最终来源于人民权力的分享、授予和委托，在形式上则是来源于作为人民意志的法律。第二，从权力运行上讲，一切公权力都受到法律的严格限制，只能在法律规定的框架之内、以合法的方式运行。在这个意义上，公权力都是权限，其所依据的原则是"法

---

① Hartmut Maurer, *Staatsrecht* München: Verlag C. H. Beck, 2003, p. 248.
② Klaus Stern, *Das Staatsrecht der Bundesrepublik Deutschland*, Bd. I, 2nd edition, München: Beck, 1984.

无授予即禁止"。第三，从权力和权利的关系上讲，权力是实定法授予的，所以本质上是有限的、受制约的，而权利被认为具有自然或先天的基础，所以本质上是绝对的、不容侵犯的。相对于权力，权利依据的原则是"法无禁止即自由"。这关系到法理学上的一种逻辑上的拟制：人们在进入政治共同体之前处于不受约束的自由状态，而政治共同体的构建则意味着个人的自由要受到其他个人和整个人群的制约，这种制约在形式上可以理解为个人把自己先天或自然具有的部分东西让渡给了共同体，这种东西就是权利。人们失去部分自由即是让渡部分权利，因而，自由和权利其实是一回事。

除了权力法定，法治国特别强调宪法的重要地位。既然法治是法律的统治，那么作为根本大法的宪法便具有最高地位。除了确认共同体基本架构的构建方式之外，宪法最重要的功能是通过规定国家权力的组织方式等关于共同体的基本事项来保障公民并未让渡的权利、自由和安全不受侵犯。分权与制衡是法治国在公权力设计方面长期发展起来的一个传统，其基本假定是绝对的权力会滋长专制的危险，从而威胁到公民权利。通过立法、行政和司法等公权力机关的相互制约，公民权利受到的威胁便会最大限度地减轻。

总体上看来，作为一种理想类型和西方历史上自由主义实践的一个成果，法治国明显具有限制国家的意图。这是因为法治国具有程序性、保守性和防御性。

首先，基于法治国的基本概念，法律和程序是国家权力的来源、依据和制约，这在某种程度上构成了对有为的国家权力的否定。对于程序的尊重实际上促成了对程序的神化，即一种程序主义：只要按照法律程序来运行，就能确保一切合理的目标得到实现。程序的本位性使得程序成为"统治者"。虽然在民主体制下，主权在民，人民是最终的统治者，但法治原则并不主张人民时时在场的立法者角色，而是强调人民必须是遵守自己意志的守法者。这意味着人民在法治国面前的退却。与此同时，虽然国家是主权者，但作为国家的直接的、有形的存在，政府也应遵守法律，按照法律规定的程序运行，"不可越雷池一步"。在此意义上，对程序的尊重才使得法治真正成为了"法律的统治"。由于法律不是主体，法治国的构建意味着有为的主体的隐匿或退却，意味着权力的依规而行和意志行为的最小化。

其次，作为法治国构成要素的法律是对既往历史的承认，因而，法治国意味着保守固有的利益格局，防止国家权力的利益调整行为。在法治国家，法律具有至高无上的地位。然而，法律是在一定的历史阶段由占据优势的人群主导制定的。为了保障法律的权威，法律非但不能随意制定和修改，而且要为其制定和修改设定繁琐的程序。这就意味着，法律不仅在制定时反映了优势阶级、阶层或人群的意见和利益，而且还会通过其稳定性来保护既定的利益格局。所以，法治国从根本上来说具有保守性。这种保守性使其反对对政治、经济和社会利益的频繁再分配和再调整。然而，在现代西方国家特别是民主国家，政权实际上是由政党来执掌的。政党轮替是西方政治的常态，国家权力的执掌者因而不断变化。现任执政党代表着当时的利益和意见，本身就带有改革的要求。在此情况下，法律的稳定性构成了对变动不居的政党政治的限制。因此，法治国的保守性意味着对国家权力调整行为的一定程度的否定。

再次，法治国的最终旨趣不是捍卫权力，而是维护权利，对于国家权力具有天然的防御性。法治国是近代自由主义的产物。在自由主义视野下，个人是社会的本位，社会是国家的本位。这种将个人和社会前置于国家甚至上置于国家的理论是为了确保个人和社会的自由空间不仅不因为国家权力而萎缩，使社会事务尽量由社会自身治理，避免国家权力的过度干涉。法治国的这种取向意味着公权力是不得已之下才被选择的"恶"，因此，它对国家权力的防御是其内在固有的要求。法治国不仅要求一切依法，而且还要通过权力内部的分权制衡来避免国家的积极有为。

然而，社会国的引入对法治国模式构成了巨大挑战，在诸多方面蕴含着对法治国的突破。因此，只有理解了两者的张力，才能懂得联邦德国《基本法》将这两项原则都作为立国原则在理论上和实践上的结果。

首先，从权力和权利的关系来看，社会国为越过法治国的程序性边界提供了便利。社会国为了实现社会团结和社会平等，要求国家深度介入广泛的社会经济事务领域。不仅如此，社会国庞大、繁杂的系统运作需要专门的知识和微妙的设计，而国家还需要根据具体时势和自己的判断进行相机抉择。相比之下，宪法和法律（尤其是宪法）的规定具有原则性和笼统性，不可能事无巨细，为国家权力的扩大提供了可能；相机抉择为国家权力的自由裁量和自主行为开辟了充足的空间。就此而言，问题不在于宪法和法律中保障权利的程序性规定是否得到了执行，而在于程序性规定太过于简单和稀少了。真实的法律实践是要么社会保障的法律规定很少，要么由以行政机关为代表的国家公权力提供法案或规范性文件，造成权力的扩张和权利的退却，侵害到法治国的核心价值。

其次，社会国打破了法治国的权力制衡框架，与宪法的权利保障设计越来越远。社会国要求国家权力的扩大，这对于其内部的权力架构也形成了冲击。其中，行政权由于直接管辖和设计繁复的社会福利系统，在制定规章、调整政策、财政收支、福利审核和发放等方面不断扩充自己的影响，权力比重显著大幅提升。尽管立法权在直接干预社会事务方面相对受限，但社会国的社会立法会越来越多，甚至要编成法典。即便如此，社会立法也无法覆盖所有细节，由此造成大量模糊不清的规定要通过司法判决来厘清，使得司法权部分地具有了广泛的立法职能。最终的结果是错综复杂的三权之间"相制而难衡"，越过了宪法规定的边界和权能，导致宪法成了不合时宜、"不谙世事"的"古物"。在这个意义上，经典的法治国框架已被社会国冲破。

第三，社会国关于调整利益的要求破坏了法治国保守性的根基。在社会国范型下，为了减少可能引发社会分裂的因素，尽量争取社会团结，国家必然要进行利益的调整和重塑。这可能涉及税收总量

的增加、累进税的实施、社会保险费的缴纳以及保障待遇方案的不
断变化，从而不仅要在强势阶层和弱势群体之间进行利益调整，而
且要在全体人民之间进行利益再分配。① 与此相应，法律、规章和社
会方面的规范也必然要频繁修改，以至打破法治国为保守特定利益
格局而设置的屏障。社会福利的广泛议题也"赋能"于各政党，使
其能够以社会政策主张为手段，进行大规模的社会动员，以通过政
治手段而非法律程序来改变利益格局和进行利益协调。

　　从根本的理念差异来说，社会国对法治国原则或范型的挑战是
对自由主义国家观的冲击。虽然德国《基本法》第 20 条第 1 款和第
28 条第 1 款规定了联邦和各州必须符合社会原则，从而——在一部
分学者看来——使得"宪法中并不存在社会立法的障碍"，但是
"社会立法展现了与构成宪政主义产生基础的自由社会模式的决
裂"。② 社会国之所以主张扩充国家权力，是因为它强调的是社会团
结为一个整体，整体对于部分和个体是具有权力的，而国家作为社
会整体的代表，可以对个人与个人之间的关系进行约束和调节，并
对利益结构进行调整。因此，社会国的出发点和立足点是集体，而
并非个体。与此相反，法治国的哲学基础是自由主义，而自由主义
是个人本位。在此视野下，从逻辑上讲，个人不仅先于国家而存在，
而且也先于社会而存在。个人为了生命、自由和财产而结成了社会，
并通过个人之间的约定构建了国家。是故，自由主义法治国认为，
个人是政治秩序的起点和依归，个人的权利是国家权力的目的，并
且要防止国家权力侵犯个人的自由。③

　　归根结底，社会国和法治国的人学基础是不同的。法治国所认为

---

　　① Michael Sachs eds. , *Grundgesetz Kommentar*, München：Verlag C. H. Beck, 1999,
pp. 741 – 744.

　　② ［德］迪特尔·格林：《现代宪法的诞生、运作和前景》，刘刚译，法律出版
社 2010 年版，第 33 页。

　　③ Reinhold Zippelius, Thomas Würtenberger, *Deutsches Staatsrecht*, München：Verlag
C. H. Beck, 2003, pp. 90 – 100.

的人是原子式的个人，而社会国所设定的人是共同体中的人。通常来讲，原子式的个人是一个凭借自己的力量来承担生活责任和风险的个人，与此相对应的国家职责并非针对个人的社会生活，而是保障公共秩序。也就是说，国家不承担公民的社会保障责任。而共同体中的个人则是在权利和义务上与社会相互交融的个人。这种个人认同国家对个人的干涉和渗透，同时要求国家承担全面的社会保障义务和周全的社会福利。不同的人学起点决定了两种不同的法理模式。

当然，过于简单和理想化的假设并不能成为现实法治的取向。在西方现实的法律演进中，自由主义法治国是法治模式的典型，但随着经济社会的发展，社会国原则也逐渐加入到西方各国的法律规范中，逐渐得到人们的接受和认同。在这样的情况下，如何调和法治国和社会国便成为一个主要的法理难题。实质法治国和社会权利正是在这个背景下出现的法学理论，这两个理论都与社会原则有关。

实质法治国理论认为，自由主义法治国企图通过程序和形式来保障权利，但在现实社会生活中，由于经济状况的差异、社会地位的不同，法律的形式主义不但无法使公民享受到实质平等，而且也危及机会平等。为此，国家应当提供社会保障，为公民个人权利的实现和发展创造条件。在这种基础上的法治国就是实质法治国。有论者认为，实质法治国理论提出以后，"社会国原则的国家干预色彩与法治主义的公民防御属性之间的悖论，可谓实现了完全的化解"[1]。对于社会国和法治国之间的兼容性，论者主要是从权利平等作为切入点来展开论证的。然而，实质法治国概念在法理上是无法自洽的。如果社会国的引入将使实质自由得到实现，那么《基本法》中规定的所有自由权都包含了社会权的内容，[2] 因为每一种权利似乎都含有平等实现的要求。显然，这种扩大化的解释不符合自由主义

---

① 葛先园：《社会国原则研究》，博士学位论文，苏州大学，2012 年。

② Josef Isensee and Paul Kirchhof, *Handbuch des Staatsrechts der Bundesrepublik Deutschland*, Heidelberg: C. F. Müller Verlag, 1992, p. 278.

法治国的规定性。从法的社会基底来说，德国的自由主义法治国维护的是资产阶级的利益，而不是普遍的权利平等。之所以法治国始终坚持形式主义，就是因为它不想也不敢触及实质。只要在资产阶级法治国的框架内，社会国就始终和法治国存在着冲突，并一直居于次要地位，而不可能成为主导的法制范型。实际上，德国法学界对于这种实质法治国的概念的接受程度相当有限。当然，《基本法》不接受实质法治国，并不意味着它完全固守自由主义法治国的一切原则。实际的情况是，法律学界和司法实践小心翼翼地调和着社会国和法治国原则，既不是排除一切社会经济要求，也不是积极地支持社会福利的进步，而是认为，国家仅仅在公民的社会经济条件危及其个人基本权利的情况下，国家才有义务提供最低限度的保护。

如果说实质法治国力图从法理上为社会国原则的引入提供一种可能的话，那么"社会权利"则从法理和法律实践两方面提出了对自由主义法治国的修正。在德国乃至世界主要国家，关于社会权利的争论主要围绕着它是否能被归入基本权利、是否能被公权力和公民个人援引和主张而展开。

所谓基本权利（fundamental rights，Grundrechte），是指基本人权在实定法特别是一国宪法上的反映，它们事关人的尊严和根本利益，是不可缺少、不可替代、不可剥夺、不可转让、不可侵犯的，只有在极端严格的条件下并且经过特定机关如法院的许可才能予以限制。相对于派生的权利，它们是带有母体性质的权利，在权利体系中具有核心地位。[1] 基本权利作为法学和政治概念被提出时，其针对的对象是国家，目的在于防止国家对社会的干预，保护个人的自由和自治。因此，基本权利"是反对社会国家的"[2]。

这一点可以通过社会权利与公民权利和政治权利的区别[3]而得到

---

[1] 徐显明：《"基本权利"析》，《中国法学》1991年第6期。

[2] 乌韦·福尔克曼：《德国社会基本权利的哲学和历史基础》，谢立斌、张小丹译，谢立斌主编：《中德宪法论坛2014》，社会科学文献出版社2014年版，第73页。

[3] 参见左传卫《经济和社会权利保障的理想与现实》，《法商研究》2004年第6期。

较为明确的展示。被归入基本权利的权利束或权利集应当是任何国家都有能力提供的，或者说支付得起的（affordable），并因此具有确定性，必须得到国家的保障，因为不能够实现的权利是没有意义的，也是没有确定标准的。这些权利应当是消极的，因为基本权利按照法治国的设定具有自然先验的基础，在逻辑上应当是在权力之前的，因而严格来讲是不需要国家权力的积极作为就已经存在的，并且国家的任何积极行为都不能侵害到基本权利。国家关于人们拥有哪些权利的规定"只是一种法律上的发现和确认，并不是法律为人们增加了什么，更不是法律创造出了权利"。① 相应地，基本权利应当是绝对的，对其的保障应当严格处于不因任何因素而改变的水平之上。最后，基本权利必须是公民可以诉诸的，而不是不具有任何实质意义的原则性宣示。

公民权利和政治权利一般都能够完全符合基本权利的这些规定性，与此相反，社会权利却很难达到基本权利的要求。社会权利的实际主张是，一方面，人们有权参与社会竞争，国家应当为社会生活中的弱者提供帮助，培养其参与社会竞争的能力；另一方面，每个人都应当平等享受社会发展的成果，国家应当实行再分配，以达成社会团结。首先，与公民权利和政治权利相比，社会权利需要国家公权力投入巨大的社会经济资源，而且就是这样也未必能够得到实现。例如，以现有的医疗条件来延长公民生命是一种社会权利，但每个公民寿命尽可能的延长需要耗费一国大量的人力、物力和财力，而实际上就连世界上最发达的一些国家也不能保证实现这一点。长期以来，美国的法院不愿承认经济与社会权利的部分原因在于，它认为强制实施和保护这种权利必然会超出司法机关的实际能力。② 这种昂贵的成本使得社会权利不可能成为基本权利，否则，现实成

---

① 胡玉鸿：《平等概念的法理思考》，《求是学刊》2008 年第 3 期。

② Cass R. Sunstein, "Why Does the American Constitution Lack Social and Economic Guarantees", *Syracuse Law Review*, Vol. 56, No. 1, Nov. 2005.

本会使得将其规定为基本权利的法律变成空谈。其次，公民权利和政治权利通常不需要国家的干涉和阻碍就能够实现，而社会权利要求国家积极作为，从组织、资源、规划和实施等方面人为地建构一个体系，即社会福利体系，因此是积极权利。第三，既然公民权利和政治权利不需要投入大量的成本，无需国家积极作为，那么它们也就不会因为国家本身在资源和行为方面的差异而存在不同，因此应归入消极权利的类别；相形之下，社会权利因为客观上不同国家的差异而存在着千差万别的实现程度，并因而只具有相对权利的性质。第四，由于以上缘故，社会权利很难被公民主张，并从而谋求公权力的权利救济。这些权利一般在法律规范中被表述为公民有权获得或者国家必须保障公民达到"最低限度的标准"或"必要的程度"，但究竟应当达到何种水平和程度是不确定的，所以，社会权利也被称为不确定性权利（prima facie rights）。① 例如，一位认为自己的福利水平没有达到理想标准的公民很难援引社会权利来诉诸司法。因此，社会权利存在先天的缺陷，使其不能被归入基本权利之列。

　　社会权利无法像基本权利一样既是主观权利，同时也构成客观义务。需要注意的是，针对社会方面的要求是主观权利还是客观义务存在着不同的认知。一般来说，公民的基本权利要求国家履行相应的义务，包括消极的义务和积极的义务，即一方的权利本身即对应着另一方的义务。然而，德国联邦宪法法院的一次判决中指出，《基本法》对于基本权利的用语表述是"人人（所有德国人）皆有权……"，而对社会相关的要求的用语是"国家有义务……"，因为它只确认了"客观义务"，却"不构成公民的主观权利"。② 在1954年的一个判例中，联邦行政法院认为，人们可以分享公共设施和公共支付，但这并不等同于这种分享具有主观权利的性质。③

---

① 夏正林：《从基本权利到宪法权利》，《法学研究》2007年第6期。

② Josef Isensee and Paul Kirchhof, *Handbuch des Staatsrechts der Bundesrepublik Deutschland*, Heidelberg: C. F. Müller Verlag, 1992, p. 266.

③ 参见德国联邦行政法院判例集（BverwGE），1，159。

不过，在实际生活中，对这种所谓的"客观义务"的履行也远没有达到基本权利所要求那种国家义务所达到的程度。德国著名宪法学家伊普森（Hans Peter Ipsen）指出，《基本法》对人们依赖国家的需要视而不见，没有规定或暗示公共机关有义务提供社会福利，并隐瞒了这样一个事实，即"社会功能已不再被列进基本权利的只是自由主义性质的诸功能之内了"①。也就是说，本质上是自由主义性质的基本权利并不包含实质上对自由权利造成一定妨碍甚至损害的社会原则。

针对《基本法》关于社会原则的规定的模糊性，联邦宪法法院在 1951 年的一个判例中进行了一定程度的澄清。这个判例的判词明确指出，《基本法》的所有规定同一般法律一样，都具有拘束力，也包括社会原则在内。它还明确指出，社会国家的原则应当由立法者进一步规定，而且立法者在宪法意义上有权采取社会行动（Soziale Aktivität），特别是有义务使得"相互对立的利益达致尚可忍受的（erträglich）平衡"②，并促使所有因为纳粹政权而陷入困境的人们实现"尚可忍受的生活条件"。此外，宪法法院还在其他一些判例中做出了有利于社会原则的规定，如立法者必须保护"弱势群体"，尽量保证"为所有人提供有尊严的生活"。③ 在另一个场合，宪法法院的判词指出，当个人人格和社会发展受到严重阻碍时，应当予以救助，以确保达到足以维持人格尊严的最低生存限度。④

然而，宪法法院的这些判决虽然重申了《基本法》的社会原则，但并未突破其关于社会原则和社会权利的几乎"失语"的状态。第一，判例针对的是特定案件，是被动的宪法解释。第二，判词仍然

---

① R. Stoedter and W. Thieme eds. , *Festschrift für Hans Peter Ipsen zum sibzigsten Geburtstag*, Tübingen: J. C. B. Mohr, 1977, p. 210.

② 参见 BverfGE 1, 97。BverfGE 是 Entscheidungen des Bundesverfassungsgerichts（德国联邦宪法法院判例集）的缩写，目前绝大部分判例都已由德国联邦宪法法院发布在网上，网址为 http: //www. bundesverfassungsgericht. de/DE/Entscheidungen/Entscheidungen/BVerfGE. html。

③ BVerfGE 110, 412.

④ BVerfGE 40, 121, 133.

采用一般性的表述方法，并不是明确的、可操作的规定。第三，判词的用语具有模糊性，且倾向于国家在社会保障方面只具有较低水平的保障义务。例如，"尚可忍受的"目标显然不具有积极色彩，而"有尊严"充其量也只是"适当"意义，而"社会原则实现得不太令人满意"与"违反社会原则"这两者之间的界限也不是明确的。①

当然，《基本法》没有规定要保障社会权利，不承认社会权利是基本权利，绝不是说这类权利在宪法上没有任何保障。在联邦宪法法院的一个涉及高等教育入学名额的判决中，它指出，根据《基本法》第12条关于"职业自由"的基本权利，结合社会原则，在现有的能力之下按照公平和机会平等的做法保障高等学校的入学权。② 在另外一个判例中，宪法法院又将社会原则与人权保护结合起来，指出了国家具有提供最低生活保障的义务。③ 可见，宪法法院认为，《基本法》并不承认公民拥有社会权利，特别是根据社会权利的救济请求权。但是，公民可以援引社会原则和《基本法》中规定的基本权利项，来进行相关的请求。也就是说，社会权利并不是基本权利，但有关社会权利的一些事务可以通过诉诸基本权利来进行演绎和派生。有德国学者指出，社会国原则的含义必须联系公民基本权利、一般平等原则和基本自由权才能予以澄清。④ 另外一方面，宪法法院也不支持由国家提供全面社会保障，而只赞成国家有提供最低社会保障的义务，因为将社会福利事业建设到何种程度和水平，其实只是基于"政治变迁和政策上的必要性"而由政治领域决定的事情，而且"议会的财政高度自治原则"也必须得到尊重⑤。

---

① Iliopoulos-Strangas, Julia (ed.), *Soziale Grundrechte in Europa nach Lissabon*, Baden-Baden: Nomos, 2010, pp. 126f.

② BVerfGE 33, 303.

③ BVerfGE 82, 60/80.

④ V. 诺依曼：《社会国家原则和基本权利教义学》，娄宇译，《比较法研究》2010年第1期。

⑤ BVerfGE 33, 303.

总之，从联邦德国立国的基本取向来看，国家实行社会原则，但只限于最低水平的社会救助，对社会权利却是语焉不详，更谈不上基于社会权利而普遍享有的社会福利了。诚然，20世纪60年代以后，联邦德国确实走上了建设社会福利国家的道路。这固然是因为欧美各国普遍建立福利制度的示范效应的压力，也是因为社会民主党执政时期对于选举政治的敏感反应，但其宪法依据始终是不充分的，充其量只能从对《基本法》关于基本权利的规定的推演和派生中寻找合法性的根源。这就在根本大法的层面上限制了社会福利政策的扩张，阻碍了福利刚性的形成。

三 比较法视域下的德国社会原则特殊性

德国《基本法》中的社会原则的脉络和理论基础是系统化的，在一定程度上证实了社会福利事业及其扩张在宪法意义上遇到的障碍。尽管如此，这只是从德国法传统和法律体系本身所做的阐释。如果不进行比较，恐怕很难彰显出社会原则从而社会福利刚性在德国的微妙地位。这是因为，一方面，关于《基本法》中的社会原则，确实存在着不同的解释，而只有比较才能凸显出这一原则在德国法中的确切含义；另一方面，德国身处于欧盟和其他欧洲国家的法律体系和社会福利传统之下，必定在同欧洲各国社会法的区别和联系中确立自己的特点，而绝不可能完全置身于这些传统之外。因此，有必要对德国《基本法》中的社会原则与欧盟的相关法律以及欧洲其他国家宪法中的相关规定做一比较。

德国的国家宪法与欧盟法律之间的协调性问题之所以重要，① 是因为随着欧洲一体化的深入，特别是随着欧盟条约和法律体系乃至司法机构的建立，共同体法律对于德国国内法的实质性的、有形的影响越来越不容小觑。实际上，德国在欧盟法的制定过程中也发挥

---

① 下面的分析参见 Federal Ministry of Labour and Social Affairs, *Social Security Compass: Social Security in Comparison*, Dec., 2017, p.46ff。

着很大的影响：除了德国政府对于立法过程的实际参与，欧盟法的结构和内容在相当大程度上借鉴了德国。因此，两者实际上存在着一种双向互动的关系。如果完全忽视欧盟法，实际上对于德国如何看待社会权利的分析就不可能是完整的。

社会相关权利在欧盟的发展经历了一个相当曲折的过程。1950年，关于公民权利和政治权利的《欧洲人权公约》就已经制定，但在20世纪50年代，欧洲煤钢联营和欧洲经济共同体成立的条款中只是略微提及了涉及劳动条件的内容，而根本谈不上社会权利的保障。因为，一体化的范围只是扩展到了经济的层面，是否建立社会福利体制仍属于成员国各自的意愿和权限之内的事情，而社会福利建设的典型手段也是繁荣经济。[1] 1961 年，《欧洲社会宪章》（*European Social Charter*）公布，其中规定妇女保护、青年保护、培训、健康保护、社会救助、获得社会服务等都是"基本权利"（fudamental rights）。然而，尽管 1987 年的《欧洲单一法案》和欧盟条约的序言乃至欧盟法院的判决偶尔援引过《社会宪章》，但它总体上仍只具有倡议和参考的价值，并未成为具有拘束力的强制性法律。在《欧洲单一法案》通过之前，欧共体的社会政策并没有具体的法律框架作为基础。而《单一法案》也只是通过第 118a 条补充进了涉及最低工作安全条件的内容。然而，这个条约主要的内容是建立欧洲单一市场，确保加入条约的欧洲各国在基本生活条件和社会保护上达到大致均一的水平，很可能会降低一些国家的社会保障水平，因为经济全球化主要是为了方便生产要素的流动，而加强的社会保护则会阻碍这种流动。1989 年，欧共体通过了所谓新"社会宪章"。它虽然推动了一些立法，但主要还是局限于劳动条件、职业安全、职业健康、机会平等等和劳动市场相关的社会保障。可见，在很长一段时间内，欧盟及其前身对于社会权利的实质性承认和实质性保护都是极其有限的。

---

[1]　［德］汉斯·察赫：《福利社会的欧洲设计：察赫社会法文集》，刘冬梅、杨一帆译，北京大学出版社 2014 年版，第 75 页。

事情到了 2000 年有了很大的改观。这一年，欧盟理事会尼斯峰会上正式公布了《欧盟基本权利宪章》（*EU Charter of Fundamental Rights*）。该《宪章》随着《里斯本条约》的签订而于 2009 年生效，成为具有拘束力的法律。事实上，早在 2004 年欧盟成员国签订《欧盟宪法》草案时，该草案就将该《宪章》作为其组成部分了。德国对这一动议表示支持。不过，《欧盟宪法》草案后来没有得到一些国家的批准。2007 年，在德国作为欧盟理事会主席国的时候，《里斯本条约》才得以达成，《基本权利宪章》也作为其一部分得到了确认。2009 年，该《宪章》在除英国、波兰和捷克之外的欧盟成员国生效。可见，德国在推动《宪章》的过程中起着重要作用。

然而，德国的角色不应被过分高估。我们不能由德国和欧盟法的互动就断定该国已经表达了对社会权利的肯定。如果细究《欧盟基本权利宪章》的规定，就会发现社会权利并没有被德国和欧盟承认为基本权利。该《宪章》第 34 条集中就社会保障和社会救助事项做出了如下明确规定：

> 第（1）款，欧盟承认并尊重在生育、疾病、工伤、需要人照料或年老的情况下以及在失业的情况下获得与欧盟法律和各国法律及实践确立的规则相一致的社会保障金和社会服务的权利（entitlement）。第（2）款，在欧盟境内合法居住和流动的每一个人都有权（entitled）获得与欧盟法律和各国法律及实践相一致的社会保障金和社会利益。第（3）款，为了消除社会排斥和贫困，欧盟承认并尊重获得与欧盟法律和各国法律及实践确立的规则相一致的社会救济和居住救济的权利（right），以便保障所有缺乏足够资源的人能够体面的生存。①

---

① Federal Ministry of Labour and Social Affairs, *Social Security Compass*: *Social Security in Comparison*, Dec., 2017, p. 96f.

首先，这里值得注意的是每一款都出现了"与欧盟法律和各国法律及实践（……）相一致"这一定语。这一定语在该《宪章》中并非是每一条所特有的。实际上，这是欧盟法律的一个惯例。它表明，该条款所规定的内容要同其他欧盟法律保持一致，并需要取得各国法律的承认。这有两种意涵：第一，这个定语所修饰的内容不具有绝对意义，而只具有相对意义，也就是说，它与其他欧盟法律和各国法律相称的内容才具有拘束力；第二，该条款所规定的内容只有同其他欧盟法律和各国法律相结合，才能成其为完整的意义。如果没有后者的补充，该条款只具有形式的价值，而仅成其为宣示。这就意味着，其他欧盟法律和各国法律获得了一部分自由的立法权，可以就其做出自己的规定。总之，这一定语表明，该《宪章》没有明确承认总称的"社会权利"，也没有否认它；虽然承认了三项具体的社会方面的"权利"，但并不承认它具有绝对意义，因而也就否认了它们是"基本权利"。事实上，这些规定是把这些事项交由具体的欧盟法律和各国法律来自由处理，只具有宣示的价值。

其次，此处涉及的"权利"使用了不同的法律术语，这种区分具有特定的意涵。其中，获得社会救济和居住救济的权利是 right，即关于一种正当的、应得的东西的抽象理念。它是法学特别是自由主义法学的一个关键概念，牵涉到神法、自然法、自然权利、正义等一系列关乎人权的先验基础的论辩。而获得社会保障金、社会服务和社会利益的"权利"则是"entitlement"，意指一种并非先验给予的、而只是由实定法或者命令等授予的特权，通常与特殊的身份相关，尤其在现代社会与一个共同体的成员身份密切相关。既然是实定法授予的，那么它就不是绝对的、无条件的，而是要视具体的法律而定。事实上，结合具体的权利内容来看，社会救济和居住救济涉及一个人最低限度的生存权（"以便保障所有缺乏足够资源的人能够体面的生存"），而生存权是绝对的基本人权，也就是说，这里其实是通过对生存权这一基本权利的演绎才得到社会救济和居住救济的社会权利的；相形之下，获得社会保障金、社会服务和社会利益则涉及经济收益的范畴，需要视一个国家所能承受和愿意承受的社会支出水平而定，并不是必需的、不容否认的基本人权。

从社会方面的规范性来讲，欧盟法对于社会福利的理解是针对特定的目的的，而这些目的并不能做过于扩大的解释。在德国和欧洲社会法专家汉斯·察赫看来，欧洲法并未明确把"更多的平等"列入其价值理念。就体现这一取向的法律而言，"平等"所涉及的也主要是性别平等、区域差距的缩小。参与和接纳也是欧盟法的一个重要目标，其含义是社会法可以促进欧盟公民对自身作为共同体成员的身份的承认。相应地，社会法也可以推动社会团结，增强社会内部的凝聚力。此外，欧盟社会法也旨在消除就业中的社会排斥，通过教育、健康和培训为劳动力的自由流动提供社会保护。[①] 可以看出，这些目标和完善的福利体系甚至国家的社会福利责任还有很远的距离。

因此，总的来说，《欧盟基本权利宪章》并未承认社会权利是基本权利，反而将这些权利相对化了，交由其他欧盟法律和各国法律自由规定。由此观之，德国促成《欧盟基本权利宪章》，并不能被视为支持把社会权利作为基本权利。

除了欧盟法之外，在欧洲各国中，德国关于社会原则和社会权利的规定及其背后的法律观念和社会意识，也有着自己的独特性。我们不妨把德国《基本法》的相关规定置于南欧、北欧和中欧 12 国的语境下进行考察，来检视社会原则和社会权利在德国的特殊遭遇。

1947 年通过的《意大利共和国宪法》对社会权利的规定是很全面的。该法虽然在 2012 年经过最后一次修改，但并未改变其原来就已承认的社会原则和国家的社会责任。[②] 该法第 2 条要求，共和国需

---

① ［德］汉斯·察赫：《福利社会的欧洲设计：察赫社会法文集》，刘冬梅、杨一帆译，北京大学出版社 2014 年版，第 77—79 页。

② 参见意大利共和国参议院发布的该国宪法文本 Senato della Repubblica, *Constitution of the Italian Republic*, (date unknown), http://www.senato.it/documenti/repository/istituzione/costituzione_ inglese.pdf。

要履行其在政治经济和社会团结方面不可违背的义务；第 3 条规定，共和国的任务在于消除经济及社会方面的障碍。除了原则性的规定，该法还对社会方面的具体权利作出了规定。如第 32 条指出，"共和国把健康作为个人的基本权利和社会利益予以保护，保证贫穷者能得到免费医疗"。第 38 条规定，丧失劳动能力和失去必需生活资料者都有获得社会援助和社会救济的权利，遭受不幸、疾病、残疾、年老以及不可抗的失业的劳动者有权获得足以保障其生活必需的资金；并且它特别指出，这些任务应由国家设立的或资助的机关团体完成，明确了其涉及的社会权利的国家责任属性。

1976 年通过并最后一次在 2005 年修改的《葡萄牙共和国宪法》也体现出丰富的社会权利内容和国家在社会保障方面的责任。① 该法第 9 条原则上规定，国家有义务促进人民的福利，提升其生活品质和扩展葡萄牙公民之间的实质平等，并需要通过对经济和社会结构的改革和现代化来保障其经济和社会权利。该法第 59 条规定，劳动者有权在失业时获得物质救济。对于公民社会保障权的规定主要集中在第 63 条。该条第 1 款指出，每个人都有权获得社会保障，从而不仅承认了社会权利的存在，而且明确了这种社会权利的具体表现形式即社会保障权利；第 2 款规定，国家负责组织、协调和补贴一个统一的、分散的社会保障体系，也就是说，国家具有促成这个体系的义务，并且需要承担一定的供给责任；第 3 款指出，该社会保障体系将保护因年老、疾病、残疾、孤寡、失业等而缺乏或降低生活必需的收入或劳动能力的公民，意味着这一体系覆盖面较广。第 64 条规定，健康保护的权利由全国医疗服务体系来完成，并且对特定经济和社会条件的公民免费提供。第 72 条规定，老年人有权获得经济保障和在住房、家庭、社区生活方面的条件。

---

① 参见葡萄牙共和国宪法法院发布的该国宪法文本 Tribunal Constitucional Portugal ed. , *Constitution of The Portuguese Republic*, *seventh revision* [2005], (date unknown), http：//www. tribunalconstitucional. pt/tc/en/crpen. html。

希腊共和国现行宪法是 1975 年通过的，并在 2008 年进行了修改。[①] 宪法第 21 条规定，国家照管公民的健康，采取特别措施保护青年、老年人、残疾人，并对贫困人口实行救济。第 22 条指出，国家照管劳动者的社会保障，细节由法律规定。

1978 年通过并于 2011 年修改的西班牙宪法[②]第 1 条规定，该国是一个社会的和民主的国家。该法第 40 条规定，公共权力机关为经济和社会进步以及地区收入和个人收入的平等化创造有利条件。第 41 条规定，公共权力机关将维护一个公共的社会保障体系，为贫困特别是处于失业境况中的公民提供社会援助。

可见，南欧四国中，意大利和葡萄牙都承认了社会权利是一项经由宪法保障的基本权利，四个国家的宪法全部都规定，国家对于公民的社会福利负有责任。细究起来，国家的社会责任不仅有间接的责任，而且在某些事项上是直接供给的责任；不仅在关涉到生存的最低保障方面负有责任，而且大多是一种系统的、全面的责任。除了意大利，其他三国都是在 20 世纪 70 年代后期制定的宪法，有关社会原则的内容也大多是在当时确立的，反映了战后资本主义福利国家建设浪潮和民主化浪潮的双重影响：这里需要注意的是，南欧国家是在经历了一波民主化浪潮后才在宪法中规定了较多社会福利相关内容的。

如果说南欧四国现行宪法在社会原则方面相对激进，那么北欧国家则呈现出两种不同的"景观"。其中，挪威和丹麦的相关规定极少。1814 年通过并在 2018 年经过最后一次修改的《挪威王国宪法》

---

① 参见希腊共和国议会发布的该国宪法文本 Hellenic Parliament ed. , *The Constitution of Greece*, (date unknown), https: //www. hellenicparliament. gr/UserFiles/f3c70a23-7696-49db-9148-f24dce6a27c8/001-156% 20aggliko. pdf.

② 参见西班牙王国国家机要局发布的该国宪法文本 Agencia Estatal Boletín Oficial del Estado ed. , *The Spanish Constitution*, (date unknown), http: //www. congreso. es/portal/page/portal/Congreso/Congreso/Hist_ Normas/Norm。

第110条规定，任何无法供养自己的人有权得到国家的帮助。① 但除此之外，几乎没有条款涉及社会原则、社会权利或国家社会保障责任的内容。如第104条虽然指出，国家机关应创造条件促进儿童发展，保障儿童得到必需的经济、社会和安全保障，但又强调，这一点"首先应在他们自己的家庭中"得到满足。1953年通过并基本沿用至今的《丹麦王国宪法》没有关于社会原则或社会权利的规定。

芬兰的状况却与挪威和丹麦截然不同。1999年，芬兰共和国废止了从1919年起实行了八十年的旧宪法，制定了一部新宪法。除了加强议会和政府相对于总统在国家政治生活中的作用之外，新宪法（在2012年经过了最后一次修改）在社会相关的内容方面有很大的变动。② 旧宪法在"芬兰公民的一般权利和法律保护"方面规定了公民的自由主义权利，没有列入社会权利。新宪法在第一条就开宗明义地指出，芬兰在为人的尊严、个人的自由和权利提供保障之外，还要"促进社会正义"。第16条规定，每个人都有"免费获得基础教育的权利"。第19条将社会保障称之为权利（right）。该条指出，那些无法获得过有尊严生活所必需的手段的人有权获得不可或缺的生活资料和照顾；法律应保障每个人在失业、疾病和残疾的情况下以及在年老、生育或失去供养者时享有基本生存的权利；公共权力机关应保障人人享有适当的社会、卫生和医疗服务，并促进人口健康；公共权力机关应支持家庭和其他负责抚养儿童的人，使他们有能力确保儿童的福利和个人发展；公共权力机关应促进每个人的住房权利和安排自己住房的机会。无疑，这不仅确认了社会权利，而且规定了国家的社会责任甚至是作为福利供应者的责任，是一份从

---

① 参见挪威王国议会发布的该国宪法文本 The Storting ed.，*The Constitution of the Kingdom of Norway*，（May 8，2020），https：//www. stortinget. no/globalassets/pdf/english/constitutionenglish. pdf。

② 参见芬兰共和国司法部发布的该国宪法文本 Finland Ministry of Justice trans.，*The Constitution of Finland*，（June 13，2019），https：//finlex. fi/en/laki/kaannokset/1999/en19990731。

根本大法的意义上提出的全面的社会纲领。

瑞典王国宪法并不是一份文件，而是由四份基本法组成，它们分别是《政府约法》（1809 年制定，1974 年修订，2014 年最后一次修订）、《王位继承法》（1810 年制定，1979 年修订）、《新闻自由法》（1949 年制定）和《言论自由基本法》。此外，议会组织法（1866 年制定，1974 年修订）等也具有宪制文件的性质。其中，《政府约法》（*Instrument of Government*）包含了宪法应当具备的主要内容，大体上最接近其他国家的宪法。[①] 该法第 1 章第 2 条规定，公共活动的基本目标是个人的人身、经济和文化福祉；公共机构应保障就业、住房和教育权利，推进社会照管和社会保障，并促进有利于健康的条件。"二战"以后，社会民主党在瑞典政治舞台上占据了主要地位。社民党认为在宪制性文件中应当强调社会权利，但其他党派却赞成宪法为政治权利和自由提供更多的保护。1972 年，基本法委员会以妥协的名义将此事搁置。1975 年，新成立的权利与自由委员会提议，在《政府约法》第 1 章中表述一些社会方面的目标，从而为社会权利提供某种程度的保护。这是在第 1 章第 2 条最终出现公共机构社会保障责任的缘由。此外，经过 20 世纪 70 年代的修订，《议会组织法》（*The Riksdag Act*）的第 7 章第 1 条规定，议会将在选举过后任命包括社会保险委员会以及卫生与健康委员会在内的 14 个委员会。该法的附件又规定，社会保险委员会将处理的事项包括家庭福利金、疾病或工伤福利金、养老福利金、住宅补贴、疾病补助等，卫生与健康委员会将处理儿童、青年、老年人和残疾人的照管与福利事项以及健康相关的社会福利问题。这些关于议会各委员会的规定虽然不足以确立国家的社会责任，但反映了福利国家的扩张对于国家机关设置的要求。

---

① 参见瑞典王国议会发布的该国宪法性文件及相关背景资料 Sveriges Riksdag, *The Constitution of Sweden*，（2016），http：//www.riksdagen.se/globalassets/07.-dokument--lagar/the-constitution-of-sweden-160628.pdf。

　　显然，在北欧四国中，挪威和丹麦两国宪法没有给社会原则和社会权利保留很大的空间，而芬兰和瑞典则对此有着相当明确的规定。这是从当前宪法的内容而言，但如果细究宪法主体框架以及相关内容被载入宪法的时间，那就会发现，挪威和丹麦的宪法基本上都是沿用福利国家建设高潮之前的旧宪法，瑞典宪法是在20世纪70年代资本主义福利国家建设浪潮和民主化浪潮中才加入这些条款的，芬兰则是因为1995年加入欧盟而增加了社会福利方面的内容。福利国家发展的实践和历史告诉我们，所有这四个国家在20世纪50年代和60年代就已经建成福利国家，要早于70年代福利国家建设的潮流；事实上，这一潮流中的其他国家效仿的正是这些北欧国家。在此，我们必须注意到宪法是否把社会福利相关内容视为其要件这一问题随着时代的变迁而发生的变化。旧宪法要么脱胎于封建等级契约关系和资产阶级法权关系交替的时期，要么兴起于资产阶级自由权利时期。在这种情况下，国家的政体形式和自由主义权利往往被视为宪法的构成要件，社会内容还没有凸显出来。但在非宪制性的政治实践中，北欧一些国家的经济模式、社会阶级力量和政党已经在逐步推动社会福利建设，而政体形式和资产阶级权利核心内容的未变导致宪法没有及时、迅速调整的必要，但在20世纪后半叶，一旦宪法修改被提上日程，已经相对成熟的社会福利实践便很快在一些宪法中被体现出来了。

　　在中欧国家中，比利时宪法关于社会原则的规定较为明确。比利时宪法可以追溯到1831年，在1993年经历了一次较大幅度的修改，最后一次修改发生于2014年。① 该宪法第23条规定，每个人都有权过上一种与人的尊严相一致的生活，为此目的，法律保障经济、社会和文化权利。这些权利除了就业权，还包括获得社会保障、健

① 参见比利时王国众议院发布的该国宪法文本 Belgian House of Representatives ed., *The Belgian Constitution*,（July，2018），http：//www. dekamer. be/kvvcr/pdf_ sections/publications/constitution/GrondwetUK. pdf。

康照料和得到社会、医疗及法律援助的权利、体面居住的权利、文化和社会实现的权利以及得到家庭津贴的权利。

1958 年的法兰西第五共和国宪法①第 2 条规定"法兰西为一不可分的、世俗的、民主的、社会的共和国"，确立了社会原则，但并未规定公民享有社会权利。第 34 条规定，国会可以制定关于劳工法、工会法和社会福利的基本法律。

奥地利现行宪法在 20 世纪 20 年代形成了基本框架，在 1945 年奥地利第二共和国成立后继续有效，后又经过多次修改，最后一次修改发生于 2017 年。② 该宪法关于社会原则方面的规定很少，其中，第 10 条第 11 款规定，联邦立法机关和行政机关主管劳动法、社会和协议保险、护理金、社会补偿法等。第 11 条第 3 款规定，社会性国民住宅事务由联邦立法、各州执行。第 12 条规定，社会救济、公共社会和福利设施、母婴及青少年福利事务由联邦确定原则，各州制定行政法规并负责执行。第 126c 条规定，审计署负责监督社会保险机构的财务管理状况。可见，奥地利宪法中既没有承认社会原则，也没有承认社会权利，只是对联邦和各州主管的相关事权进行了划分。

与南欧和北欧的宪法相比，中欧四国的宪法除了比利时宪法外，并没有在社会原则或社会权利上着墨太多。社会内容的规定更多的是侧重于何种国家机关具有哪方面的社会相关的权力。其实，比利时的旧宪法也只有很少社会方面的规定。总体上来看，中欧国家的宪法在社会权利方面表现出相对中庸的取向。

---

① 参见法国国民议会发布的该国宪法文本法国国民议会发布的该国宪法文本 French National Assembly trans. , *Constitution of October 4*, 1958, (date unknown), http：//www2. assemblee-nationale. fr/langues/welcome-to-the-english-website-of-the-french-national-assembly。

② 参见奥地利联邦数字化和经济事务部所属的联邦法律信息中心发布的该国宪法文本 Das Rechtsinformationssystem des Bundes ed. , *Bundes-Verfassungsgesetz* (*B-VG*), (date unknown), https：//ris. bka. gv. at/Dokumente/Erv/ERV_ 1930_ 1/ERV_ 1930_ 1. pdf。

由宪法的比较可以看出，联邦德国《基本法》在社会内容方面展现出以下的特殊性。第一，德国宪法的社会内容极少，不仅大大少于南欧（除了希腊）和北欧各国，而且还少于中欧各国（除了法国）。第二，德国宪法的社会相关规定更多的是原则性的，而且比较笼统，承认了社会是立国原则之一，但没有规定甚至列举所谓的社会基本权利，更没有规定国家具有供给社会福利的责任。第三，德国宪法的社会立法一如既往地体现了德国成文法的严密传统，并没有妨碍制宪者和德国人民想要维护《基本法》稳定性的初衷，没有大幅度补充到《基本法》之内，始终在这方面保持着克制；与之相反，欧洲许多国家在不远的过去修改宪法或制定新宪法时却增加了非常多的社会内容。由此观之，德国《基本法》对于社会原则的规定是慎重的、非激进性的，这种立法态度也为德国法治下国家与公民在社会方面的权力和义务确立了保守的基调。

第三节　社会市场经济的理念与保守的社会福利政策

众所周知，联邦德国实行"社会市场经济体制"（Soziale Mark-twirtschaft）。在社会福利制度方面，这种经济体制不仅仅是对社民党普遍主义社会福利方案的拒绝，更是对社会福利制度本身的拒斥。流行的意见把社会市场经济简单解释为社会福利和市场经济的拼凑，然后从两个原则的所谓冲突来解释联邦德国一定时期的经济问题。这种做法实际上是对这一经济框架的误解，其原因则是没有从根源上检讨制度的根本取向。从发源上看，社会市场经济旨在避免自由市场经济的垄断和不公平竞争，强调市场经济的运行应以保障充分竞争的法制基础和财产制度为前提，并通过市场主体的充分竞争实现共同富裕，而不是指国家大规模地运用再分配手段，对业已形成的不公正的市场结果进行调节。

一　社会市场经济及其对福利发展的影响

社会市场经济狭义上是指原西德 1948 年以来的经济体制，广义上是指联邦德国的经济秩序。就形式来说，社会市场经济在两德合并签订《建立经济、货币和社会联盟条约》（*Vertrag über die Schaffung einer Währungs-*，*Wirtschafts- und Sozialunion*）后也扩展到了原东德领土上。

联邦德国建立之初，确实有一些人因为纳粹初期的经济成就而希望实行统制经济（Lenkungswirtschaft），社民党则向往苏联的计划经济体制。[①] 虽然深受纳粹之害的民众对国家牢牢掌控经济的体制心有余悸，但从制度各方面都体现出路径依赖的特点，而且，社民党在纳粹党被清除以后成了当时势力最大的政党。在战后初期，社会主义的"时代思潮"（Zeitgeist）也有很强的影响力，有相当一部分德国民众对社会主义抱持支持、向往和同情的态度。这样看来，似乎联邦德国不可避免地要走向国家管理经济和社会福利的道路上去了。不过，很多人并不想采取苏联式的计划经济模式，而更愿意走一条资本主义和社会主义之间的第三条道路。

强大的外力作用也很快打破了这种路径依赖效应。1947 年初，处于美、苏、英、法四国占领状态下的德国领土成了西方和苏联对峙的前线。英美双占区成立了"联合经济区经济委员会"及其管委会，开始按照西方市场经济模式进行重建。[②] 戏剧化的是，社民党以拒绝在委员会中担任职务来表示抗议，这种不明智的举动大大减弱了其对于社会经济体制的影响力，中右翼的基督教民主联盟和基督

---

① 　Reinhard Blum, "Soziale Markwirtschaft", in *Handwörterbuch der Wirtschaftswissenschaften*, Vol. 5, Jena: Verlag Gustav Fischer, 1980, p. 154; *Soziale Marktwirtschaft. Wirtschaftspolitik zwischen Neoliberalismus und Ordoliberalismus*, Tübingen: J. C. B. Mohr, 1965, p. 5.

② 　［英］玛丽·弗尔布鲁克：《德国史 1918—2008》，卿文辉译，上海人民出版社 2011 年版，第 116—120 页。

教社会联盟（CDU/CSU，又称联盟党）以及自民党和德意志人民党发挥了决定性影响。① 在这种形势下，英美特别是美国的自由主义市场经济成为西方占领区建设经济体制的主要方向。

另外一个多少有些偶然性的事件是，1948 年 3 月，无党派的艾哈德（Ludwig Erhard）当选管委会的执行机构经济管理局的第二任主任，开始为联邦德国设计社会经济的制度框架。1948 年 6 月，他成功地说服占领当局解除了战后的经济管制，取消了价格管控和工资冻结，开始在《货币改革后的管理和价格政策指导原则法》（*Gesetz über Leitsätze für die Bewirtschaftung und Preispolitik nach der Geldreform*）的指导下建立社会市场经济模式。

艾哈德主导的经济政策和货币改革初期取得的良好效果，促使联盟党在 1949 年 7 月将"社会市场经济"写入了具有纲领性的《杜塞尔多夫指导原则》，成为保守政党的政策基础。在艾哈德看来，社会市场经济并不是现在流行的社会保障（福利）加上市场经济，而是为了满足社会共同体的愿望而最低限度地行使政治和社会的权力，保证以充分的竞争提供价格极为低廉的物资的制度，"我们从中发现了到达真正自由的经济秩序，凡是寻求自由的必须主动面向竞争"②。在艾哈德所定义的社会市场经济中，社会和市场经济不是分开的两个原则，整个体制也不是两个原则的拼凑；市场经济必须是社会的，即必须是通过充分的市场竞争达到共同财富的增加和相对平等的分配，国家的作用是为竞争提供框架和条件，而不是大规模地干预财富的再分配。也就是说，社会市场经济并不是主张在一次分配中形成了巨大的不平等之后，再通过大规模的二次调节来消除这种影响，而是认为，市场经济本身就必须提供相对平等的分配，避免出现危害竞争的结果。在这个意义上，有学者指出，社会市场

---

① ［德］沃尔夫冈·鲁茨欧：《德国政府与政治》，熊炜、王健译，北京大学出版社 2010 年版，第 21、31 页。

② 范家骧、高天虹：《新自由主义（下）——西德的新自由主义》，《经济纵横》1987 年第 9 期。

原则与其说是一种政策方案，不如说是一个限制国家和政客活动的
理由。①

在这一原则的指导下，到了 1950 年，几乎所有配给措施都被取
消，通过货币改革等建立了自由竞争、货币稳定、财政平衡的政治经
济秩序。作为宪法的《基本法》对于举债做了严格的限制。1950 年，
艾哈德担任联盟党阿登纳内阁的经济部长；1963 年，他又担任联邦总
理，其间继续推行促进企业竞争力和平衡社会差异的措施，包括促成
《反限制竞争法》（Gesetz gegen Wettbewerbsbeschränkungen）的出台等，
使联邦德国连续多年出现"经济奇迹"和社会稳定的局面。②

与此相反，违背社会市场经济以培养竞争性为首要任务的原则，
却引发了一系列危机。1966—1972 年，社民党的卡尔·席勒担任了
经济部长。在他那里，艾哈德的社会市场经济政策仍然得到了一定
的延续，市场经济和竞争原则还是得到了尊重。席勒指出，一切有
关生产导向、市场安排和消费计划的决策都属于私人的事务，而不
应由政府机构秘密做出。③ 虽然国家计划是必要的，但这种计划应当
采取市场的形式。在国家必须干预市场时，整体干预应当优先于个
别干预：整体干预是指全面权衡增长、就业、通胀等多个经济目标，
从而做出最优决策；而个别干预则是为了达成某一个目标而进行具
体的干预。在国家调节市场的方式上，席勒认为市场影响（Beein-
flussung）优于市场干预（Intervention），市场干预又优于市场规制
（Regulierung），主张国家应当尽量对市场采取间接的手段。他表面
上仍然推行艾哈德的社会市场经济政策，但已开始强调以凯恩斯主

①　Norman Ginsburg, Divisions of Welfare: A Critical Introduction to Comparative Social
Policy, London: Sage, 1992. 转引自林万亿《福利国家——历史比较的分析》，（台北）
巨流图书有限公司 1994 年版，第 60 页。

②　参见刘光耀《德国社会市场经济的发展阶段》，《中国改革报》2007 年 4 月
25 日。

③　K. Schiller, "Der Oekomom und die Gesellschaft. Das freiheitliche und das soziale
Element in der modernen Wirtschaftspolitik". Vorträge und Aufsätze. Stuttgart: Gustav Fisch-
er Verlag, 1964, pp. 56, 111.

义为内核的国家调节。他指出，"在主张竞争就是命令的弗莱堡学派和主张对实际总需求要加以指挥的凯恩斯主义的代表们之间有必要做一番意义深远的综合"①。这种综合的方向实际上是要加强国家的作用：国家要多收一些、多花一些、多管一些，以建立拥有全面社会福利和社会保障的社会国家。②

在卡尔·席勒的影响下，社民党关于扩张社会福利的政策从理论上来说开始偏离经典的社会市场经济理念和实践，而日益向凯恩斯主义倾斜。1969 年的修宪使《基本法》虽然原则上规定债务额不得超过"长期和普遍促进增长的投资额"，但还是为国家举债开了"绿灯"。③ 从 1969 年开始，社民党的勃兰特和施密特先后主导的联邦政府就开始推行包括社会福利扩张在内的逆周期财政政策和货币政策，导致通货膨胀严重、失业率上升和经济波动性加大，在世界经济危机的形势下更是引发了德国经济战后最严重的衰退。

两种政策的效果的对比，同时也是两种理论的实践效果的比较，促使社会市场经济原则的重要性再次得到强调。1982 年，联盟党的科尔上台执政，强调"多一点市场，少一点国家"，以加强竞争力为核心推行福利紧缩政策，在 80 年代取得了非常好的效果。1990 年，由于统一后需要抚平双方的巨大差距，新联邦州的社会福利基金又是空账，社会支出被迫增加，但社会市场经济的原则写入了两德合并协议。社民党的施罗德上台后，在 21 世纪的第一个 10 年按照社会市场经济的原则推出了福利改革的总纲"2010 议程"，这个纲领在联盟党的默克尔上台后得到继续推行。例如，在养老保险领域，改革的整体方向是减少国家干预和国家财政责任，实行的措施包括

---

① 范家骧、高天虹：《新自由主义（下）——西德的新自由主义》，《经济纵横》1987 年第 9 期。

② 《社会民主党经济政策文集》1983 年版，第 81 页，转引自赵永清《从歌德斯堡到柏林——战后德国社会民主党纲领比较》，《国际政治研究》1994 年第 1 期。

③ 胡春春：《德国经济现衰退隐忧，收支平衡财政政策惹争议》，第一财经，https：//www.yicai.com/news/100308326.html，2019 年 8 月 26 日。

推动企业补充养老金和私人养老金，从单一支柱转向多支柱体系，以减轻法定养老金的财务压力；将法定退休年龄由 65 岁延迟至 67 岁，等等。这些改革成为德国在欧债危机中表现优异的重要原因。例如，养老基金已经出现盈余，联邦财政投入占法定养老保险总收入的比重再次降至 25% 左右。①

社会市场经济对福利扩张的控制，也表现在以稳定币值为主要目标的货币政策上。二战以后的历届政府不管党派属性为何，都曾把稳定货币列为财政金融政策的主要目标之一。② 社会市场经济的设计者艾哈德极力反对凯恩斯主义以通货膨胀来刺激经济的做法。他认为，与其因为通货膨胀而实现较快的经济增长，还不如在货币稳定的基础上小幅增长。当然，在两者不可兼得时，艾哈德主张宁可牺牲短期的经济增长，为长期的增长创造条件。由于 20 世纪 60 年代后期推行凯恩斯主义以来，德国经济遭遇了很大问题，社民党政府从 1974 年开始，又回到了艾哈德的币值稳定政策，在保持货币价值稳定的同时，每年的货币供应量比实际生产能力高出一两个百分点。③ 在货币总量进行控制的情况下，即使是在社民党主政时期，社会福利水平也不可能大幅增长；但相对于艾哈德时期经济发展的良好绩效，即便是微小的政策偏离，也会酿成看起来相当严重的后果。

自从社会市场经济在联邦德国实施以来，它就在一直约束着该国社会经济的发展路径，起到了精神上的和框架性的指导作用。正因如此，德国不像英国那样在战后执福利国家建设和扩张之牛耳，将社会福利推升到极高的水平，然后又成为福利紧缩的"急先锋"，在撒切尔内阁的急剧改革中引发社会的激烈冲突。相反，德国从

① 华颖：《德国 2014 年法定养老保险改革及其效应与启示》，《国家行政学院学报》2016 年第 2 期。

② 谢汪送：《社会市场经济——德国模式的解读与借鉴》，《经济社会体制比较》2007 年第 2 期。

③ 景体华：《联邦德国在稳定币值与经济增长两难中的抉择》，《德国研究》1994 年第 1 期。

1982 年科尔执政以来进行的福利改革相对于英国要平顺得多，德国的行政改革也没有像英美那样对公共机构和服务进行强烈的私有化改造。因为联邦德国始终都维持在社会市场经济确立的相对适中的状态下。纵观联邦德国经济政策的变革和社会福利在其中的遭遇，德国各届政府的政策特别是社会福利政策其实就是一次又一次地回归艾哈德的社会市场经济理念，[①] 而艾哈德的这一理念则是源于对社会福利体制颇有独到见解的秩序自由主义。

二　秩序自由主义及其社会政策要点

德国著名法学家尼佩尔戴认为，德国《基本法》虽未出现"社会市场经济"这一术语，但已经通过各种条款形成了社会市场经济的经济宪法（Wirtschaftsverfassung）。他批判了将社会市场经济视为"混合经济宪法"的流行意见，认为混合经济的模糊性、恣意性可能会导致有悖于《基本法》体现出来的"竞争经济"（Wettbewerbswirtschaft）原则。他还指出，社会市场的理论渊源中最为重要的是欧洲和德国的新自由主义（Neolieralismus）学说，其中特别重要的人物有欧肯（Walter Eucken）、罗斯托（Alexander Rüsstow）、毕姆（Franz Böhm）等，而其得以在德国实践，则要归功于艾哈德和米勒 - 阿马克（Alfred Müller-Armarck）。[②]

社会市场经济所依据的新自由主义学说早在 20 世纪 30 年代就已创立。这种学说和 20 世纪 80 年代撒切尔和里根改革所依据的"新自由主义"并不是同一种思潮。在经济全球化的时代，英美的"新自由主义"改革浪潮显然也蔓延到了欧洲，引起了欧洲的一些变革，这点已经被"积累的社会结构"学派的研究所证实。但是，德

---

① 转引自冯兴元《论奥尔多秩序与秩序政策：从秩序年鉴谈起》，《德国研究》2001 年第 4 期。

② 参见 H. C. Nipperdey, *Soziale Marktwirtschaft und Grundgesetz*, 3. Auflage, Köln：Heymann, 1965。尼佩尔戴（Nipperdey）时任联邦劳动法院院长，在劳动法和社会法领域有卓著声誉。

国的改革却和英美存在着很大的不同。这是因为德国虽然在社民党的领导下出现了凯恩斯主义的偏离和经济停滞的问题，但其滞胀问题还不像英美那样严重，而且经济波动程度也相当小，不像英美那样"大起大落"。这种稳定秩序是德国社会市场经济的一个显著特征，而社会市场经济引以为据的自由主义是以德国本土的弗莱堡学派的学说为主要依据，兼采德国各家所长所生发的"秩序自由主义"（Ordoliberalismus）。

在秩序自由主义产生的时代，旧自由主义正面临着深刻的危机。在这之前，西方世界的经济基本上是按照自由放任的旧自由主义的信条来运行的。但是，自由放任不仅造成了垄断这一对自身的否定，而且更引起了资本主义大危机。在这样的背景下，20世纪30年代的"新自由主义"处于一种两面受敌的状态。一方面，作为自由主义者，它必须有效反击社会主义的批评，避免使资本主义经济运行的自由主义轨道转换到社会主义计划经济的方向。另一方面，它又必须批判旧自由主义，对自由主义本身进行深刻的反思，消除旧自由主义中不合时宜的东西，适应新时代发展的要求。"新自由主义"在各个资本主义国家都有自己的流派，而在德国，这一思潮就体现为"秩序自由主义"。

"秩序"（Ordnung）在德语和德国人的观念中是一个很受尊重的价值，但是"秩序自由主义"以此来标榜自己的自由主义，不仅仅是出于博取大众好感的考虑，更是因为这一术语能够精准地传达这一思潮的要义。德国经济学通常将经济政策分为两类：一类是"秩序政策"（Ordnungspolitik），其主要功能是设定经济体制和经济运行的框架条件；另一类是"过程政策"（Ablaufspolitik），即当代西方经济学通常意义上的经济政策，它需要根据市场经济运行的情况随时进行政策调整，以便达到一定的经济目标。[①] "秩序自由主

① ［德］克劳斯·格林：《联邦德国的社会市场经济》，中央编译出版社1994年版，第10—11页。沈越：《德国社会市场经济探源：多种经济理论综合的产物》，北京师范大学出版社1999年版，第17页。

义"认为，秩序政策远比过程政策更为重要。这一方面是因为一般来说，秩序政策决定过程政策，因为前者规定了后者的方式、手段、力度、范围、对象等；另一方面，秩序政策限定了国家干预的作用，使其主要功能在于为经济活动提供基础条件、坚实框架和正确方向，旨在让社会经济在一个也已奠定的良好轨道上运行，而不是在国际国内环境的影响或人为的操控下进行随时、频繁地调整。

对秩序的重视也是以德国特殊的历史文化为背景的。德意志民族长期处于封建状态下，非常注重等级之间严格的等级身份和契约关系，普鲁士统一德国之后又为这种文化增添了纪律和服从的因素，国家被抬到了伦理上的至高地位。另一方面，长期的封建割据和分裂状态又使得德意志人民习惯了对于各个等级的自由乃至个人自由的尊重。在这种文化影响下，社会和国家的总体性与个人自由之间必须保持一种平衡，而秩序就是体现这种平衡的最好概念。

"秩序自由主义"的纲领主要体现在1948年后出版的《秩序年鉴》上。该年鉴第一卷指出，其追求的目标是一种使经济绩效和人的尊严的存在条件得到保障的社会秩序。它既反对自由放任的古典自由主义，也反对形形色色的国家直接干预；它主张由国家设定一个总的法律和社会框架条件，市场个体进行充分竞争，在竞争中进行整体的协调，达成"共同繁荣"；但是需要注意，国家的作用只是辅助性的，主要的还应靠绩效竞争。

秩序自由主义的一个流派弗莱堡学派（Freiburger Schule）的主要代表人物欧肯提出，理想的秩序是一种"符合人的和事实的本质的秩序"和"在其中存在着适度和均衡的秩序"[1]。这种秩序应当遵守构成原则和调节原则，前者包括币值稳定、市场开放、私人产权、个体负责等原则，后者包括调节垄断、最低工资、过程稳定等。他认为，平等和自由的绝对化、极端化都会走向它们的反面，结果反

---

① ［德］瓦尔特·欧肯：《国民经济学基础》，左大培译，商务印书馆1995年版，第305页。

而是适得其反。个体的自由固然很重要，但是在放任自由的市场条件下，它却有可能造成优势个体的权势，甚至对其他个体的自由造成损害，从而危害到整体利益。因而，放任自由的自然秩序反而是不自由的。

在经济秩序方面，发源于经济学之父亚当·斯密的古典自由主义是一种建立在个人自由和完全自由竞争基础上的放任秩序，国家只是充当着"守夜人"的角色。在"一战"之前，以英国为代表的先进资本主义国家基本上是以这种模式发展起来的，结果造成了垄断资本的增长。作为后发展国家兴起的经济学思潮，欧肯式自由主义对于先发展国家的情况已经有了深入的认识。欧肯主张，充分竞争的市场秩序却不能在自发的市场中自发实现，现代工业化世界更不允许这样的秩序自发成长。① 他认为，放任自由（Laisser-faire）会发展成市场势力。例如，契约自由在工业化进程中越来越成为垄断协议合理化的理由，从而妨碍自由竞争。这是因为，市场中的行为者对竞争的不确定性感到不安，便努力寻求达到垄断地位，其办法就是结成权势集团（Machtblöcke），操纵市场运行。欧肯断言，"从一种自由放任的政策中产生的绝不是普遍的完全竞争，而是也有供给垄断、供给的部分垄断、供给的寡头垄断等等"②。基于德意志后发展国家的经历，欧肯还确信自发不能产生自由，自由也不能守护自身，因此，必须经过人为的力量进行干预。这样就引入了国家的必要作用。

欧肯关于自由秩序的观点并不是来源于英美自由主义的自然法或自然权利学说，也没有显现出社会主义思潮的影响，而更多地是出于实用主义考虑的一种理想化的设计。当然，这种思想也是基于德国特定的自由主义倾向。欧肯就曾经明确指出，他的自由秩序观

---

① ［德］瓦尔特·欧肯：《国民经济学基础》，左大培译，商务印书馆1995年版，第75—76页。

② 同上书，第328页。

念是从康德的法治学说和国家学说中来的，而后者认为"国家的任务在于找到既是共同的社会生活、又能使个人能力的自由发展获得最大空间的形式。自然状态下的绝对自由应该用法律来约束，个别人对他人的专制应当用法律来防止。此外，也应该把许多人的自由活动置于相互竞争的状态，以此来推动社会的进步"①。康德式的自由虽然也承认自发的自由具有一定的价值，但是这种自由实际上并不是混乱无章的，而是具有一定社会目的性的。他还认为，个体的自由是有界限的，那就是其他人的自由和社会整体的自由。实际上，康德只是对"秩序自由主义"有着重要影响的古典自由哲学的一个代表而已。在德国，只有很少的自由主义思想家奉行绝对的个人权利本位，主流的自由主义是要求在个人、社会和国家之间谋求某种平衡，以使得个体的利益和整体的利益达成一种协调。这种对于个人自由的深刻的怀疑，成为德国经济自由主义的一个重要的思想来源。这种观念的传统使得"秩序自由主义"的思想家更容易发现不受干预的、无限制自由的弊端。欧肯就曾指出，"自由放任政策经常被既得利益者滥用，例如，企业主借用其自由利益来反对国家的社会政策，还自称是为了公共利益"。为此，欧肯挑战了亚当·斯密的所谓"看不见的手"的自动协调作用，认为它并不能自动实现个人利益和整体利益的协调一致②，而这种自动协调作用也是放任自由经济的支持者从社会的角度捍卫这种模式的一个有力辩护。

　　当然，正如上文提到的，国家观念、纪律和服从意识也发挥着很大的影响。事实上，在这方面，不仅"秩序自由主义"，而且康德和歌德也都强调自律的意识。他们认为，为所欲为不可能实现个人自由，因为真正的个人自由只有在自我实现自己设定的约束的前提下才是可能的；同样，放任自由也不可能实现社会的自由，因为真

---

①　W. Eucken, *Grundsätze der Wirtschaftspolitik*, Tübingen: J. C. B. Mohr, 1990, p. 360.

②　Ibid., pp. 358 – 360.

正的社会自由首先要求社会全体成员严格遵守社会给自身制定的法律，实质上也就是遵守经由国家所进行的立法。自然而然地，"秩序自由主义"也强调自律对于自由的重要性。然而，它并不只是强调法律的作用，而更加注重经济自由得以保障的经济条件。所以，欧肯才从实用主义的角度提出，应当使个体处于竞争状态，从而让经济个体的自由时刻面临着其他个体的自由的自然限制。就此而言，国家的作用便是创设足以实现和保证这种竞争的框架条件了。欧肯于是认为，国家的经济政策"把源于个人利益的力量纳入促进整体利益的轨道，以便使其与个人利益充分协调一致"①。

在欧肯看来，国家不只是提供最基本安全和社会秩序的"守夜人"，而是需要发现和培育竞争秩序；在充分竞争的自由秩序形成后，国家又要发挥保障和维护的作用，甚至在必要情况下不惜动用非自由的手段来恢复自由经济。为了创造有利于充分竞争的条件，国家也可以实施最低限度的社会政策。这些社会政策旨在恢复和形成弱者参与市场竞争的能力，而不是出于维护社会公平、社会团结或社会权利之类的诉求。更重要的是，国家的作用在于建立市场竞争的框架，社会政策的作用在于形成市场竞争的基础。像当代福利国家那种赋予国家极其强势的再分配作用甚至全面渗透社会和干预市场的做法，在欧肯看来是极不可取的。"一战"以后，经济政策从自由放任转向了国家的大力干预。这导致的结果是，国家本身拥有了极高的市场地位。欧肯从中看到了集权主义的行政干预型经济的危险，这不仅没有解决自由受到威胁的问题，反而使国家越来越和市场中的一些集团纠结在一起，最终对自由造成更大的威胁。

弗莱堡学派的社会经济主张和欧肯的经济哲学信条是一致的。该学派认为，社会福利国家不仅因为高额税赋和社会保障削弱了人们竞争的积极性，而且会导致市场价格体系的扭曲甚至瘫痪，甚至

---

①　W. Eucken, *Grundsätze der Wirtschaftspolitik*, Tübingen: J. C. B. Mohr, 1990, p. 360.

在超过某一限度后摧毁整个市场体系。同时，该学派认为，社会福利的扩张必然会引发通货膨胀，导致庞大的预算规模和巨额的财政赤字，给予国家过大的干预权力，造成垄断等不良后果。而且，通货膨胀和通货紧缩将会交替发生，推动或加剧经济的周期性波动，影响在稳定宏观经济环境下的充分自由的竞争。[①] 当然，弗莱堡学派并不完全反对社会政策，但并不认为社会政策是根本性的措施，因为社会问题不是竞争的不利后果，而恰恰是竞争不完全、不充分的产物。正是不平衡的市场运行造成了市场势力的强弱，造成了既定的自由竞争难以维持下去，才产生了各种各样的社会问题。这些问题的解决只能通过维护竞争的途径。在这个意义上，竞争秩序就是最好的社会政策，市场经济本身就具有社会性。因此，生活保障主要是个人或家庭的责任，而不是国家应当负责的问题。

三　社会市场经济的"名"与"实"

以上的论述没有解决的一个问题是，既然秩序自由主义其实只是把社会政策置于不太重要的地位，那么为什么联邦德国最终实施的制度名为"社会市场经济"呢？其实，这个概念的提出是米勒－阿马克个人创造性理论的产物。从路径依赖的角度看，即使是在奉行市场经济倾向的英、美、法三国占领下，要想推广以充分竞争为核心的秩序自由主义，也是一种巨大的挑战，因为虽然联邦德国的建立者大多并不认同社会福利，但多数德国人特别是社会民主党和基督教社会联盟对于帝国的社会保险立法和魏玛时期的社会福利还保持着很强的意识惯性。在这种情况下，提出社会的（sozial）市场经济，从表面上看融合了秩序自由主义及其弗莱堡学派、社会主义各派别、基督教社会公平和救助伦理，更容易为人们接受，而另一方面，"社会"究竟为何意，不同派别对此各有各的解释，其实也就

---

① ［美］小亨利·M. 奥利佛：《德国新自由主义》，陈彪如译，《经济学季刊》1960 年 2 月号，转引自《现代外国哲学社会科学文摘》1960 年第 11 期。

是把这一概念模糊和虚化了。

不过，虽然"社会市场经济"来自米勒 - 阿马克的创造性活动，但它却并非无根之木，而是契合了"秩序自由主义"的价值理念。从时代背景来看，这一概念最重要的特点是在社会主义和资本主义之间采取了一种中间状态，即走上了所谓"第三条道路"，解决了美、英、法等西方资本主义占领国和苏联社会主义占领国之间深刻的意识形态分歧，也缓和了德国国内各派别的激烈斗争。实际上，当时国际国内经济意识形态问题的核心是战后的德国应该采取何种所有制的问题。社会主义的支持者认为，只有公有制才能解决一切社会、经济和政治问题，公有制条件下的社会主义人民将得到最大程度的物质富足，也就根本谈不上社会福利的问题。而资本主义的拥护者认为，私有制是天经地义的，是市场机制发挥资源配置作用的根本前提，也是个人自由得到保障的物质基础，而社会的福祉在私有制下也会自然而然地得到增进。亚当·斯密、洛克等人的论证，或者说对于这些论证的支持和阐释，使得旧自由主义逐渐将私有制作为其整个体系不可撼动的根基。于是，社会主义和资本主义势同水火，社会的成分和市场经济的成分似乎是完全无法相融的。

但是，"秩序自由主义"从一开始就反对这种对立，而这种反对又是从自由主义的反思开始的。例如，欧肯反思了旧自由主义关于私有制和竞争之间的关系。他指出，旧自由主义认为私有制是竞争的前提条件，但竞争秩序也是私有制的前提条件，否则，私有制就会产生经济和社会弊端。私有制需要以竞争来监督。在竞争秩序得到保障的基础上，私有制和建立其上的自由支配权才具有秩序政策功能和社会功能；反之，如果缺乏竞争，甚至形成垄断，那么，建立在私有制基础上的支配权一定是有局限性的。同属于"秩序自由主义"派别的罗斯托还强调，私有制不仅会产生不利的经济后果，而且会导致财富分配不均、两极分化等社会恶果。在批判私有制这一点上，欧肯和马克思存在着共识，因为后者认为，在私有制的条件下，"当产业工人获得政治上和法律上的自由时，他们在经济上和社会上却是不自由的"①。然而，欧肯同时批判社会主义派别把公有制作为解决问题的方案，因为他指出，自由放任政策下工人阶级在社会上的不自由境遇不是源于私有制，而是源于垄断；只有建立了竞争秩序，工人的社会福利自然会得到改善。正是在这个意义上，"经济秩序政策也是最好的社会政策"②。从以上的论证逻辑可以看出，秩序自由主义批判了旧自由主义以私有制为基础的不可靠，但也没有因此走到公有制这个对立面上，而是跳出了这一对立逻辑，另外开辟了一条认识和分析问题的道路。正是出于有别于所有制争论的视域，欧肯才会断言，"19 世纪和 20 世纪初的经济政策讨论的根本问题是想用所有制秩序来解决社会和经济政策问题"③。

既然所有制这个资本主义和社会主义争论的核心问题根本不是症结所在，那么，过分纠结于这样的名称也就没有必要了。欧肯断定，"用'资本主义''共产主义''社会主义'和类似的概念不能完成国民经学的各样认识任务"。例如，单就资本主义这一概念来说，现代的资本主义国家过去和现在的经济秩序不同，在不同国家之间也存在着多样性和多变性，这已经不是资本主义这一概念所能把握的了。用资本主义来描述经济史，也只会造成错误的认识：一方面，整个经济史被从资本主义的角度机械地刻画成了一幅并不符合现实却只是符合概念的图式。另一方面，多种多样的经济模式都被放进了资本主义这一概念之中，混淆了资本主义和非资本主义、不同经济模式之间的界限，事实上已经消解了这个概念的有效性。④

基于这一对旧自由主义和社会主义争论的判断，欧肯提出了

① W. Eucken, Die Soziale Frage, *Festgabe für Alfred Weber*, Heidelberg: Lambert Schneider, 1948, p. 133.

② Ibid. , p. 129.

③ W. Eucken, *Grundsätze der Wirtschaftspolitik*, Tübingen: J. C. B. Mohr, 1990, p. 270.

④ ［德］瓦尔特·欧肯:《国民经济学基础》，商务印书馆 1995 年版，第 70—100 页。

"交换经济"和"集中管理经济"作为秩序政策的两个根本的出发点。他更进一步援引了经济史上的诸多案例，批判了认为交换经济等同于私有制、集中管理经济等同于公有制的观点。在这个问题上采取了较为深刻的批判立场的，是老一代秩序自由主义者罗佩克（W. Roepke）。他将资本主义和市场经济区分开来，认为市场经济是一项古老的形式，而资本主义只是市场经济在19世纪和20世纪的特定历史形式，确切地说，是其扭曲和堕落的形式。他把相当多的社会经济弊端归因于资本主义，指出它的缺陷应当以市场经济秩序来补救。与此同时，罗佩克也对集体主义进行了批判。他一方面反对"国家推动的集体主义"，认为它会导致国家组织的专制和个人独立地位的丧失；另一方面，他又反对"私人集体主义"，指出财产集中和生产集中的垄断组织将导致比国家专制更为严重的弊端。和欧肯批判市场势力一样，罗佩克也批判了经济生活中的权力集团。他甚至认为，正是私人集体主义引起的权力集团之间的争斗才导致了社会经济生活的无序状态，"国家推动的集体主义"便借此机会填补了权力真空。在批判资本主义和集体主义的基础上，罗佩克明确提出了要走一条超越资本主义和集体主义的"第三条道路"。[①]

由此可见，"社会市场经济"这一名称是基于"秩序自由主义"的基本立场而形成的，其批判的对象既有放任自由的旧自由主义，也有国家和市场的集体主义，它既反对资本主义，也反对社会主义。这使得它力图超越关于经济模式的一系列陈规成见，在国家塑造经济秩序、社会目标得以实现和个人自由竞争得到保障的基础上设计一种综合了各模式长处、又避免了各模式弊端的新模式。这种模式并不像今天的一些人理解的那样，是社会福利和市场经济的简单相加，而是出自于完全不同的理论背景。

不过，社会市场经济的理论基础并不能被直接用于实践。实际

---

① 沈越：《德国社会市场经济探源：多种经济理论综合的产物》，北京师范大学出版社1999年版，第76—84页。

经济生活中的秩序政策设计要归功于米勒－阿马克和艾哈德。艾哈德对于这一体制的贡献众所周知，但米勒－阿马克为人所知的贡献似乎仅限于其提出了这一概念。事实上，后者从 1952 年起就在艾哈德领导下的经济部负责经济政策的参谋，并在 1958—1963 年出任经济部欧洲问题的国务秘书，亲身参与了这一经济体制的设计。因此，他也同样是实用主义的社会市场经济体制的创立者。

　　实用主义体制和其理论基础之间存在着一些差别，因为秩序政策需要结合社会、经济和政治的环境进行必要的改造，使其既符合具体的实际情况，也要能够为决策者和民众所接受。不过，即使在目标方面，米勒－阿马克和艾哈德的社会市场经济也有着不同的立足点。"秩序自由主义"的目标是在国家、社会、市场和个人等方面寻求平衡，以使各方面的积极性得到最大程度的发挥。而经济体制的设计者则更在意内阁必须达到的政治目标。对于 20 世纪 40 年代末和 50 年代初的德国来说，迅速恢复生产并实现最快速的经济增长无疑是解决很多棘手的政治问题的关键。为此，联邦德国经济模式的奠基人艾哈德对于"社会"概念做了一个非常有意思的解释。"社会"的提法并没有使联邦德国的经济模式从一开始就向着社会主义、社会民主或社会保障的方向前进。相反，艾哈德指出，"只有能使消费者从经济发展、从劳动收益增加和生产率提高中得到好处的经济政策，才能被称为'社会的'经济政策"①。其原因在于，如果人们的温饱问题都解决不了，那么社会福利一般企图解决的公平分配、生活保障和贫富分化等社会问题的解决办法也是无济于事的。②这一说法不仅符合"秩序自由主义"关于"社会的"基本理念，而且也很容易为当时的人们所接受。

　　当然，随着时代的发展，社会市场经济也开始容纳一些原来受

---

　　① ［德］路德维希·艾哈德：《大众的福利》，丁安新译，武汉大学出版社 1995 年版，第 121 页。

　　② 同上书，第 159—160 页。

其理论家批判的成分，如社会福利的扩展、垄断经济等。米勒－阿马克也在 1960 年提出了社会市场经济进入"第二阶段"，需要把社会福利体制的建设和完善作为一个必要的部分吸收进来。不过，即便如此，竞争的基本原则仍然得到了强调：虽然"每个公民得到基本的生活保障是国家的任务，但超出这种基本保障的内容却应发挥个人的创造性"。[①] 艾哈德也多次强调，通过竞争就足以实现富裕（Wohlstand durch Wettbewerb）和共同富裕（Wohlstand für alle），而竞争越是有效，"社会政策就越没有必要"。[②] 正是在这样一种意义上，我们可以认为，联邦德国的社会市场经济绝非是市场经济和社会福利的简单相加，恰恰相反：社会福利在社会市场经济的最初语境中只属于修饰性的和不太重要的成分；而作为社会市场经济核心成分的那些制度因素，则同福利国家和福利扩张的刚性作用存在根本性的冲突。

事实上，这种根本性的冲突以及德国在社会福利扩张方面出现的问题，导致自 20 世纪 80 年代以来就不断出现要求改革经济体制的声音和运动，要求遵守社会市场经济的基本规则。其中，影响较大的有 1982 年以来"克隆伯格圈子"（Kronberger Kreis）——党派和行政高层协商决策的一个小圈子——进行的关于管制政策（Ordnungspolitik）的研究，1994 年教会"关于德国经济和社会状况"的共同宣言，1982 年以来市场经济基金会（Stiftung Marktwirtschaft）资助的一系列关于政策方案的学术对话以及 2000 年的自由与责任倡议（Initiative Freiheit und Verantwortung）。[③] 这些活动一方面不断重

---

① A. Müller-Armack, "Die zweite Phase der Sozialen Marktwirtschaft. Ihre Ergänzung durch das Leitbild einer neuen Gesellschaftspolitik", in Alfred Müller-Armack and Fritz W. Meyer eds. , *Studien zur Sozialen Marktschaft*, Köln：1960, p. 23ff.

② 参见胡琨《德国社会市场经济模式及战后经济政策变迁刍议》，《欧洲研究》2014 年第 2 期。

③ 参见与德国基民盟关系密切的康拉德·阿登纳基金会网站上关于"新社会市场经济"的介绍：Ronald Clapham, "Neue Soziale Marktwirtschaft", *Kanrad-Adenauer-Stiftung website*, (May 8, 2020) http：//www. kas. de/wf/de/71. 10228/。

申社会市场经济的基本原则及其有效性，另一方面又根据这一概念
的提出者米勒－阿马克关于社会市场经济需要与时俱进的说法提出
新的政策纲领。他们认为，在当代这样一个富裕社会中分配取向的
市场经济在很多方面已经丧失了自由市场经济的特点，国家对经济
的直接干预损害了竞争原则，导致国家财政赤字增多，社会保险体
系负担过重，失业状况严重恶化。为此，必须抑制社会福利的扩张，
再度回归到社会市场经济的原则上来。

　　在 21 世纪的社会福利新理念运动中，社会市场经济所依赖的秩
序自由主义又一次得到了复兴。在"新社会市场经济"（Neue Sozia-
le Marktwirtschaft）的口号下形成了一股要求重塑德国经济发展模式
的思潮。2000 年成立的"新社会市场经济倡议组织"　（Initiative
Neue Soziale Marktwirtschaft，INSM）在其中很有代表性。[①] 该组织的
宗旨是更新"路德维希·艾哈德的社会市场经济原则"，使之适应全
球化和人口形势的变迁。它认为，为促进经济增长和拓展就业岗位，
必须在社会经济方面一以贯之地执行以竞争为取向的方针。这要求
每一个人自己承担责任和风险；国家集中于自己的核心职能，减少
官僚主义和审批程序，并减轻公民和企业的负担；劳动市场政策不
应妨害工作岗位的增加；延长退休年龄，等等。这些政策的原则是
在坚持团结义务的同时更加注重"从救助到自我救助"。

　　在新世纪的政治实践中也体现出秩序自由主义的观念。即便来
自不同的党派，施罗德政府和默克尔政府的福利改革中也体现出同
样的思想：一方面，在市场经济中，虽然社会保障是必要的，但个
人应当承担和他人竞争失败的风险；另一方面，各种福利措施的目
的并不只是消极地、被动地接受竞争失败的结果，或是预防这种结
果，而是以"让个体能够重新亲自参与经济和劳动生活"为目标，

---

　　① 参见"新社会市场经济倡议组织"的网站关于其组织宗旨的介绍：Initiative
Neue Soziale Marktwirtschaft，"Alles über die INSM"，*INSM website*，（May 8，2020）ht-
tp：//www. insm. de/insm/ueber-die-insm/FAQ. html。

也就是说，其目的绝非劳动力的"去商品化"，而恰恰是劳动力的"再商品化"。因此，按照联邦德国的社会市场经济理念，满足个体最低生活需求只是一种手段，培养个体自由构建生活和发展个性的能力才是其要旨。①

第四节 小结

本章从社会福利政策相关的政治经济制度体现出来的意识形态这一角度切入，分析了德国历史上社会福利扩张的惨痛教训、联邦德国《基本法》中反映出来的制宪者意图及其持久的法律效力和社会市场经济这一根本性的社会经济框架对于联邦德国民主—福利刚性意识形态的制约，并且比较了魏玛民主制下的福利危机和以希腊民主—福利危机为代表的欧债危机，探讨了历史教训对于社会福利体系建设的"路径淘汰"效应，展示了联邦德国历史形成的制度性的紧缩文化对于福利扩张和福利刚性的抑制作用。

值得一提的是，由于社会市场经济从基础框架的层面奠定和约束了德国的社会经济制度，因此，社会福利扩张始终处于合法性不足的困境之中，从而抑制了社会福利刚性的生成。不过，社会市场经济原则有时也面临着民主—福利刚性的挑战。除了社民党政府60年代后期推行福利扩张政策以外，事实上在无党派经济部长艾哈德②和联盟党内阁之间，即秉持技术理性的行政官僚和民选政治家之间，就存在着经济理性路线和福利政治工具路线的斗争。在阿登纳主政期间，为了在选举中获胜，德国就逐渐建立起了相对完善的社会救

---

① 参见［德］彼得·托比亚斯·施托尔《经济宪法和社会福利国家》，陈梦晓译，《中德法学论坛》第 7 期，以及徐清《德国福利改革回归社会市场经济本源》，《中国社会科学报》2015 年 1 月 7 日。

② 艾哈德后来只是为了竞选联邦总理，才被基民盟推举为候选人而加入该党的，但他之前并不是基民盟党员。

助体系，社会保障制度也有走向福利国家的趋势，以致有人认为，阿登纳时代的德国"实际上就是一个福利国家"。然而，艾哈德于1963年当选联邦总理后，就宣布要对社会立法进行彻底评估，并对社会公平进行调查。1966年，社会公平调查委员会提出应降低医疗和养老保险津贴标准并增加社保缴费。①

可见，民主制度下，社会福利总会是一个与选举紧密相关的问题，总会面临着偶然因素的挑战。因此，民主制下是否会出现福利刚性，并非是某种根本性的制度框架一劳永逸地决定了的。特别是，如果在制度确立的过程中就要克服一些挑战，那么这种冲突的因素也会延续下来，形成对立关系的路径依赖效应，最终的结果可能是由最初的力量对比、现时的力量对比和外部环境的变迁等因素共同作用的产物。

从社会福利政策相关的意识形态的角度来看，德国形成保守的取向，并不表示抑制福利刚性的因素随时随地必然占据上风。这里的分析只是表明，某些根本的制度，包括因整个体制失败或成功而产生的体制偏好、国家的根本大法和社会经济体制的框架，对于社会福利刚性的政策取向有着构成性的（konstitutiv）影响。

社会福利政策并不只是由暂时的社会经济状况和政治状况直接决定的；相反，长期的制度积累和制度演进形成的关于社会福利政策的意识形态或文化，要么对于社会福利政策产生直接的制约，要么通过影响当时的社会经济状况和政治状况间接地对社会福利政策发挥作用。从制度的起源和整体制度框架来看，联邦德国存在着很强的保守政治文化。这种文化抑制了促使民主—福利刚性形成的各种因素，如民主体制下作为公民基本权利的社会权利，作为巩固政府合法性手段的民生福利政策，社会民主主义意识形态对于福利制度设计的影响，等等。

---

① 丁建定：《德国社会保障制度的发展及其特点》，《南都学坛》（人文社会科学版）2008年第4期。

　　然而，根据本章的分析，这些元素和民主并无直接的关联。魏玛社会福利扩张的历史教训，其实是联邦德国整体制度设计的一个背景，或者说是民主政治"被嵌入的"那种社会政治文化；宪法中关于基本权利的规定，本身是一种法治元素；社会市场经济体制或模式，乃是社会经济的结构性框架，也和民主没有必然的关联。但是，它们作为复杂制度体系的组成部分，同民主政治一道决定着社会福利制度或政策演进的方向。纯粹的、理想化的民主政治也许是存在福利刚性的，但幸运的是，这种民主政治在德国的现实政治中并不存在。其他制度作为民主政治和福利制度的外部环境，既制约着民主政治促进社会福利的空间，同时也可以深入到民主政治内部，影响民主的合法性、意识形态和政治行动者的倾向与行为。实际上，它们的有益作用保证了民主制度在德国的长期存续，而在德国长期存续的民主制度又与这些政治经济制度达成了一种融洽关系。这种融洽关系的结果是，民主制度在德国的合法性不但并不显著依赖社会权利和民生福利，反而与社会权利和民生福利保持着一定的距离。这就意味着，当民主制度被嵌入特定的政治经济制度框架之中时，其意识形态也会随之而调适，达成特定的形态。在此，特定的民主意识形态的形成，已经难以用外生或是内生的模型来解释，而应当用调适性逻辑来解释。

第四章　德国政党格局和政党体制与福利紧缩趋向的形成

第一节　联邦德国选举制度及其特殊的政治光谱

　　民主制下的福利刚性得以形成和发挥作用的一个逻辑，是社会福利被用作了选举的工具；在当代西方民主普遍表现为政党竞争性选举的情况下，这一逻辑其实就是政党政治的逻辑。从欧债危机比较严重的希腊来看，20 世纪 70 年代实现民主化后，希腊经常由左翼政党"泛希腊社会主义运动党"（Panhellenic Socialist Movement）执政（如 1981—1989 年、1993—2004 年），中右翼的"新民主党"（New Democracy）只是短暂上台，政治光谱呈现出明显的左倾色彩。而民主党即使是秉持中右翼立场，由于成为执政党的机会不多，它在竞选中也经常做出不切实际的福利承诺。这是希腊社会政策偏向于福利扩张而非紧缩的一个重要原因。如果做进一步的考察，会发现南欧各国都存在这样的现象。单从这个意义上说，欧债危机似乎是一场民主—福利危机。

　　这些南欧国家的民主政治之所以会在社会福利方面产生恶性扩张的后果，一是因为其建立民主制度的时间较短，选民对于民主制度有着不切实际的期待，而民主政治也需要以提高社会福利来培育公民对它的忠诚；二是因为这些国家的历史较短，还没有经历过类似于德国魏玛民主—福利危机那样的危机，也没有在社会福利紧缩上达成广泛的共识；三是由于各种各样的原因，希腊在相当长的时间内未形成能在政府中发挥决定性影响的、立场偏右的政党。

然而，这些条件在德国都不存在，甚至可以说，德国恰恰是希腊的反面。一是联邦德国的民主实践已经有了近 70 年之久的历史。民主的优势和劣势，特别是民主带来的福利膨胀及其在社会、经济、政治各方面造成的后果，已经通过之前的魏玛民主实践和联邦德国的民主运行得到了充分的揭示。无论是选民还是政党，相对来说都比较理性化。二是在联邦德国的几十年历史中，中间偏右的政治光谱一直是主流，对于社会福利的扩张天然地具有抵制效应。三是联邦德国多年的联合政府实践，培养了主要政党的治理主义取向。这是联邦德国特定的选举制度和政党政治长期实践的一个特殊产物。

联邦德国实行比例代表制和多数代表制相结合的选举办法。在选举时，选民投出两票。其中，第一票（Erststimme）投给所在选区的候选人，这些候选人是独立候选人和各党派推选的个人代表。谁在第一票选举中获胜，即获得联邦议院的一个席位。一般而言，联邦议院共有 598 个席位，其中有 299 个席位由第一票选举产生。当然，与此相应，全德也划分为 299 个选区。第二票（Zweitstimme）投给政党，决定着联邦议院另外一半议席的归属。按照多数代表制的原则，在联邦议院中达到 50% 以上议席的政党才能够上台执政。在一个政党无法获得这一法定标准的情况下，一般由得票相对较多的政党同其他政党举行谈判，使两党的总和议席超过 50%，以联合政府的形式上台执政。在个别情况下，也允许出现少数派政府，即议席总数虽然达不到 50%，但相对较多，也可以组成少数派政府。只不过少数派政府在联邦议院中得不到通过法案要求的法定多数，执政极有可能会困难重重，甚至可能没有任何政绩，或者被不信任票击败。为防止出现魏玛民主时期小党林立、政局不稳的情况，当然也是大政党为了维护自己的既定地位，现行选举制度规定了 5% 的最低门槛，即一个政党必须达到法定议席数的 5% 才能够进入联邦议院，没有达到即视为选举失败。德国每隔四年举行一次联邦议院选举。政党选举后推出联邦总理人选，由总统任命。总理没有连任限制。

由于实行比例代表制，而非美国式的"赢者通吃"制度，联邦德国容易形成并且事实上也形成了多党制的传统。从图4.1可以看出，在20世纪80年代以前，德国主要是由联盟党（基民盟CDU/基社盟CSU）、社民党（SPD）两个大党和自民党（FDP）三个党派组成。80年代后，三党格局加入了绿党（Bündnis 90/Die Grünen），形成四党格局。90年代后联邦议院又出现了极左政党左翼党（Die Linke）；近年来又有选项党（AfD）加入了议院。最终形成了联盟党和社民党两个大党和四个小党主政的格局。

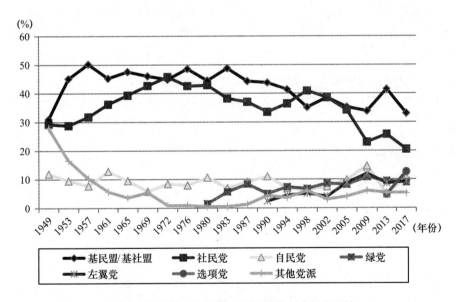

图4.1　联邦德国历届联邦议院选举各党派得票率

数据来源：作者根据官方资料自治。

这种多党制格局对于社会福利政策的影响是结构性的。按照中间选民定理，在两党制传统下，民主政治会形成"单峰偏好"，政党纲领会趋向于中间选民，也就是说，政党政策包括福利政策应当趋同。另一方面，从民主—福利刚性形成的逻辑来看，政党会抛弃意识形态色彩，无论左右政党都会竞相参与福利的攀比竞争，促使社会福利政策在扩张这一点上达到趋同。但是，在联邦德国这种多党制传统下，中间选民定理和所谓"单峰偏好"学说可能并不适用，选民明显呈现出"多峰偏好"；也不存在所谓的中间选民，传统的意识形态因素可能仍然拥有巨大影响，政治光谱在很大程度上决定着政策导向。

从联邦德国几十年的政治光谱来看，中右翼的联盟党所获议席始终在30%以上；50年代中期到90年代中期一直在40%以上，2013年也获得了41.5%的议席；1957年甚至达到了50%以上，达到了多党制国家的极致水平。中左翼的社民党占据联邦议院的席位虽然在2005年之前还保持在30%以上，但近年来迅速下降，到2017年甚至下降到了只是稍强于20%的水平。如果再把自由主义右翼的自民党大多数时间占据席位的比例5%—10%加到联盟党的议席上，明显可以看出，整个政治光谱呈现出中右倾向的压倒性优势。

表4.1　　　　　　　　　　联邦德国历任总统及其党籍

任期	总统	总统所属党派
1949—1954	特奥多尔·豪斯	自民党
1954—1959	特奥多尔·豪斯	自民党
1959—1964	卡尔·海因里希·吕布克	基民盟
1964—1969	卡尔·海因里希·吕布克	基民盟
1969—1974	古斯塔夫·海涅曼	社民党
1974—1979	瓦尔特·谢尔	自民党
1979—1984	卡尔·卡斯滕斯	基民盟
1984—1989	里夏德·冯·魏茨泽克	基民盟
1989—1994	里夏德·冯·魏茨泽克	基民盟
1994—1999	罗曼·赫尔佐克	基民盟
1999—2004	约翰内斯·劳	社民党

续表

任期	总统	总统所属党派
2004—2010	霍斯特·科勒	基民盟
2010	（代总统）廷斯·伯恩森	社民党
2010—2012	克里斯蒂安·伍尔夫	基民盟
2012	（代总统）霍斯特·泽霍夫	基社盟
2012—2017	约阿希姆·高克	无党派
2017 至今	弗兰克·瓦尔特·施泰因迈尔	社民党

资料来源：根据德国官方相关资料自制。

在实行议会制的德国，联邦议院当然是最能体现联邦德国政治光谱的表征，但联邦总统的党籍也是一个很有代表性的指标。因为按照选举法，联邦德国总统是由联邦大会选举的，而联邦大会是由联邦议院议员和由各州议会根据比例代表制原则选举产生的同等数量的州议员共同组成的，它不仅反映了联邦德国整体的党派倾向，而且也表明了各成员单位的党派倾向。

从表 4.1 中可以看出，在联邦德国近 70 年的历史中，联邦总统由社民党党员担任的时间只有 12 年，绝大多数情况下都是由联盟党党员担任，其次是由自民党党员担任。可见，联邦总统的任期也表现了鲜明的中右特点。

在德国特殊的选举制度（有利于大党的比例代表制）、政党体制传统（多党制）和政党格局（政治光谱偏右）下，联邦德国的政党政治还有一个值得注意的特点，那就是，除了联盟党在 1957 年因一党票数超过 50% 而单独执政外，其余各届政府全部都是联合政府。这些联合政府的光谱也只有 1969—1982 年呈现出中间稍微偏左的定位，也是联邦德国历史上唯一一段社会福利扩张的"黄金年代"；而 1998—2005 年虽然从传统的政治立场来看，本应当呈现出偏左的定位，但是在社民党总理施罗德的主政下，联邦德国偏偏开启了科尔之后削减社会福利的第二个时期。于是，总体上来看，联合政府也呈现出中间偏右的特点。

总之，由于德国政党政治整体上中间偏右的政治立场，社会福利的扩张从民主政治领域得到的支持性资源很少，民主制下的福利刚性很难形成。相反，整个政党政治始终具有一种节制社会福利的压力或对社会福利进行紧缩性改革的倾向。

第二节　长期执政伙伴自由民主党的福利政策

在联邦德国政治史上，有一个耐人寻味的现象常常被人们忽略：自由民主党虽然是一个小党，但在绝大部分时间里都是执政伙伴——不仅是联盟党的伙伴，也是社会民主党的伙伴；其除了在1998—2005年被新崛起的绿党夺去执政伙伴地位和在2013—2017年因未达到5%的门槛而没有进入联邦议院之外，其执政的时间甚至比两个大党都要长。

自民党的这种历史形成的地位对其竞选行为和社会福利政策有很大影响。民主制下的福利刚性学说认为，小政党大多没有上台执政的机会，或者是谋求提高支持率和获得执政党地位，这促使它们很容易做出短期行为，不负责任地许下提升社会福利的诺言。然而，德国自民党虽然是一个小政党，却和联邦德国一样，已经是一个有着近70年历史的老政党。不惟如此，它还在很多时间里都是执政党，无须为了赢得选举而做出过度福利承诺的短期行为。这也就意味着，自民党更容易从长期理性出发，或者从本政党一贯的、特有的纲领、原则和意识形态出发来制定社会政策，而不用为了迎合更广大的选民基础而修正自己的倾向。

就来源而言，德国自民党是前德意志人民党和前德国民主党在"二战"结束后合并而成的，而德意志人民党在魏玛共和国时期一直都是代表雇主利益的政党。合并之后，自民党的社会基础主要是中小企业主、农场主、高级职员、公务员和知识分子。① 总的来说，自民党人在政策立场上奉行自由主义，而且是古典自由主义。虽然他们作为执政联盟默认联盟党和艾哈德（当时是无党派人士）的"社会市场经济"理念，但他们更为信服纯粹的市场经济。

最初，自民党作为"第二保守党"而存在，也就是说，它的立场和当时的主要执政党联盟党相似，但是分流了联盟党的选民，迫使联盟党和本党组成联合政府，而不是让其单独执政。② 自民党人的主席特奥多尔·豪斯当选联邦德国第一任和第二任总统，确立了自民党在德国政治中的角色，也方便了自由主义在德国政府中的推行。在这个过程中，自民党人虽然在联合政府内，但艾哈德的"社会市场经济"理念在他们中间还没有引起强烈的反响。自民党成功地保持了自己的独立性，坚守拒绝社会政策和国家干预的古典自由主义立场，甚至为了社会政策的缘故不惜于1956年从联合政府中撤出。③

自民党的政策纲领在1957年联盟党单独执政后做了一些调整，在此基础上产生了《柏林纲领》。④ 据此，自民党明确承认"社会市场经济"，但它也明确与"马克思主义和社会主义试验"保持了距离，强调每个人的财产所有权必须得到保障。在社会政策上，自民党党纲指出，对于经济上的困境，公民自身应当承担责任，并依靠自身的力量予以解决。

1971年，和社民党组成联合政府的自民党在新的形势下提出了《弗莱堡论纲》，谈及了企业中的劳资共决问题，而且宣布奉行"社

---

① 吴友法：《德国现当代史》，武汉大学出版社2007年版，第331页。

② ［日］加藤秀治郎：《德国自民党》，伏龙译，《国外社科信息》1993年第15期。

③ Torsten Oppelland, "Freie Demokratische Partei", *Bpb* (*Budeszentrale für Politisches Bildung*) *website*, (Aug. 1 2018), http：//www. bpb. de/politik/grundfragen/parteien-in-deutschland/42106/fdp.

④ Friedrich-Naumann-Stiftung, Berliner Programm der Freien Demokratischen Partei (1957). *Archive des Liberalismus*, (March 2nd. 2017), https：//www. freiheit. org/sites/default/files/uploads/2017/03/02/1957aktionsprogammzurbundestagswahl. pdf.

会自由主义"（Sozialer Liberalismus）路线。《论纲》的第三个命题
（These 3）强调了自由主义思想家弗里德里希·瑙曼（Friedrich Nau-
mann）的两个原则：首先，"我们所有人就是国家"（Der Staat sind
wir alle），为此可以实施民主化，也可以推行一定的社会福利政策；
其次，"国家不可以什么都插手"（Der Staat darf nicht alles），为此必
须对国家干预保持足够的警惕，并且实施自由化政策，以避免社会
国家变成对社会生活和个人生活的全面渗透。① 自民党 1977 年的
《基尔论纲》②重申了"社会自由主义"必须保持市场经济结构的重
要性。在此期间，随着 70 年代石油危机的来临，自民党中的市场自
由主义派别（marktliberaler Flügel），包括当时的经济部长和后来的
党主席奥托·格拉夫·兰布斯多夫（Otto Graf Lambsdorff）在内，相
对于公民权—左翼自由主义派别（bürgerrechtlich-linksliberaler
Flügel）渐渐占据了优势，于是促成了自民党 1982 年与联盟党的合
作，也就是以不信任票的形式把社民党赶下了台。

1985 年，自民党通过了《自由主义宣言》③作为其新的政策纲
领。这个宣言充斥着对国家干预和社会渗透的否定言辞，几乎全篇
都在强调个人权利、个人责任和个体的自主性，诸如"不要指望国
家"、"个人自由促成人人自由"、"自由是我们的使命"、"拒绝监
管"等口号在宣言文件的边注中被概括和强调。在社会福利政策上，
自民党指出，联邦德国是一个只提供基本保障的社会国家，而不是
一个照顾国家（Versorgungsstaat）；国家的支持措施应当尽可能以去
除对社会保障的依赖性和复归独立性为目标。在这方面，应当缩减

---

① FDP, *Freiburger Thesen zur Gesellschaftspolitik der Freien Demokratischen Partei*
(1971). Bonn: Liberal-Verlag, 1971, pp. 1 - 87.

② Friedrich-Naumann-Stiftung, Kieler Thesen der Freien Demokratischen Partei. *Ar-
chive des Liberalismus*. (Aug. 18, 2016), http://fdp-sh. universum. com/sites/default/
files/uploads/2016/08/18/1977kielerthesen. pdf. .

③ Friedrich-Naumann-Stiftung, Das liberale Manifest der Freien Demokratischen Partei
(1985). *Archive des Liberalismus*, (March 3rd, 2017), https://www. freiheit. org/sites/
default/files/uploads/2017/03/03/1985liberalesmanifest. pdf.

国家责任，减少官僚制，推动私有化和充分发挥市场经济的作用（Friedrich-Naumann-Stiftung，2008）。从 1982 年到 1998 年，参与联合政府的自民党积极支持并促成了联盟党的福利削减措施。

自民党现阶段的政策纲领主要体现在 1997 年的《威斯巴登基本原则》（*Wiesbadener Grundsätze*）中，最新的政策指南则是 2012 年 4 月的《卡尔斯鲁厄自由论纲》（*Karlsruher Freiheitsthesen*）。在经济政策上，自民党奉行自由主义的社会市场经济原则，主张国家可以为市场经济的运行设定框架条件，但坚决反对国家的过度干预，赞成通过公共机构改革减少官僚制对经济的影响；主张私有化、减少管制，取消各种补贴。在财政政策上，自民党坚决主张减少国债，在不增加新债的前提下做到财政收支平衡。在社会福利政策上，自民党人认为个人应对自己的安全和保障负责，主张个人自由选择私人的保险项目，坚决反对国家过度干预和越权保障，他们的口号是"国家的作用仅限于必需，能减则减"（So viel Staat wie nötig, so wenig Staat wie möglich）。① 1998—2009 年，自民党首次被绿党取代了"万年执政伙伴"的地位，但其在联邦议院选举中的得票率从 6.2% 上升到了 14.6%，且维持平稳上升趋势。自民党对福利紧缩的倡导，与这一阶段社民党和绿党联合政府严厉的福利紧缩措施密不可分。2013—2017 年，自民党再次和联盟党组阁。根据联合执政协议，双方共同推动了以养老保险为核心的福利紧缩改革。②

总之，自民党在社会福利政策上仍然比联盟党更为倾向于最初的社会市场经济框架，认为国家对于公民福利既无太多责任，更无太大权力。作为雇主利益的代表，自民党倾向于缩小社会福利的规模，以减少工资附加成本和企业必须为此缴纳的税收和保险费。虽然由于联邦德国最终建立了福利国家，自民党人不得不对这样的现

---

① 参见 Jürgen Dittberner, *FDP-Geschichte，Personen，Organisation，Perspektiven. Eine Einführung.* Wiesbaden：VS Verlag für Sozialwissenschaften 2010。

② 华颖：《德国 2014 年法定养老保险改革及其效应与启示》，《国家行政学院学报》2016 年第 2 期。

实妥协，但按照基本纲领，他们最推重的是表2.1所示的残补型社会福利，对于绩效型福利只是有保留地接受，而对于普遍型福利则是坚决反对。毋庸置疑，自民党这个对社会福利制度抱持谨慎态度的政党的长期执政，阻碍了民主——福利刚性在联邦德国的形成。

第三节　社会民主党的定位及其福利政策的变迁

德国社会民主党是德国乃至世界上历史最悠久的政党之一，在德国各政党中也是社会福利制度的主要推动者。在一个半世纪多的发展历程中，随着社民党由革命党转变为改良党，再由体制内的阶级党转为体制内的全民党，乃至最近不断摇摆的定位，其社会福利政策也在不断变化。但从总体上看，社民党并不主张社会福利线性增长或不断扩张，而是在坚持社会福利体系长期存续的前提下，支持按照具体的条件对社会福利进行改革和调适。

社会民主党的前身最初是1863年成立的全德工人联合会（ADAV），本来还只是一个工会性质的半政治组织，主要受到拉萨尔的影响，后来形成了德国工人运动中的拉萨尔派。1869年，德国社会民主工人党（SAP）成立，由奥古斯特·倍倍尔和威廉·李卜克内西等人领导，在马克思主义的指导下，主张进行革命。1875年，这两派在哥达合并为社会主义工人党，并公布了以马克思主义革命思想和拉萨尔改良思想的妥协为基础的《哥达纲领》。1878年，俾斯麦政府公布了《反社会党人法》。社会主义工人党的活动被迫转入地下，以"工人运动俱乐部"等改头换面的形式继续活动。

当然，社会民主党人并非完全脱离政治。即使是在遭遇党禁的情况下，社民党也成功地参与了帝国保险立法活动。1881年，当德意志帝国国会探讨工伤保险时，社民党的领袖之一、革命的马克思主义者奥古斯特·倍倍尔以国会议员的身份建议：所有工人都有权获得工伤补偿；所有工伤保险基金由雇主负责；建议成立帝国工伤保险机构。1889 年，倍倍尔还起草了《关于修改老年和残疾社会保险法的草案》，向帝国国会提出了修改社会保险的建议：把养老金领取的年龄从 71 岁降低到 60 岁，缴纳保险的时间从 30 年减少为 20 年；把国家补贴的标准从 50 马克提高到 90 马克；放松领取残疾保险金的条件。① 但是在当时，社民党的主要目的并非改良，而是在特殊形势下争取工人的社会经济利益罢了。

1890 年，《反社会党人法》到期废止，社会主义工人党修改为现在的名称社会民主党，并在 1891 年公布了《埃尔富特纲领》，试图一方面坚持马克思主义的阶级斗争革命路线，另一方面又承认可以采取议会斗争的手段。这种矛盾的统一表明，革命派和改良派的妥协是不可持续的。但是，作为一个整体，社民党在帝国国会中的席位一直从 1890 年的 27.2% 上升到 1912 年的 34.8%，成为议会中举足轻重的力量。

"一战"末期，社会民主党人艾伯特面临着由社民党组织政府的诱惑，果断抛弃了革命路线和布尔什维克的工人阶级专政。彼时，改良派的艾伯特和卡尔·李卜克内西几乎是争抢着宣布共和国的成立，清楚地展示了社会民主党的分裂。实际上，这也是长期以来各种路线斗争的结果。1890 年，伯恩施坦就开始宣传其社会改良思想。作为一个整体，社会民主党在议会表决中对德国的战争预算案投了赞成票，这使其成为了一支正式融入体制的政治力量。② 此后，考茨基、李卜克内西、卢森堡等党内领袖各有不同的看法。革命派组织了斯巴达克同盟，这个同盟曾短暂地以保留组织的形式在独立社会民主党（USPD）中活动，后来演变为德国共产党，而分裂出来的独立社民党，后来又加入了社民党领导的魏玛政府，并最后加入

---

① 和春雷编：《社会保障制度的国际比较》，法律出版社 2001 年版，第 15—16 页。

② ［德］沃纳·普芬尼希：《政党转型：德国社会民主党的变革》，刘鹏译，《经济社会体制比较》2006 年第 1 期。

社民党。于是，德国左派政党又演变为社民党和共产党的对立。两党的严重分裂表现在，德共宁可和纳粹党合作，也不愿支持社民党。[①] 而社民党为了稳定政局，取得军方和各派力量的支持，也坚决同共产党展开对抗。这表明，在"一战"之后，德国社民党已经彻底转变为改良党。

作为改良党，社民党必须向无产阶级特别是向革命的共产党人证明，改良也能为工人争取到足够的政治经济利益。于是，社民党从一开始就确立了以社会福利扩张来争取工人和军方势力的目标。这也引起了社会福利水平的大幅提高和社会福利体系的发展。关于魏玛民主时期社会福利的扩张，不再赘述。此处值得一提的是，1930 年，社民党的米勒政府因关于增加失业保险缴费的投票失败而下台，导致了第二年，即 1931 年，持有不同看法的社民党人再次成立了社会主义工人党（SAP）。可见，不仅是社民党对于社会福利问题有影响，社会福利也是直接影响到社民党团结的一个重要因素。

在纳粹时期，为了反对法西斯主义，德国社民党曾和共产党短暂合作。但"二战"一结束，社民党的党主席库尔特·舒马赫（任期为 1946—1952 年）就提出社民党要与共产党坚决划清界限，并在联盟党和自民党组成联合政府的前提下，建议党走一条"建设性反对党"的路线，实际上，这就是对战前社民党政策的恢复。在联邦德国，共产党因为坚持革命而被完全取缔。这种政党环境使社民党成为资本主义民主政治中代表工人阶级利益的、体制内的"阶级党"。不过，它受到《海德堡纲领》的限制，还仍然宣称接受马克思主义的指导，在东西方尖锐对立的国际形势下，这种意识形态为社民党的上台造成了巨大障碍。

为此，1959 年，德国社民党在维利·勃兰特的领导下通过了

---

① Heinrich Potthoff, *Die Sozialdemokratie von den Anfaängen bis* 1945（*Kleine Geschichte der SPD*）, Bonn-Bad Godesberg: Verlag Neue Ges, 1974, p. 115f.

《哥德斯堡纲领》。① 这一纲领奠定了战后几十年社民党的原则立场，甚至到今天也还具有指导意义。这份纲领从总体上确立了"民主社会主义"的意识形态，其要点在于：在党的指导思想上放弃马克思主义，指出民主社会主义的思想来源是人道主义、古典哲学和基督教伦理，使社会民主党从理论到实践彻底确立了自己的改良主义性质；在党的基本价值方面，提出民主的社会主义就是"自由、公正、团结和产生于共同结合的互相承担的义务"；关于社会主义，指出这是一项长远的任务，实际上是将社会主义设定为长远目标而暂时地不予执行了，也就是说，党放弃社会主义改造和生产资料公有制；关于政治立场，党对共产党和无产阶级专政进行了严厉谴责，明确维护现存社会秩序；关于经济政策，党宣称拥护社会市场经济，接受市场竞争和雇佣劳动；关于党的社会基础，社民党已经不再认为自己是工人阶级政党，而是全体人民的代表。总之，社民党已经从体制内的阶级党转变成了体制内的全民党，也就是以选举为中心的政党。

在修改党纲之后，社民党在选举中的得票率不断上升，终于在20世纪60年代成为执政党。由于社民党实际上将社会主义的目标搁置，又将民主的社会主义解释为社会团结，推行社会福利扩张政策自然成了其施政方略的题中之义。而作为选举党，特别是刚刚放弃了只走工人阶级路线的全民党，社民党充分体现了民主制度下的政党选举对于社会福利扩张的正向作用，展示了民主—福利刚性的政党竞争源泉。

然而，社会福利扩张政策和凯恩斯主义经济政策的结果，却是德国在70年代后期的滞胀困境。社民党由于无法应对经济危机而下台。在危机发生之前，就有很多社民党党员离开母党创立了绿党（Die Grünen）。绿党对于社民党执政下的社会福利可谓深恶痛绝，其

---

① SPD, *Godesberger Programm*, (May 20th, 2018), https://www.spd.de/fileadmin/Dokumente/Beschluesse/Grundsatzprogramme/godesberger_ programm. pdf.

主张生态主义、参与民主和社会性自助，反对国家主义的、中央集权主义的、社会民主主义的福利国家。① 而绿党的党员和支持群体多来自白领、教师、公务员、工程师等中产阶级群体，他们往往从事收入较好的工作，生活处境较为优越，所以对他们来说，一般的社会福利不但不能增强他们的"获得感"，而且还加重了他们的"被剥夺感"，因为如果由他们自己来参加保险或经营理财，比从社会福利中分到的份额要更多一些。此外，这些中产阶级也更关心后物质时代的需求，例如生态保护、男女平等，等等。② 但是社会民主党表面上宣称是"全民党"，其实仍没有摆脱其依靠工人的传统政策。社民党向绿党的分流，鲜明地体现了社民党纲领和价值观的传统惯性。

这一点也体现在选举失败后社民党对其基本价值的反思上。1984 年，社民党埃森大会决定起草新的基本纲领，并成立了纲领委员会。1985 年，由前总理勃兰特领衔的"基本价值委员会"深入反思了德国社民党的立场，在 1989 年党的全国代表大会上提出并通过了所谓的"跨世纪纲领"——《柏林纲领》。

从内容上看，《柏林纲领》是对 1959 年《哥德斯堡纲领》的回归，甚或可以说，这种回归是对《哥德斯堡纲领》的"向左转"。总体上而言，这个纲领不再如《哥德斯堡纲领》那样把社民党作为全民党，而是声称该党是"左翼人民党"。首先，在党的指导思想方面，《柏林纲领》提出"基督教、人道主义、启蒙思想、马克思主义的历史和社会学说、工人运动的经验"，重提了被放弃的马克思主义，并强调了工人运动的重要性。其次，在党的基本价值方面，由于联盟党和自民党也宣称自由、公正、团结的价值观，社民党必须将其基本价值与其区分开来。它的做法是将自由、公正和团结予以具体的阐释，突出了社民党的重点，其中特别强调，团结同工人运

① ［日］山口定：《政治体制》，韩铁英译，经济日报出版社 1997 年版，第 167页。

② 王存福：《20 世纪 70 年代以来德国社会结构变迁与社会民主党由"纲领党"到"选举党"的转型》，《德国研究》2014 年第 1 期。

动有着紧密的关系。再次，关于社会主义，《柏林纲领》认为社会主义是其追求的目标，而且社会主义是自由、平等、没有阶级特权的团结的社会制度，指出要以取消特权和维护民主来建立社会主义社会。在社会福利方面，社民党强调其作为基本价值之一的自由原则"要求摆脱有损于人的尊严的依附以及摆脱贫穷和恐惧"，实际上并无更张，仍然是对1982年以前的社会福利政策的延续。[①]

事实上，《柏林纲领》虽然表面上提出了一些有新意的主张，但总体上来看，这些主张处于边缘地位，最有分量的反而是那些传统主张的"回声"。它并没有回应社会价值观的变化，也忽视了党内的声音。如表4.2所示，在社民党内，职员和公务员的数量越来越多，工人的比重越来越低，而这一纲领却在回归工人阶级的社会基础。其原因是，社民党在选举中的失利，促使老一辈领导人得势。例如，拉方丹等人就要求社民党恢复其左派的本来面目。[②] 但是，由于社会形势的变化，也由于党内的更新，这种意见必然是不稳定的，一定会进行新一轮调整。

表4.2　　**社会民主党党员职业结构的发展（1952—1996年）**　　（单位:%）

	1952	1966	1973	1991	1996
职员	17	19	21.9	26.6	28.0
手工工人	45	32	26.4	25.5	22.8
公务员	5	8	9	10.6	10.9
士兵	—	—	0.8	0.6	0.6
家庭主妇	7	16	9.9	11.8	11.2

资料来源：王喜云、时青昊：《新自由主义的陷阱——德国社会民主党的沉浮》，《理论月刊》2005年第7期。

---

① SPD. *Grundsatzprogramme des SPD-Berliner-Programm* May 20th, 2018. https：//www. spd. de/fileadmin/Dokumente/Beschluesse/Grundsatzprogramme/berliner ＿ programm. pdf.

② 赵永清：《从歌德斯堡到柏林——战后德国社会民主党纲领比较》，《国际政治研究》1994年第1期。

现实很快给出了回应。在公布《柏林纲领》后，社民党在全国和地方选举中依然遭遇败北。为此，社民党内部开始反思甚至反对《柏林纲领》。社民党重要理论家、党的基本价值委员会成员托马斯·迈尔在其1991年后的很多著作中指出，党应当废除"民主社会主义"这一口号，改用"社会民主主义"的传统提法。党的理论方面的灵魂人物之一、前总理维利·勃兰特的夫人宣称：西方将和社会民主党的社会主义"最终告别"。当然，在德国社民党内，这一建议引起了一些党员甚至是资深党员的强烈反对，但他们已经"无力回天"：对于这些争论，基本价值委员会只是发表了《社会主义——关于处理一个概念的困难》，表面上罗列了针对社会主义的不同观点，但并未做任何评论。这等同于实际上已经放弃了社会主义。[①]

这种提法的改变当然不只是宣传辞令的问题，而是反映了深刻的纲领和政策变革。原来的口号民主社会主义的主词毕竟是社会主义，其根本点在于，民主只不过是手段，社会主义才是目标；这种社会主义虽然同苏联和东欧共产党的社会主义政治和经济模式不同，但也是一种社会主义。然而，在苏东剧变的形势下，社会主义不仅在世界广大地方，而且在资本主义自由民主盛行的西欧更是遭受了重大挫折。与此相反，社会民主主义则意味着，民主成为社民党为之而奋斗的核心目标，而作为手段的社会制度也不再是社会主义，而只不过是各阶层的团结和互助，具体而言，也就是一定的社会福利而已。

社会民主党在短短几年之内，经历了纲领和价值观的颠覆式逆转，这一方面反映了党内尖锐的、严重的分歧，另一方面也反映了社民党针对变化了的社会形势无计可施，定位困难。然而，这种调整似乎还未到位。在20世纪末，施罗德被推举为社民党的总理候选人。他不仅抛弃了传统的偏左路线，甚至也超越了革新派的社会民

---

① 刘玉安：《从民主社会主义到社会民主主义——苏东剧变后西欧社会民主党的战略调整》，《当代世界社会主义问题》2008年第4期。

主主义，提出了新中间路线。

在这一点上，我们必须从领导人的角度来认识社会民主党纲领的巨大变化，正如必须从艾哈德个人思想和行为的角度来认识联邦德国初期的社会市场经济模式一样。艾哈德虽然同联盟党领袖阿登纳总理紧密合作，但他不属于两个执政党中的任何一个，而是无党派人士，只是在后来为了参加竞选的目的才加入了联盟党。同样，施罗德也不是在社民党体制内得到拥护的领导人。1997 年初，当社民党需要推举总理候选人时，施罗德在党内的形象很差，通过党内推举成为总理候选人几乎是不可能的。但在这时，著名的媒体，包括《世界报》、《法兰克福汇报》和《商报》在内，都开始发布有利于施罗德的民意调查。在这些保守派媒体上，他的形象被宣传成价值观现代化的政治家，是对死气沉沉的社民党进行锐意革新的人物。[①] 在基民盟的科尔总理执政多年而被预计必然下野的情况下，这些保守主义的报刊实际上是预料到社民党必然当选，因而及早在社民党内寻找符合其政策倾向的候选人，以图与之合作，或者助其当选。

更多地凭借媒体，而不是依靠党内体制当选，体现了德国政党政治的新特点。它反映了随着科学技术的进步，政党、政治家、民众、传媒等势力的新网络正在改变传统刻板的组织形式。这样一来，社民党的政治家可能不再那么依靠党内的支持，也不再那么依赖其传统的选民基础即工人阶级，而完全可以凭借个人魅力，通过媒介与民众互动从政党体制之外获得支持性力量，再从上而下地改变党的政策和社会基础。事实上，施罗德也确实是这样做的。借助媒体当选总理后，施罗德终于突破了党传统上依靠工人阶级和推行社会福利扩张政策的取向，将社民党变成了服务于中产阶级社会基础的现实主义路线。

1998 年，施罗德在阐述其竞选纲领时即指出，社民党的选民重点定位于新中产阶级，包括高级雇员、妇女、经理人、企业主、自

---

①　张慧君编：《施罗德与新自由主义》，《国外理论动态》1999 年第 6 期。

由职业者、信息技术工作人员、医生、工程师、技师、科学家等，而不是完全依赖传统的产业工人。[①] 上文已经说过，中产阶级的政策偏好是不支持社会福利政策。与此相应，施罗德也多次指出，将采取多种措施削减社会福利。2003 年 1 月，德国社民党在威斯巴登通过了一个非正式的声明，重申了依靠中产阶级的方针。同年，施罗德代表社民党在联邦议院推出了"2010 议程"作为全面削减社会福利的总纲领。施罗德内阁成员汉巴赫指出，德国将终结旧式的社会福利国家，社民党人将促使社会问题个人化，提倡个人自己照管自己命运的加尔文主义。[②] 不难看出，施罗德内阁在社会政策方面全面转向了减少国家干预、减轻国家责任、降低福利水平的方向。

2005 年，社民党左倾政策的支持者退出了社民党，其中就包括与施罗德具有同等地位的拉方丹。这些人联合一些资深的工会会员成立了"劳动与社会公正选举联盟"（WASG），对施罗德大幅削减社会福利支出的措施表示激烈抗议。后来，这一政党又联合其他小党，成立了左翼党（Die Linke）。面对又一次分裂，2007 年，德国社民党又通过了该党历史上第八份纲领《汉堡纲领》。[③] 从其主要内容上看，这份纲领是对施罗德之前诸纲领的一种回归，有着"朝左转"的意味，但其在社会福利政策上也吸纳了施罗德时期的施政方针。该纲领提出，应当建立预防性福利国家，及早明确个人对于自身福利的责任，并在个人责任和国家保障之间寻求平衡；但是，它也提出了实施公民保险的要求，希望扩大法定保险的覆盖面，要求自由职业者等高收入者加入法定保险。然而，在 2009 年大选中，社民党推出的总理候选

---

① 参见张文红《德国社会民主党的危机与启示》，《党建》2010 年第 7 期；以及张世鹏《历史比较中的欧洲"第三条道路"》，《欧洲》1999 年第 2 期。

② 布里吉特·H. 舒尔茨：《全球化、统一与德国福利国家》，刘北成译，《国际社会科学杂志》（中文版）2001 年第 1 期。

③ SPD, *Hamburger-Programm-Kurzfassung.* May 20th, 2018, https：// www. spd. de/ fileadmin/Dokumente/Beschluesse/Grundsatzprogramme/hamburger _ programm _ kurzfassung. pdf.

人施泰因迈尔却是"2010 议程"的执笔人，他明确表示自己是施罗德政策的代言人。显然，"让一个总理候选人去为自己并不完全赞同的纲领进行辩护，既是勉为其难，而且也不易奏效"。①

　　德国社民党一百多年的历史变迁使其从革命党变为改良党，又由体制内的改良党变为体制内的阶级党，接着又由阶级党变成了全民党，最后转变为反映中产阶级利益和要求的、自由主义和社会民主主义混合的政党，基本纲领和价值取向目前正处于摇摆的阶段。联邦德国成立以来，社民党中分化出了绿党和左翼党，不仅分散了其中产阶级的选票来源，也流失了其工人阶级的"票仓"。在社会福利政策上，德国社民党从德意志帝国时期对社会福利政策的有限度的争取，到魏玛民主时期最大限度地扩展社会福利，再到 20 世纪 60—70 年代部分地恢复和扩大社会福利乃至建立福利国家，又到 90 年代在社会福利问题上的摇摆，再到世纪之交以极其强大的力度推行社会福利改革，最后到目前在社会政策上的摇摆不定。总之，无论是社民党本身定位的变化，还是其缩小了的选民基础和影响力，抑或是其社会福利政策在曲折中向紧缩方向前进的发展，都足以表明，作为德国各政党中推动社会福利扩张的大党，社民党并无一贯的加剧社会福利刚性的动力和能力。

第四节　治理主义政党联盟的出现与福利政策的长期理性

一　民主 vs. 治理思维的缺陷与治理主义政党联盟的视角

　　民主政治下福利刚性生效的一个重要逻辑，就是政党竞争必然引发短视的选举行为，而不是着眼于长治久安之长期理性的治理行

---

　　① 张文红：《德国社会民主党基本纲领（汉堡纲领）》，《当代世界社会主义问题》2007 年第 4 期。

为。归根结底，这种论证就是把民主和治理对立起来，认为要民主就不会有治理，要治理就必然牺牲民主。然而，这种非此即彼的论断并不符合事实。

那种仅仅为了短期上台而许下福利承诺的行为主要发生于其中的制度环境是：民主制度尚不稳固；或者政党林立，没有形成较大政党；或者是在某一段时期，左倾的小政党在选举中取得了优势。对于相当一部分西方民主国家来说，其民主制度已经稳定运行了至少几十年时间，政党制度和政党格局已经相对固化；选举虽然仍很重要，但已经只是民主政治中的一个组成要素；政治生活的重心正在转向治理主义，即以解决现实问题和谋划长远发展为核心，而不是统治主义，即以争取执政地位为主要目标。无论是主要政党，还是它们的高层领导人，都已经调整了其行为模式，以适应这种新的形势。

大多数情况下，政党得以执政也只是在民主化的条件下才有可能，而民主化在大多数西方国家的实现还只是一百多年前甚至几十年前的事，因此，世界上大多数政党参与并执掌国家政权的时间较短，很晚才形成相对固定的政党政治和政权运行紧密联系的模式。但是，政党作为一个有影响力的政治现象和政治概念，却远比民主制度更为悠久。例如，在英国，政党曾是君主和议会斗争的一个产物，但更是政见不同的贵族和资产者在组织上分化的一个产物，而现代民选的内阁首相，不过是贵族代表—君主的首席家臣与民主程序选出的政府首脑合二为一的结果而已。

马克斯·韦伯很早就注意到了这一现象。他认为，相对于大众民主选出的克里斯玛型的政治家，训练有素的内阁政务官在专业理性方面更具有优势。不仅如此，他还在《以政治为业》中指出，英国议会民主制的发展实际上是内阁领导议会中的多数派政党，而不是反过来由作为母体的政党来领导内阁这个委员会式的机构；同时，内阁揆首也领导着内阁，进而领导着整个政党。此外，英国议会里非常发达的委员会制度，要求任何有意进入领导层的政治家必须参与委员会的工作。这种工作从提出委员会报告到公开探讨这些报告中建议，发挥了选取实用人才的效果，使得几十年来内阁中的重要成员，都获得了真实和有效的训练，淘汰了只是会以鼓动的方法在民众中赢得欢心的演说家。[①] 英国政党的这种发展表明，一旦政党得到长期发展，它不仅会在内部结构上形成少数精英领导多数党员的情况，而且也能够培养出有从政经验、易于从长期理性出发的官僚型政党精英。一旦政党的发展达到了这种境地，民主制下的福利刚性就难以形成了。

当然，这种治理主义取向也是政治代表机制和代表理论发展的一个结果。代表理论的一个经典争论是关于代表的角色定位及其与选民的关系，即代表究竟是应该听命于选民，还是应该保持独立性。[②] 在现代代议制民主政体中，不论是议员还是其他类型的政治家，代表从民主理论上说都应当是汇聚和表达选民意志的"传声筒"，或者用公共选择理论的语言来说，选民和代表之间是一种委托和代理的关系。但是，议员也并非没有相对自主权。一是选区内的选民意志并不总是一致的，议员在表达其意见时必须有所取舍，这就有了自由裁量的空间。二是代表并不总是讨论选区的事情，在更高一级的议事机构里，他其实代表的是这一级的整体利益，对此，选民是不能总是给予指示的。三是代表在议事过程中要和其他代表进行利益交换，有时还会以暂时牺牲本选区利益来换取更大利益，这种交换在时时听取选民指示的前提下根本无法达成。四是由于技术、成本等现实条件，选区也并不能总是开会来表达意见，代表也无法时时收集意见，所以他必须临机处置。如此这般，代表必定是有相当大的独立性的。

事实上，真正的过程并不是选民形成看法后再选举代表，而是

---

① ［德］马克斯·韦伯：《韦伯作品集 I：学术与政治》，钱永祥等译，广西师范大学出版社 2004 年版，第 215、241 页。

② 参见［美］汉娜·费尼切尔·皮特金《代表的概念》，唐海华译，吉林出版集团有限责任公司 2014 年版。

有几个政党根据自己收集到的信息和立场事先形成政策，然后再由选民来投票。这样一来，代表的独立性便要转让于政党，而如果这个政党经过了较长时间的发展在一国的政党格局中取得了较为稳定的地位，其相对于选民的独立性便更强了，从而易于培养长远的理性眼光和使政治保持理性运行的能力。就这里讨论的福利刚性问题来说，政党的独立性使其在很大程度上有能力拒绝选民的非理性需求，因而，所谓的民主—福利刚性问题就不容易发生了。

现实政治和政治理论的另一种发展也推动了治理主义政党联盟的产生。现代民主以及现代民主理论基本上是围绕着选举民主、代议民主和协商民主的讨论而展开的。选举民主和代议民主的种种问题促使学界和政界转向了对协商民主的关注。协商民主理论认为，存在一个公共领域，在这个领域内，民众可以参与政治，进行协商和探讨，而不只是投票。协商民主的目标是达成共识，而不是简单的利益聚合。协商民主预期可以实现下述作用。[①] 首先，协商可以弥补信息不足，导致公民偏好的修正，促成共识的达成，或至少促进分歧的减少；其次，协商本身也是公民教育的过程，可以培养公民意识；第三，在公共协商过程中，公民的认识水平得到提高，可以达到理性决策的目的；第四，协商民主的过程有助于人们形成共同体或者增加共同体的凝聚力；第五，由于协商过程中的认同和共识，决策可以得到更彻底的执行。显然，协商民主理论所探讨的民主是更高层次的、更为完善的民主。

然而，现实政治和实证研究更关心的只是这种协商民主的一些要素，而不是谋求以协商民主取代选举和代议制，其中，尤为引人注目的是政党之间的协商。在一些国家，长期存续的政党，特别是在多党制下多次联合执政的政党之间，以及在政党和选民之间，发展出了一种协商文化。这种协商文化使它们不再执着于选举和自己

---

① 参见何包钢《民主理论：困境与出路》，法律出版社 2008 年版，第 243—248 页。

所代表的狭隘的选民立场，而是正如协商民主理论所暗示的，聚焦于现实问题的治理和解决。在这种情况下，社会福利虽然不会急遽削减，但是会在协商中达成某种妥协，不会使社会福利不断扩张，甚至形成刚性。

近年来，政党研究对于治理主义取向的政党极为重视，已经将其与单纯的选举取向的政党区分开来了。政党研究专家萨托利将政党分为精英党（立法与选举党）、选举群众党和组织群众党，其中，组织群众党的功能主要是政治动员，而不是选举，其从组织上已经全面官僚化。[1] 他还从政党体制的角度提出了"政党国家（party state）的概念，并从国家和社会关系的角度指出，政党国家体制中不允许次体系的自治，不是由社会塑造政党，而是政党塑造社会。[2] 乔纳蒂则将从科层组织的角度对政党国家体制在各个方面的结构进行了剖析，其中特别值得注意的是，政党在非政党机构中建立政党组织，以党纪约束党员，确保其执行党的纲领，实际上也就意味着国家公职人员由党员来充任。[3] 诺依曼把政党分为个人代表党和社会整合党两类，后者已经不再以选举为重点，而是更加关注国家的发展。[4]

在这方面，最具代表性的理论是卡茨和迈尔的卡特尔政党理论。他们在 1995 年的一篇文章[5]中指出，政党可以分为精英政党、群众政党、全方位政党和卡特尔政党（Cartel Party）四大类型。卡特尔

①　Giovanni Sartori, "Party Types, Organization and Function", *West European Politics*, Vol. 1, No. 1, 2005.

②　［意］乔万尼·萨托利：《政党与政党体制》，王明进译，商务印书馆 2006 年版，第 72、74 页。

③　［匈］玛利亚·乔纳蒂：《自我耗竭式演进——政党—国家体制的模型与验证》，李陈华等译，中央编译出版社 2008 年版，第 9 页。

④　Sigmund Nermann, "Toward a Comparative Study of Politics", in Andrew J. Milnor ed., *Comparative Political Parties: Selective Reading*, New York: Thomas Y. Crowell Company, 1969, pp. 30 – 40.

⑤　Richard Katz and Peter Mair, "Changing Models of Party Organization and Party Democracy. The Emergence of the Cartel Party", *Party Politics*, Vol. 1, No. 1, Jan. 1995.

政党其实与政党国家的概念有异曲同工之妙，它概括了 20 世纪 70 年代至今西方一些国家政党与政权的紧密关系。在此之前，政党经历了从精英政党到群众政党，再到全方位政党的发展阶段。精英政党主要存在于 20 世纪以前，关于这种政党类型，在 19 世纪约翰·斯图亚特·密尔的《代议制政府》中有明确的论述。群众政党虽然在法国大革命中已经有一定的征象，但主要是随着 19 世纪末和 20 世纪初的工业化和民主化进程才得以稳定下来的政党类型。实际上，马克斯·韦伯和熊彼特等人在 20 世纪初期的时候就对精英政党和群众政党各自的优势和劣势有所论述。尽管他们青睐精英政党，但也致力于将这一理念与大众民主的时代进行调和。群众政党真正确立下来，大概已是"二战"以后的事情了。但是，群众政党还不是全民政党，而是以某些社会阶层作为其社会基础的。然而，随着战争的结束、长期的和平和社会各阶层在发展中的不断融合，特别是随着社会福利体制的建立和阶级矛盾的缓和，各个政党开始以全民代表的口号来竞取执政地位，于是，政党类型也进入到全方位政党（catch-all party）时代，基希海默的研究①反映的就是这种变迁。

在全方位政党之后登场的卡特尔政党具有这样几个特点。一是政党国家，政党与国家相互渗透，政党在资金上依赖于国家支持。二是党际关系中的合作关系多于竞争关系。三是在政党内部组织上，政党由专业政治精英的小圈子主导，这些精英以获得权力和任命职位作为其职业目标，通过为政党领袖或候选人服务而效忠政党。四是在政党与群众关系上，政党不再依赖于党的各个层级和积极分子与群众建立和维持联系，而是直接诉诸虚拟化、媒体化的手段。这样一来，政党实际上已经不那么担心选举获胜的问题了，因为政党格局基本稳定，即使一两个任期没有执政，未来的某一次选举也可能执政；更何况，还可以两党甚至多党联合执政。当然，不论是政

---

① 参见 Otto Kirchheimer, "Der Wandel des westeuropäischen Parteiensystems", *Politische Vierteljahresschrift*, Vol. 6, No. 1, March 1965。

党国家还是卡特尔政党，主要是以一些议会制国家特别是实行比例
代表制的国家为经验基础而提出的概念。

对于这些政党来说，短期的、某一次的选举胜利并不是焦点，
能够解决问题以利于将来执政才是中心问题。这种治理主义取向对
于理解社会福利改革是很重要的，因为一旦不再仅仅纠结于选举获
胜，各政党更强调联合，那么不论是卡特尔政党，还是政党国家，
至少从经济学的观点来看，都是政权垄断者面对着分散的选民，自
然而然地就具备了抗拒刚性福利需求的优势。另一方面，在实行民
主制度的条件下，即使进行福利紧缩改革会遭到选民抵制，但一个
有意或有条件长期执政的政党会尽力促成相关行为者的改革联盟，
通过共识和信任来共同分担改革成本，减轻短视的民粹主义压力和
中期的政治利益，推动福利制度的可持续发展。① 这个视角对于我们
认识联邦德国的政党变迁和福利紧缩改革的关系尤为贴切。

二　治理主义取向的政党对德国福利改革的影响

在联邦德国，几十年民主政治的稳定运行，使得德国形成了治理
主义取向。促成这种取向的是一个治理政党联盟，这个政党联盟主要
是基民盟和基社盟组成的联盟党以及社民党这两个大党，在多数时候
也包括自民党。这三个政党都是长期存续，并且执政时间较长而执政
经验较为丰富的政党。如同日本的"五五体制"一样，这种政党格局
常常被称为"两个半政党体制"。日本的五五体制在日本战后的恢复
和繁荣中起到了重要作用，联邦德国的这种体制也为该国在社会市场
经济、社会国家和民主政治方面的优异表现做出了贡献。

---

① Alan Jacobs, *Governing for the Long Term. Democracy and the Politics of Investment.*
Cambridge：Cambridge University Press 2011. Markus Crepaz, "Consensus versus Majoritarian
Democracy. Political Institutions and Their Impact on Macroeconomic Performance and Indus-
trial Disputes in 18 Industrialized Democracies", *Comparative Political Studies*, Vol. 29,
No. 1, Feb. 1996; "Inclusion versus Exclusion：Political Institution and Welfare Expendi-
ture", *Comparative Politics*, Vol. 31, No. 1, Oct. 1998.

20 世纪 70 年代以来，联邦德国的政党格局使这三个政党不再囿于选举政治的竞争关系，而是根据具体的社会现实将它们的政治力量与国家政权深度结合，不断进行改革，推动了德国社会经济的发展与进步。对于联邦德国这种治理主义取向的政党的特点，我们可以从政党—国家关系、党内组织、党际关系、政党—社会关系的角度来进行分析。

首先，从政党—国家关系来看，这几个政党（特别是两个大党）与国家之间的相互渗透越来越强烈，已有政党机关取代国家机关的趋势，国家机关之间的制衡机制让位于协调机制。这主要表现在以下几个方面。

第一，政党的地位在宪法中得到了保障。《基本法》第 21 条做出了对政党合法地位的明文规定，这在西方国家的宪法中是很少见的，这意味着政党的存在和活动在德国获得了宪法的保障。此外，联邦宪法法院曾在一个判决中指出："当代的民主政体都是政党国家。"以此为根据，德国公法理论承认，政党带有国家机关属性。[①]

第二，这几个政党对代表特定阶层的兴趣越来越少，对于履行公共职务的兴趣越来越大。除了社民党之外，联盟党和自民党也宣称自己是全民党，都秉持自由、公正、团结的基本价值（只是顺序不同）。[②] 基督教民主联盟的社会基础本来是企业主、独立经营者、公务员和知识分子，基督教社会联盟的社会基础则是职员、农民、公务员、独立经营者、工人，两党主要代表大资本家、大银行家和大农场主的利益。[③] 但 1978 年的《路德维希港纲领》和 1994 年的《汉堡纲领》中的第一句话都是"基民盟是一个人民党"，面向"德

---

① ［德］埃弗哈德·霍尔特曼：《德国政党国家：解释、发展与表现形式》，程迈译，中国政法大学出版社 2015 年版，第 8、11、14 页。

② 详见康拉德·阿登纳基金会网站列出的基民盟各个阶段的纲领文件 Konrad-Adenauer-Stiftung, *Grundsatzprogramme*, （date unknown）, http：//www. kas. de/wf/de/ 71. 9132/。

③ 吴友法：《德国现当代史》，武汉大学出版社 2007 年版，第 330 页。

国各个阶层和群体的所有公民"①。因此，它们谋求对民主国家公共
职务的全面占据，包括政务官、高级法官、公共媒体领导等。②

　　第三，国家对大政党进行资助，成为后者的主要财源。由于小
政党的威胁，两个大党共同推动联邦议院通过了一项法案。据此法
案，所有政党都可以得到政府财政资金的资助，资助的金额数量取
决于政党在议院中所获议席的数量。这一拨款法案虽然受到了挑战，
但根据联邦宪法法院的裁定，对政党的拨款促进了公共事务相关工
作，有助于提高公民的政治意识。因此，这一得到立法机关和宪法
裁定支持的拨款法案获得了充足的合法性。具体到操作层面上，政
府拨款并不是直接拨付给政党，而是支持政党的政治基金会。③ 国家
资助占政党资金来源的比例一般占到50%，如果再算上税收优惠和
对议员的补助可以占到60%。显然，这种资助通过物质联系加强了
"两个半政党"对国家的渗透。

　　第四，政党是官职分配的决定者，也是政治人物历练和上升的
唯一渠道。例如，据统计，1949—1992 年，141 个部长中只有 3 位
无党派人士。

　　第五，无论在议会中，还是在内阁中，非正式的政党指令和政
党之间的协调是重要决策的几乎唯一的来源，而国家机关的正式程
序只不过是"走过场"。在议会中，最重要的角色是由议会党团扮演
的，更确切地说，是由议会党团的主席、副主席和执行秘书长等核
心领导组成的很小的圈子决定的；各政党议会党团对应各议会专门
委员会设置专门小组协调彼此立场，重要事项由议会党团在闭门会
议中做出，而联邦议院的公开大会只是为了达到法定投票人数才会

　　① 张文红：《谁是人民党：德国两个主流政党的定位问题》，《当代世界与社会主
义》2008 年第 2 期。

　　② Hans Herbert von Armin, "Entmündigen die Parteien das Volk? Parteienherrschaft
und Volkssouveränität", *Aus Politik und Zeitgeschichte*, Vol. 21, 1990, pp. 25 – 36.

　　③ ［德］沃纳·普芬尼希：《政党转型：德国社会民主党的变革》，刘鹏译，《经
济社会体制比较》2006 年第 1 期。

有议员出席，且议员在这个场合的个人发言都是受到党团指导的，并无太多自主权。联邦议院的法案大多由内阁提供，内阁在形成法案草案前已经进行了所有的沟通工作，议院对法案的审读也很少像传统的程序那样经历"三读"，一般只有"一读"和"二读"，而且两次审读的时间通常相隔很短。① 政党俨然已经成为事实上的国家机关，而形式上的国家机关则已被架空了。

第六，在政治实践中，政党频繁连续执政为政党和国家的整合提供了条件。联邦德国的大党轮替执政的时间一般会很长。1949—1969 年，联盟党连续执政达 20 年；1969—1982 年，社民党连续执政达 13 年；1982—1998 年，联盟党连续执政达 16 年。1998—2009 年，社民党连续执政达 11 年；2005 年至今，联盟党已经执政达 14 年；此次谈判组阁成功后，联盟党有望连续执政达 16 年。大政党的这种"超长执政"模式为政党和国家的相互适应提供了充足的时间和机遇。在这方面，更不用提"万年执政党"自民党了。

其次，从党内组织来看，公职党员的地位决定了党内的等级体系，少数人对多数人的行政领导色彩鲜明，党的领袖（特别是在担任总理时）拥有巨大权力，党内民主相对缺失。这体现在如下几个方面。

第一，公职人员在政党中的比重持续上升，且公职人员享有较高地位。公职人员的比例上升在几个政党中都存在，社民党的例子见表4.2；自民党因为长期执政，党内的公务员比例高达22%，比两个大党要高上10%左右。除了公职人员比重增加这一点外，公职人员在党内的地位也非比一般。几个政党的党内各级组织由各种委员会组成，一般委员由选举产生，但还有许多委员无需选举，凭其担任的公职而自动占据职位，如联邦和州的议会党团主席、州长、内阁成员就属于此类。

第二，几个政党日益表现出党的小圈子领导全党各个层级组织

---

① 参见［德］沃尔夫冈·鲁茨欧《德国政府与政治》，熊炜、王健译，北京大学出版社 2010 年版，第 74—79、174—181、191—199 页。

的现象。几个政党的规模都很大，两个大党都有几十万党员，即使是党代表大会也有几百人参加。这种情况导致有行动能力的团体在大会期间由人数只有十几个人的主席团主导；在大会之后，他们则组成核心的决策小圈子，决定联邦层次和全党的重要事项。在各个层次直至基层，决策也都是由小圈子做出的，一两年才召开一次的党代表大会只是起到对小圈子决议的认证作用，几乎不会对这些决议做任何修改。这些小圈子的成员多次担任党代会的代表，掌握着党内的人际关系网络，并通过议员授权、政府职位、政治公务员职位和付薪水的协会干部等方式加强了其职业化色彩，他们对其相应层级和下级的党组织以一种类似行政指导的方式开展工作。①

第三，在政党内部，党的领袖特别是当选总理的领袖享有极大的权威，强化了自上而下的领导模式。这一方面是因为在根据宪法设置的国家机构中，总理独享联邦议院大选产生的合法性，其他官员包括部长都只能与其合作；另一方面也是因为70年代以来的变化。随着传媒的发展，党的领袖和总理成为媒体政治新闻关注的焦点，拥有很多的机会去直接对选民产生影响。在这种情况下，党的领袖和总理本人就代表着整个政党，是政党在大众面前的"化身"，这赋予其独一无二的超凡魅力。值得一提的是，施罗德本来在党内并没有被推选为总理候选人，但是媒体对他的宣传促使社民党把他推举为总理候选人。总理的这种地位，鲜明地体现在总理府的扩张上：在魏玛共和国时期，总理府只有70个职位，2005年竟已达到了433个职位。② 党的领袖和总理的强势地位，进一步强化了这种"金字塔"体系自上而下领导路径的稳定性，而党内由下而上的民主选举路径已经严重失效。

再次，从党际关系来看，为新政党设置障碍，大党频繁组阁形

① 参见［德］沃尔夫冈·鲁茨欧《德国政府与政治》，熊炜、王健译，北京大学出版社2010年版，第119—132、206—212页。

② 参见［德］沃尔夫冈·鲁茨欧《德国政府与政治》，熊炜、王健译，北京大学出版社2010年版，第119—132、206—212页。

成定例，以及以非正式的党际协商小圈子取代正式协调机构等巩固了政党对国家政权的垄断。

第一，"选票门槛"相对固化了政党与国家的重合模式。根据现行选举法，政党只有在联邦议院大选中得票率超过5%或者三个直选议席才能进入议会。这个条款表面上是为了防止出现魏玛共和国时期小党过多以致无法形成有效多数的情况，实际上只是"两个半政党"为了防止小党进入议会而采取的预防措施，因为即使是小政党自民党，在多数联邦议院选举时得票率也是超过5%的。这个门槛的设置，其客观效果倒不在于硬性的5%门槛是否能达到，而在于它对选民的引导作用。实证研究证实，这个门槛可能会导致小党的选票分散，也就是说，选民第一票和第二票所投政党不是一个。这意味着，选民可能担心第一票达不到门槛要求，所以他们会把票投给大党候选人，这样来表达他们期望的联合政府由哪些党派组成。① 为此，自民党选民往往将第二票投给联盟党或社民党，当然，两个大党也可以通过第二票选择它们希望合作的小党。所以，这个门槛制度实际上在强化两个大党垄断地位的同时，也在相当长的时间内维护了"两个半政党体制"的稳定性，使联合政府的组阁权在这几个政党之间流转。

第二，近期频繁产生的大联合政府正在塑造政党国家的新格局。在2000年之前的联邦德国，一般情况是由两个大党中的一个和小党（特别是自民党）组成联合政府，两个大党组阁的大联合政府只出现过一次，但在最近的选举中，大联合政府已经出现了两次。在2017年的选举后，联盟党本来试图与小党组阁，但在谈判破裂后，默克尔和社民党的舒尔茨又达成了谈判协议。经过社民党党员批准，联邦德国产生了第四个大联合政府。这样一来，新世纪的头二十年，便已经产生了三届大联合政府，民主制下的政党轮替逻辑似乎要让

---

① Jan van Deth et al, eds., *Die Republik auf dem Weg zur Normalität*? Opladen: Leske & Budrich 2000, p. 194.

位于政党长期垄断政权的逻辑了。

第三，政党之间的小圈子协商取代议会这个代议制民主的表面上的中心，成为德国政党国家的实际决策者。由于联邦德国绝大多数政府都是联合政府，在最高决策层形成了一种惯例，就是将重要议题从内阁转到非正式的党际协调关系中处理。1961 年，联盟党和自民党通过签署联合执政协议，设立了一个联合执政委员会来协调彼此的立场，以做出针对重要问题的决策。[①] 但由于这个委员会中只有议会代表而无政府代表，所以并未成为决策中心。1962—1966 年，决策中心其实是"执政联盟会谈"。1966—1969 年，联盟党和社民党的若干重要成员组成的"克莱斯布隆圈子"（Kreßbronner Kreis）成为决策中心。自此到科尔执政结束，执政联盟会谈一直是最重要的决策中心。默克尔上台以来，联合执政委员会得以恢复，并成为决策中心。这些小圈子一般由总理、重要的部长、联合执政党的主席、其议会党团的主席和执行秘书长等出席。自 1980 年以来，除了红绿联合政府之外，执政党之间签署的联合执政协议都予以公布，成为一届任期之内最重要的政策宣言和发展规划文件。执政联盟协调小圈子成为决策中心，联合执政协议作为最重要的政策指导文件，已经形成了惯例，表明政党协同治理的机关和机制正在一步步侵蚀正式的国家统治和政府管理的空间。主要政党之间联合执政的实践和惯例，在一定程度上弥补了民主制度只是专注于短期利益的缺陷，有助于政党树立清晰、长远的施政目标，培育侧重于经济社会发展的治理主义取向。

复次，从政党和社会的关系看，政党日益依靠传媒的宣传来动员群众，群众的传统参与日渐式微，而作为政治活动中心的选举，

---

① 参见德国联邦议院网站关于联合执政的介绍 Deutscher Bundestag, "Parlament und Regierung-Koalitionsvereinbarungen und Koalitionsausschüsse", *Das Datenhandbuch des Bundestages Datenhandbuch*（Jan. 17th, 2019），https：//www. bundestag. de/blob/196262/ 6d001c8817f2bbb05d2bc2bc6a70ebd4/kapitel_ 06_ 10_ koalitionsvereinbarungen_ und_ ko-alitionsaussch_ _ sse-data. pdf。

也呈现出专业化、短期化的色彩，并在选举中自动筛选了选民群体。其总的结果是，政党的官僚化、理性化色彩更加浓厚。

第一，政党高层依靠媒体进行宣传和动员，党工联系社会基础的传统方式不再受欢迎，党组织中的常设委员会和执行机关权力扩大，官僚制色彩渐强。在电视媒体发展起来以前，政党与选民的交流主要依靠各级党组织的工作人员，特别是基层党工。20世纪60年代以来，电视媒体兴起，为政党宣传动员提供了新的渠道。乡镇一级担任市长职务和乡镇政府的党员、地区一级担任州长和部长的党员，以及联邦一级的总理和政府部长可以经常在媒体上出现，得到很多关注。20世纪90年代以来，政党向新闻组织渗透，大举收购媒体作为其党产。社民党建立起庞大的"传媒帝国"，参股了《法兰克福评论报》等，而联盟党和自民党则参股了《世界报》、《法兰克福汇报》和《商报》等，各自均掌握了重要的全国性媒体来宣传党的主张，并向选民传达其领导人的看法。更重要的是，一些传媒表现出主要政党联合控股的趋势，如在《西德意志汇报》的股权结构中，社民党财团和保守党财团各占一半的股份。① 近年来，随着互联网的兴起，政党可以通过电子邮件、社交媒体、移动通讯软件等与选民进行互动，政党的各级积极分子的作用越来越小。② 这样做的一个结果，就是选民与各级常设委员会和执行机关即担任政府公职者的直接交流越来越方便，权力从整个党组织向各级官僚转移，而全党权力则向党的中央机关转移，体现出集权化的趋势。

第二，群众参加党的活动的热情降温，党员和非党员的界限越来越不清晰。在政党变得官僚化的同时，群众参与政党的积极性降低。其明显的征象是，党员人数在萎缩，社民党从党员数量来说一向是第一大党，但其党员也从1990年的94万迅速下降到了2007年

---

① 参见［德］沃尔夫冈·鲁茨欧《德国政府与政治》，熊炜、王健译，北京大学出版社2010年版，第158—163、334页。

② 罗云力：《德国社会民主党的传媒党化》，《当代世界与社会主义》2006年第1期。

的 54 万，2017 年据说只有 40 多万；而联盟党党员也从 1990 年的 78
万锐减为 2007 年的 53 万，现在可能也只有 40 万左右。[①]

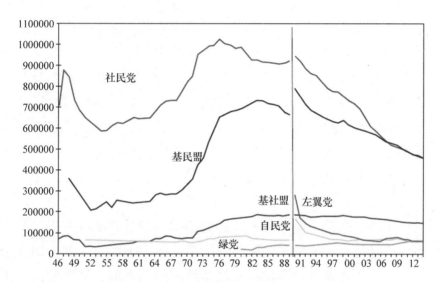

图 4.2　1946 年以来德国各政党党员数量的变化（单位：人）

数据来源：O. Niedermayer O. , *Parteimitglieder in Deutschland*：*Version* 2015. Berlin：Arbeitshefte
aus dem FU Berlin Otto-Stammer-Zentrum, 2015, p. 25.

　　另外一个表现是，只有一半党员愿意积极参加党的活动，而参
加政党各种会议的党员更是 20% 都不到，甚至只有 10%。[②] 此外，
因为各级党工流失，存在着巨大的缺口，于是几个政党开始尝试给
予非党员临时党籍，[③] 致使党员和非党员的界限越来越不明显。群众
加入政党的人数减少，政党本身的党工缺乏，使得群众对党的活动
的参与越来越少。一般而言，在这种情况下，政党的官僚化色彩会
更加浓厚。

────────────

　　① 参见伍慧萍《德国政党体制的变迁》，《德国研究》2008 年第 1 期。
　　② 参见［德］沃尔夫冈·鲁茨欧《德国政府与政治》，熊炜、王健译，北京大
学出版社 2010 年版，第 120—121、140、161 页。
　　③ Wofang Günther ed. , *Sozialer und Politischer Wandel in Oldenburg*，Oldenburg：
Heinz Holzberg, 1981, pp. 274 – 280.

　　第三，选举活动呈现专业化、短期化特征，并且会对党的支持力量进行自动筛选。根据关于西方民主的流行看法，选举应当是政治活动的中心。诚然，选举仍然很重要，但很难说它是选民表达真实意愿的场合了。选举的特征是以票数来取胜，能多赢取一票就算一票，因此，政党会尽可能地引起选民的注意，不会去深入交流或试图转变选民的立场，而是适应选民本来已经形成的态度和看法。为此，选举会强烈地依靠民意调查机构。各个政党都有自己属意的民调机构，但谁的财力雄厚，谁就能得到最真实的民意，并有针对性地提出自己的政策口号。在这方面，联盟党和社民党显然更有优势。有人甚至质疑，联邦议院选举是不是已经变成了"民调民主"（Demoskopiedemokratie）①。另一方面，政党也会雇用专业的团队来规划选举的策略乃至整个进程，包括选举的口号和各种有吸引力的活动，情绪化、形象化、娱乐化的选举设计力求在短时间内感染选民。对大多数普通选民来说，对政策纲领的深入的、理性的探讨是无效的，竞选文件根本没有人认真去阅读，更谈不上研究了；不过还有一些受教育程度高、职业地位高和对政治感兴趣的选民以及和教会联系紧密的选民对选举和其他的政治性活动的参与程度较高，形成了有自己见解的选民群体。这样一来，选举就自动进行了筛选，容易受非理性因素影响的选民则以非理性的短期策略来影响和适应他们，有长期政治兴趣的理性选民则自己有自己的立场。最终的结果，是政党的选举承诺并没有那么多人重视，相反，政党切合实际的理性的治理策略，则和选举并无太大关系。

　　联邦德国政党政治的这些变化，促成了政党体制出现了这样一些新的特点：（1）主要政党与国家的关系更加紧密，政党国家已经成型。（2）主要政党本身呈现出自下而上集权、自上而下行权的结构转型，官僚化、职业化色彩日益浓厚。（3）主要政党之间结成联

---

　　①　Alexander Gallus, "Wahl als Demoskopiedemokratie?" in Eckhard Jesse ed., *Bilanz der Bundestagswahl* 2002, Wiesbaden：VS Verlag 2004, p. 125.

盟，垄断国家政权，在联合政府内部通过频繁的中央协调自上而下的推行治理政策。（4）主要政党依靠媒体来影响群众，在一些媒体中开展合作；其竞选活动则由专业化的团体以最优策略进行短时间的运营，而选举本身则会自动筛选非理性选民和理性选民，后者成为政党长期稳定的社会支持力量。

这些变化减少了民主选举的非理性因素的影响，使得德国出现了治理主义取向的政党。主要政党虽然也很重视选举，但对大多数选民特别是非理性选民并不"真诚"，只是以策略性的手段运营来达成法定的票数要求，相反，它们把主要精力放在那些有知识、有精力的理性选民身上，在选举活动之外通过长期的政策来满足他们的要求。这一点也体现在政党整体的倾向（实际上就是政党领导人的倾向）、长期支持政党的选民的倾向和全体党员的倾向之间的差异上。据调查，联盟党的党员比其政党和选民更偏右一些，社民党的党员则比其政党和选民更偏左一些。① 这表明，政党领导人比党员更了解选民的需求，而选民和政党领导人的立场比党员更加理性和温和。与侧重于迎合非理性选民的选举型政党不同，各主要政党在满足其长期稳定的理性选民基础的同时，更加关注它们之间的分化与联合，并且习惯于从党际关系中获得垄断国家政权的保证。

在执政地位并不因选举而受到急遽的、偶然的威胁的情况下，各政党在联合政府中更为关注社会生活各方面的长期性的棘手问题，以高层协商的方式自上而下地推行改革。例如，正是在21世纪的大联合政府中，长期困扰联邦德国的联邦制问题才得以通过两轮改革解决，而这种涉及宪法修改的政治体制改革，在以前是很难想象的。从图4.3和图4.4可以看出，在这种联合协商中，以右翼的联盟党、自民党为一方，以左翼的社民党等为另一方的极化政党格局既保持

---

① 参见 Ursula Feist, Manfred Güller and Klaus Liepelt, "Strukturelle Angleichung und ideologische Polarisierung. Die Mitgliedschaft von SPD und CDU/CSU zwischen den sechziger und siebziger Jahren", *Politische Vierteljahresschrift*, Vol. 18, No. 2/3, 1977, pp. 257 – 278。

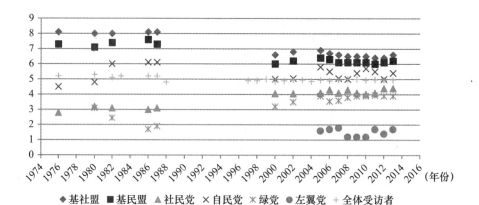

图 4.3 德国老联邦州（原西德地区）各党派左右倾向的变化

说明：得分 0 = 极左，10 = 极右。

数据来源：Viola Neu，" 'Ich wollte etwas bewegen.' Die Mitglieder der CDU. Eine Empirische Analyse Von Mitgliedern, Wählern Und Der Bevölkerung", in *Konrad-Adenauer-Stiftung Website*，(Dec. 18th, 2017)，http：//www. kas. de/wf/de/33. 51117/.

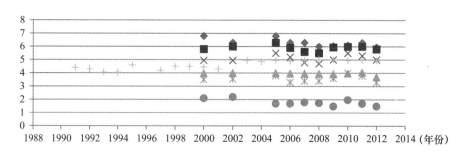

图 4.4 德国新联邦州（原东德地区）各党派左右倾向的变化

说明：得分 0 = 极左，10 = 极右。

数据来源：Viola Neu，" 'Ich wollte etwas bewegen.' Die Mitglieder der CDU. Eine Empirische Analyse Von Mitgliedern, Wählern Und Der Bevölkerung", in *Konrad-Adenauer-Stiftung Website*，(Dec. 18th, 2017)，http：//www. kas. de/wf/de/33. 51117/.

了自己的特点，也避免了过分的激进性，使政府的政策呈现出一种温和、务实的特点。与此同时，主要政党内部也形成了官僚化、集权化的权力结构，不再强烈受制于选举的约束，去尽力满足选民和下级党组织的要求，而是通过自下而上和自上而下相结合的方式培养职业化的政治家和官员，以政党中央小圈子决策、政党地方组织和各横向部门执行的方式推行政策，体现了治理主义政党联盟的鲜明特点。这也和基民盟党员对其政党的印象是一致的，例如，2017年12月18日阿登纳基金会发表的一份党内调查显示，党员对党的印象中最为深刻的依次是"接近经济界"、"胜任"、"负责意识"、"能够解决问题"。①

　　德国治理主义政党联盟的出现对于福利政策的影响是深远的。民主—福利刚性的一个重要逻辑，就是政党和政治家会为了选举而许下提升社会福利水平的不切实际的诺言，在上台之后又迫于选民监督和下次选举的威胁而不得不履行这种诺言。这确实是一个非常有力的论证。在一些国家，福利承诺无法达成，确实会导致政党下台。例如，在法国，奥朗德2012年上台时曾许诺促进社会公平，但在债务压力下被迫削减开支，实行延迟退休等福利削减措施，使其成为法兰西第五共和国成立以来民望最低的总统。在本次欧债危机的发源地希腊，福利承诺竟然以巨额债务的方式畸形地履行，最终导致政府频繁更替。②

　　然而，在最近几年遭遇欧债危机的形势下，德国不仅实行了福利紧缩措施，降低了福利水平，债务也在削减，财政已连续四年实现盈余；基民盟已经执政达13年，而社民党和自民党也分别与其组成联合政府，主要政党实现了多方共赢。而且撇开2017年的大选不

---

　　①　参见 Viola Neu, "'Ich wollte etwas bewegen.' Die Mitglieder der CDU. Eine Empirische Analyse Von Mitgliedern, Wählern Und Der Bevölkerung", in *Konrad-Adenauer-Stiftung Website*, (Dec. 18th, 2017), http://www.kas.de/wf/de/33.51117/。

　　②　史志钦：《西欧国家政党政治的多重两难困境》，《当代世界与社会主义》2017年第2期。

谈，德国是 1953 年以来少数几个没有右翼民粹主义政党和极右翼政党在其议会中"兴风作浪"的欧盟国家。这启示我们，已经不能用政党竞争和选举的传统模型来观察德国政治了。

德国以主要政党联合垄断国家政权的方式大大削弱了民主选举的压力，使主要政党联合起来专注于研究棘手的困难和有力地推行既定的解决方案，而无须太关注选举的惩罚和党内的反对，鲜明地体现了治理主义政党联盟的功效。德国人下意识地认为，政党只不过是在选举时为了选票的目的，才关心选民的需求，而它一旦当选，"就会迅速地脱离与民众的接触"①。对于这种现象，只是从所谓"民主赤字"、"民主困境"之类的角度予以消极地评价，显然是不够全面的。

不过，这种治理主义政党联盟并非是同民主的对立，而是在民主政治的框架下、以民主的手段逐渐发展起来的。具体到社会福利的紧缩性治理上，我们可以发现，治理主义的政党其实在很久以前就有了苗头。

例如，1969 年，《基本法》第 113 条增强了联邦政府在预算项目上的权力：针对联邦议院提出的可能导致财政支出增加或收入减少的预算案，内阁可以提出否决。做出这个规定的原因是，政府中的一些人和反对党结盟，在联邦议院通过了导致福利支出大幅增加的决议。② 这个改革其实是对于民主政治下的权力制衡机制的调整。通过这次改革，内阁的权力得以加强，议会的权力遭到削弱。

再如，1982 年，自民党和联盟党对于主要执政党社民党的福利扩张等政策不满，一起结盟推翻了其执政地位，这并不是选举的结果："政权的这种更替与选举无关，只是政党意志的结果。"③ 但是，

---

① ［德］埃弗哈德·霍尔特曼：《德国政党国家：解释、发展与表现形式》，程迈译，中国政法大学出版社 2015 年版，第 8、11、14 页。

② Michael Hereth, "Die Öffentlichkeitsfunktion des Parlaments", *PVS-Sonderheft*, No. 2, 1970, p. 43.

③ ［日］加藤秀治郎：《德国自民党》，伏龙译，《国外社科信息》1993 年第 15 期。

这没有损害西方民主的运行方式：政党竞争依然存在；问题只不过是，政党联合被频繁地运用而已。在主要政党实现联合和发展出治理主义政党联盟的同时，公民运动型政党也发展起来，包括绿党、左翼党等在内的新兴政党形成了主要政党的反对党，只不过它们相对而言比较弱势，还不足以挑战主要政党的优势地位罢了。然而，只要相对于这些公民运动型政党取得优势，福利紧缩措施就可以暂时摆脱选举的压力而推行下去。

又如，社会民主党在制定其2007年的《汉堡纲领》时，就更加注重社会福利的长远经营。比如，它在解释其基本价值之一"公正"理念时，就不仅仅坚持其收入分配公平、机会平等的含义，而且更强调代际公正，认为目前的社会福利开支不宜过多，以免积累债务给未来的几代人留下沉重的负担。社民党政治家还批判左翼党，说其关于取消10年来的福利紧缩措施的要求如果得以施行，整个德国的财政和金融体系将崩溃。研究德国社民党的专家、柏林自由大学的沃尔纳·范尼希教授认为，社民党的首要特征是，"为了适应政治实践的需要，不断试图放弃'乌托邦'式的理想化主张"。[①] 可见，治理主义政党联盟的出现，不仅使得主要政党在社会福利政策上更加温和务实，促使其鉴于福利水平较高的现实而采取紧缩取向，而且也有利于团结左派，克服极左政党的极端主义对民主政治正常运行的危害。

这种治理取向明显地表现在德国2008年金融危机之后的债务整顿措施上。在欧债危机爆发后，各国虽然都有紧缩债务的愿望，但实际上为了应对恶化的经济形势，反而增加了债务。唯有德国在危机爆发一年后就制定了"债务刹车"（Schuldenbremse）计划。2009年7月，《基本法》修改了第109条和第115条开始做出相关规定，并且于2011年正式施行。具体而言，自2016年起，经济周期决定

---

① 何秉孟等编：《欧洲社会民主主义的转型：与德国、瑞典学者对话实录》，社会科学文献出版社2010年版，第82—83、127页。

的债务必须偿还，结构性原因引起的赤字不得超过名义 GDP 的
0.35%，并且自 2020 年起，各联邦州不得举借新债。为此，2014
年，各州的结构性赤字率必须达到 0.5%。这表明，德国治理主义取
向的政党可以暂时忽视选民要求降低失业率和提高社会福利的要求，
制定在短期内"得罪"选民的财政政策。

政党联盟的治理取向也反映在治理能力的强化和治理理念的整
合上。到了 2013 年底，德国各级政府的债务余额首次出现了 1951
年以来的季度环比负增长，而同期欧盟 28 国中有 22 个国家的债务
率仍在增长。2014 年，联邦德国自 1969 年后再次实现了财政收支
平衡，即所谓的"黑零"（Schwarze Null）。如果说财政紧缩政策只
是基民盟出身的财政部长朔伊布勒（Wolfgang Schäuble）出于本党
的政策主张而努力推行的，那就忽视了政党联盟整体的治理主义
取向，因为左翼政党社民党出身的奥拉夫·舒尔茨（Olaf Scholz）
在 2018 年出任财政部长的时候就声明自己将继续朔伊布勒的"黑
零"路线，而德国的负债率到 2019 年 8 月也确实降到了 GDP 的
61%。虽然国内要求放弃财政平衡政策的呼声较高，但联盟党的
执政伙伴社民党财政问题发言人认为没有必要增加债务，而长期
执政、却未参加新一届政府的自民党主席林德纳（Chirstian Lind-
ner）也对黑红联盟的政策表示支持，认为这是"造福于未来"的
长远之举。[①] 由此可见，德国治理主义政党联盟的存在在很大程度
上抑制了福利支出的扩张。

有学者总结说，相对于瑞典、美国等国的福利国家发展状况，
德国的社会国家呈现出明显的"去政治化"色彩。和日本一样，德
国社会政策的制定过程中较少有社会冲突和政治冲突发生，政策执
行又大量依赖技术官僚和专家进行。[②] 本质上，"去政治化"和治理

[①] 胡春春：《德国经济现衰退隐忧，收支平衡财政政策惹争议》，"第一财经"
网站，https：//www.yicai.com/news/100308326.html，2019 年 8 月 26 日。

[②] 林万亿：《福利国家——历史比较的分析》，（台北）巨流图书有限公司 1994
年版，第 64 页。

主义取向异曲同工，都是使社会福利制度的发展脱离其政治工具的属性，而着眼于国民福祉的长期维持。主要政党之间通过习惯性的结成联盟，把不必要的内耗化为合作解决问题的意向，是德国社会福利刚性风险较小的重要因素。

第五节　小结

上一章主要从联邦德国的民主政治制度的保守取向上探讨了福利紧缩的制度文化，这一章则着重从运作民主政治的主要政党出发，从选举制度与政党格局的因果联系切入分析。

德国以比例代表制为主、多数代表制为辅的选举制度促使德国形成了多党制的政党格局和联合内阁的政府形式传统。在联邦德国建立时的初始条件和一系列历史因素的作用下，整个政党格局呈现出有利于保守党派的大势，这对于福利制度的发展和福利刚性构成了显著的制约。

通过细究多党联合政府的具体构成，本书发现自由民主党作为一个小政党甚至比两个大党的执政时间都要长，由此不仅帮助德国的政党政治克服了公民运动型小政党为了短期选举利益而做出福利承诺的危险，而且还凭借其整体偏右的立场推动了联合政府的福利紧缩政策，或者牵制了偏左的福利扩张政策，并促使政党格局向着福利紧缩的方向发展。此外，作为德国建立福利国家的主要推手，社会民主党近几十年来也在不断调整自己的纲领，使其朝着更加务实的福利紧缩方向前进。

不仅如此，对政党体制的研究还发现，联邦德国虽然是多党制，但经过民主制度的多年稳定发展，"两个半政党"垄断国家政权的形势正在形成，新型的治理主义政党联盟方兴未艾，成为德国民主政治下克服民主—福利刚性和债务危机的重要保障。

总之，在德国民主政治几十年的发展过程中，特殊的政党格局和政党体制对于克服民主—福利刚性和引导福利紧缩改革发挥了重要作用。不过，值得注意的是，政党政治仍在不断变化的过程中。在去意识形态化的同时，主要政党并未完全抛弃其主流的纲领和取向，而对于新兴的小政党如绿党、左翼党、选项党等来说，意识形态极化现象是主流。而且，在主要政党结成治理主义联盟，避开选民的福利要求而推行长期政策的同时，其在大选中所获的选票正在下降，流失的选民汇入到了不曾执政（除了绿党）的公民运动型政党那里。这些现象是否会构成对福利紧缩政策的挑战，还有待于进一步观察。

第五章 德国的国家—社会关系与福利紧缩政策的推行

　　社会福利制度的一个特点是，社会各阶层的人们都会享有若干种的社会福利产品，并因而形成福利体制下的利益群体。他们会通过有组织的利益集团对国家施加影响，促使国家制定不断扩大社会福利的政策，民主政治为其提供了合法的影响途径，从而造成民主—福利刚性。

　　从国家—社会关系的视角来看，这种逻辑有两个薄弱之处：一是国家可以不被利益集团所影响，按照自己的意志制定和执行福利紧缩措施，这就涉及到国家自主性和国家能力问题；二是社会不是铁板一块，在福利所需要的资金和资源既定的情况下，一些人享受福利也就意味着另一些人要付出成本或减少福利，因此他们之间会产生冲突，而对于国家来说，这就涉及到国家如何协调利益关系的问题。

　　对于德国来说，这个问题更为复杂，因为德意志国家经历了一个不平凡的发展历程，这对于包括福利紧缩在内的任何涉及政策的行为而言，都构成了一个重要的前提。另外，德国的国家—社会关系也有一种特别的结构模式，这为国家推行紧缩政策时运用不同的策略提供了充足的空间。

第一节　国家—社会关系分析框架与国家自主性理论的辨析

在分析利益集团与社会福利之间的关系时，国家自主性是经常用到的概念。不过，这个概念是从国家与社会相对立的角度提出来的，而国家与社会的分野却不是从来就有的，而只不过是一个近代现象。我们只有了解了这一点，才能明白国家自主性的确切含义。

一　国家—社会关系框架的产生与社会福利制度分析的起点

虽然现代广义的社会概念包括政治、经济等若干子系统，但人们将社会与政治、经济并称时，强调的恰恰是社会的本质规定性，那就是以个人为本位而形成的个人与个人、个人与群体之间的关系，这种关系既不是公共权力界定的，也不经由人与自然的中介。同样，虽然政治学常常将国家等同于政权（regime），即垄断暴力和政治权威的统治权力及其机关，但这只是广义的国家。如若细究国家概念的历史，把国家置于其和社会之间的历史语境中进行考察，将会发现，狭义的或者核心意义上的国家也和个体本位之上的社会一样，乃是一个近代才产生的概念。

在古典时期，人们一般以古希腊作为西方文明的起源，其标志则是希腊城邦（polis）的出现。亚里士多德在其《政治学》一书中提出，城邦就是至高至善的"政治社团"（Politike Koinonia，Societas Civilis，Political Society/Community）。① 这一概念后来由西塞罗转译为拉丁文"Societas Civilis"，一般指和野蛮社会相区别的文明社会。亚里士多德所谓的文明社会，实际上指的是城邦的政治共同体。

---

① 参见［古希腊］亚里士多德《政治学》，吴寿彭译，商务印书馆 2009 年版，第3—11 页。

这个共同体实行直接民主制，公民直接参与城邦的治理，并无任何中介，城邦和公民社会是一体的。可见，此时的政治体和 society 是一体的，而且政治关系统御共同体。

随着古希腊城邦的逐渐衰落，亚氏的政治社团概念到古罗马时期已逐渐失去了它的实体。罗马公民构成了一个共同体，而非公民则被排除在共同体之外。正是在这一背景下，古希腊人颇为自豪的"城邦共同体"到了古罗马时代被译为 Societas Civilis，意即市民的、公共的社团，但是 societas 就是指的政治共同体，而非一独立的社会领域。但是，随着罗马统治的疆域不断扩展，罗马公民身份也被授予地方总督和贵族。在 212 年之后，依据安东尼努斯敕令，所有的罗马帝国自由人都被授予了公民权。共同体尤其是政治意义上的共同体只是在人们的意识中存在，已经不能通过积极参与的共同政治生活予以保证。

罗马帝国后期，日耳曼人的入侵，带来了他们独具特色的骑士团体和契约关系、原始民主制度和公社制度，这些元素经过不断地融合，到了查理大帝时期便形成了兼具政治、经济和军事功能的庄园制度，而官方则基于这一事实确立了采邑制度。在这种封建共同体中，领主与封臣结成了契约关系，封臣又与其臣僚进一步结成契约关系，由此形成若干个等级，各等级之间的契约关系的结果具体表现为人身上的依附关系和庇护—效忠关系。在这广大的疆域之内，想象中的共同体一方面通过罗马天主教的宗教意识来维系，另一方面通过以罗马法为基础的封建法律来维持，但政治意义上的共同体早已分崩离析，形成支离破碎的封建契约关系网。中世纪的人们意识到自己不再能够决定共同体的事物，便退回到私人生活——教会和商业团体、制度和精神——"城市宪章（charters）、商人法（law of merchant）以及行会制度（guild）的逐步确立"。[1] 教会和私人法中孕育着独立的社会领域生长的种子，而大领主特别是有势力的诸

---

① 肖岁寒：《"市民社会"的历史考察》，《天津社会科学》1999 年第 3 期。

侯则蕴含着国家形成的可能。

到了 16、17 世纪，封建社会走到了末期。神圣罗马帝国一统欧洲的可能性已经耗尽，皇帝、帝国等级会议、帝国最高法院这些机构逐渐变得只具有象征意义。与此同时，诸侯为了争夺在帝国内的地位和利益，纷纷加强了内部的整合。西欧以法兰西路易十四的君主专制为典范，纷纷形成绝对主义政权（Absolutismus），并使"国家官僚政治和公用事业迅速发展并趋于合理化，常备军得以设立并扩展，税收制得到了扩大和改进"[①]，国家（state）这个概念才得以产生。与一系列的绝对主义国家的建立相应，在 16 到 17 世纪也出现了一系列的社会契约理论和主权理论，以构造绝对主义国家的存在原理。马基雅维利、布丹和霍布斯都是为国家这一前所未有的新生事物的出现做辩护的重要理论家。

在封建制之下，法国的等级所使用的词汇是"estat"。从 14 世纪起，"the states"或"the Estates"指代政治机构或政治制度（比如法国的三级会议用英文来写就是"the Estates General of France"）。到了17 世纪初期，state 的普遍意涵是指国王的尊严，进而衍生出"国家的统治者"之义。[②] 国家（state/Staat）这一概念直到这一时期才取得了其真正的存在，而此前的各种政治实体，包括城邦（polis）、共和国（republic）、帝国（imperium/Kaiserreich）、王国（kingdom, Königreich）、大公国（Magnus Dux/Großherzogtum）、公国（Ducatus/Herzogtum）、侯国（Fürstentum）等都不具有这种意涵，[③] 即国家是一个与除君主之外的集合相对立的独立的、专制的领域。

伴随着国家的诞生，封建时期叠床架屋、上下勾连的等级被打

---

① ［美］塞缪尔·亨廷顿：《变化社会中的政治秩序》，李盛平、杨玉生等译，华夏出版社 1988 年版，第 94 页。

② ［英］威廉斯著《关键词：文化与社会的词汇》，刘建基译，上海三联书店2005 年版，第 448 页。

③ 这些政治实体的中文译法虽然多带"国"字，但都是对华夏文明中的"国家"概念的一种牵强的联想，两者之间并不存在完全对应的关系。

破，共同体稳固的金字塔结构让位于原子化个人组成的平等社会，只有君主及其仆从凌驾于整个社会之上。至此，政治与社会已经分离为两个不同的领域。在这个社会中，个人被剥离共同体赋予的角色和地位，他们一起面对一个专制君主，与他之间只存在一种治理和服从的政治关系；在君主一面，其统治权威的来源除了臆造的"君权神授"理论别无其他：这种关系形式的结果，就是社会逐渐认为自己才是本体，国家只不过是社会权力的让与，于是涌现出许多鼓吹社会契约论的著作。例如，洛克的《政府论》和卢梭的《社会契约论》都假设了一种自然状态，这种自然状态不是后政治的或者由政治派生的，而是前政治的和"制造"政治的。由自然状态过渡到社会，社会契约产生国家；或者自然状态本身就是社会；或者由自然状态同时过渡到社会和国家：所有这些，都以社会先于国家并从权力起源的意义上高于国家作为其基础。如洛克的人民推翻国家论和卢梭的人民主权论，都是在彰显社会的独立性。

对 17 世纪到 18 世纪末、19 世纪初的社会而言，其实体形式有两种。一种形式是不断扩展的经济领域，也就是资本主义经济体系。在资本主义发展的过程中，资产阶级或者市民的力量越来越大，以致 18 世纪苏格兰启蒙运动的重要思想家亚当·斯密大胆宣称，市场这只"看不见的手"的独立运行就足以创造巨大的财富，政府只需要做好"守夜人"的角色即可。另一种形式是"思想社会"，即还无法掌握政权的资产阶级在政治领域之外的结社，通过报刊、宴会、沙龙、咖啡馆、学会等联系在一起。① 从当今的政治学视角来看，这些结社也就是种种利益集团。他们把古典社会的公共性转移到个体人身，自称公众（the public），塑造了被称为"公共舆论"（public opinions）的、独立的思想空间，以此对政府形成压力，并随时准备取而代之。从 17 世纪的政治冲突中开始的 society 从"关系亲密的团

---

① ［法］托克维尔：《旧制度与大革命》，冯棠译，商务印书馆 1992 年版，第 174—176 页。

体"到"人与人之间的抽象的一般关系的所构成的生命共同体"的含义转变①，到了 18 世纪才终于完成。

社会要求占领政治领域的斗争在不同的国家差异很大。政治革命和社会革命的大致跨度是从 17 世纪末期到 19 世纪末期，首先从英国开始，渐次发展到美国、法国和德国，斗争的矛头主要指向专制君主和贵族地产。政治革命的主要成果是淡化甚至取消王权，让位于议会选举制度，而社会革命的主要成果是取消贵族地主阶级，让资产阶级和市民登上历史舞台。

由于社会性选举的每一次变动都能引起政局的重大变动，给国家政策的正常施行造成了妨碍，为此，从 1870 年开始，首先从英国开始了建立文官制度的尝试。到了 19 世纪末、20 世纪初，公务员制度在英、美这两个先进工业国已经稳定下来，而后发的法、德、日则延续了传统上就较为浓厚的官僚行政传统。至此，现代国家—社会关系的基本框架已经形成。虽然在以后的历史进程中，社会还要继续分化，但国家—社会的关系框架已经确立下来了。而社会福利制度总的来看，也大致在这段时间内逐渐建立起来了。

从制度演化的角度来看，社会福利制度的建立是国家领域和社会领域区分的一个产物。在大多数情况下，社会福利制度都是由国家以立法或发布规章的方式建立的，但是"社会"福利仍然是"社会的"，而没有被称为"国家"福利。另一方面，在 19 世纪末期以前的历史时期，政府和教会也开展一些济贫和救济困难群体的活动，但只是福利活动，而不是社会福利。例如，在西方经济学领域有一个被称之为"福利经济学"的分支，其所探讨的"福利"并不是社会福利，而是经济福利，特别是从功利主义角度出发探讨个人所获得的效用。② 因此，社会福利的出现是有深刻的历史背景的，并不是

---

① ［英］威廉斯：《关键词：文化与社会的词汇》，刘建基译，上海三联书店2005 年版，第 447—450 页。

② 参见陈银娥《现代社会的福利制度》，经济科学出版社 2000 年版，第 16—28 页。

一个非历史性的概念。

社会福利的根本前提，是社会领域相对于国家领域而相对独立的存在，而国家又试图以福利制度干预社会。具体而言，在专制君主制之下，人们之间已经是以原子般的个人形式存在；随着工业化的深入，个人大量涌入城市，流动性大大增强，同时，个人也以自己的经济活动获得了独立性，并在此独立性的基础上形成了社会。但是，这个社会是资产阶级的社会，即以"思想社会"和经济结社而发展起来的共同体。资产阶级社会一旦取得相对于国家的独立性，它本身也就立刻分裂为资产阶级和无产阶级相对立的社会。从马克思主义的角度来看，这是一种必然。在此前提下，国家为了社会的团结，为了维持一种在"虚幻的共同体"之下的秩序，而实行了社会福利制度。

因此，社会福利的"社会"暗含着三重含义：一是与国家相对立的社会领域；二是资产阶级社会的胜利和随之而来的分裂；三是国家通过福利来达成资产阶级和无产阶级的妥协和团结，从而维护秩序。① 正是在这样的背景下，我们才能够从国家自主性和利益集团的角度来分析社会福利制度的问题。

二　国家自主性理论及其对社会福利分析的适用性

国家自主性是历史制度主义学派对古典国家理论的重新发掘，

---

① 关于社会福利问题的探讨实际上首先要面对的一个前提是国家和社会的产生、分化和互动关系，遗憾的是，现今的社会学、政治学和经济学的社会福利研究往往忽视这一至关重要的历史维度的现实意义。在这方面，反而是德国和欧洲社会法的先驱汉斯·察赫（Hans Zacher）曾经对这一问题做过一番简略的考察，参见［德］汉斯·察赫《福利社会的欧洲设计：察赫社会法文集》，刘冬梅、杨一帆译，北京大学出版社2014年版，第14—16、59页。但是，察赫并未从政治史的角度深究国家—社会框架对于现代社会的深刻改变，而只是指出了近代资本主义发展对封建关系的瓦解所造成的经济社会学后果，即社会流动和工人无保障；而且，他关于社会只是作为国家的对立面的论述也并未看到国家与社会之间复杂的历史演变，因此，他所得出的"社会"（das Soziale）概念就难免具有非历史的伦理哲学色彩了。

是"把国家再次带到分析中心"（bring the state back in）的潮流的产物。明确提出这一概念的是斯考切波等学者，① 但这个概念的缘起，可能要追溯到马克思和恩格斯。②

在马克思和恩格斯所处的时代，国家和社会已经区分为两个不同的领域。他们把这种分野应用于前资本主义时期，从社会中的私有制、阶级斗争中推演出国家起源的脉络；在国家产生以前，是原始的氏族共同体。因此，在马克思的《政治经济学批判（1857—1858 年手稿)》中指出，人类会经历原始共同体、"虚幻的共同体"和"人类自由联合体"三个发展阶段③，而所谓"虚幻的共同体"就是国家，包括奴隶制国家、封建制国家和资产阶级国家等。显然，马克思和恩格斯的国家概念与历史中的 state 概念不是一回事，而他们似乎也是有意地把 17 世纪的欧洲出现的绝对主义专制政权给边缘化了。在他们看来，这个 state 概念所对应的具体的历史客体只不过是封建国家过渡到资产阶级国家的暂时产物。这似乎意味着，state 即绝对主义君主国是封建土地贵族和资产阶级在激烈的斗争中难以分出胜负时的维持秩序的政权。

恩格斯在《反杜林论》中对近代绝对主义君主国的角色做了精彩的论述。他指出，在这一时期，代表旧的生产方式的贵族和代表新的生产方式的资产者分属于国家和社会两个领域的优势阶级："就政治状态来说，贵族拥有一切，资产者一无所有；可是就社会状况来说，那时资产者是国家里最重要的阶级，而贵族已经丧失了他们的全部社会职能。"④ 可见，贵族和资产者作为两个对立的阶级，一度很难决出胜负，从而为作为国家的代表和具象化的王权提供了自

---

① 田栋：《国家自主性理论与历史制度主义的理论内涵》，《学习论坛》2013 年第 6 期。

② 郁建兴、周俊：《马克思的国家自主性概念及其当代发展》，《社会科学战线》2002 年第 4 期。

③ 《马克思恩格斯文集》第 8 卷，人民出版社 2009 年版，第 51—52 页。

④ 恩格斯：《反杜林论》，人民出版社 2015 年版，第 174—175 页。

由操作的空间。恩格斯指出，王权为了从贵族手中夺取权力，先是利用资产阶级反对拥有政治暴力的贵族，后又利用贵族来反对经济力量不断增长的资产阶级，其策略无非是"利用一个等级去控制另一个等级"①。马克思主义史学家佩里·安德森在他的研究②中贯彻并发展了马克思和恩格斯的这一看法。他认为，绝对主义国家是个矛盾体：作为一种国家形态，它是旧的，因为捍卫的依旧是贵族的利益；但它又是新的，因为绝对主义国家瓦解了封建主义的经济社会结构，促进了资本主义经济和资产阶级的发展。在这其间，它既不受控于封建贵族，也不受制于资产者，而是选择性地维护了两者的利益。

可见，马克思和恩格斯通常所说的国家概念其实是阶级的政权机关，是从社会决定国家这个角度切入的，他们把这个政权机关本身，特别是作为它的集中体现的 state 的出现，视为两个阶级斗争过程中的一种过渡的现象。乍看起来，这似乎意味着，国家并不是长期存在的本体，而是有时与一个阶级合作、有时又与另一个阶级合作的短暂力量。照此推论，国家自主性似乎来自国家中立性，即不偏向于任何一个阶级的中间立场，而只是为了自己的利益而驾驭和操控各种社会政治力量的实体。这里甚至可以假定国家没有任何自己的利益而并不产生理论上的不融洽，例如，可以假定国家本质上代表的是公共利益，并主动为公共利益而行事。但更加仔细地考察会发现，马克思和恩格斯并不认为国家是一种本质上无阶级性的或阶级中立的存在。

马克思和恩格斯从历史唯物主义的角度出发，基于生产力决定生产关系，经济基础决定社会政治关系的原理，揭示了国家为何会和某个社会阶级合作。例如，恩格斯在阐述绝对主义君主国为何会

①　恩格斯：《反杜林论》，人民出版社 2015 年版，第 174 页。

②　参见〔英〕佩里·安德森《绝对主义国家的系谱》，刘北成、龚晓庄译，上海人民出版社 2001 年版。

与资产者结合起来反对封建等级时就已经提出了近似于后来的查尔斯·蒂利关于现代国家起源和欧洲资本主义崛起的观点。后者认为，国家竞争特别是战争导致国家本身在各方面必须做出结构调整，其中重要的一点是要通过工商业的发展增强和积累实力，因而资本主义借机发展起来。而恩格斯则早就提出了生产力这一要素，使得这一因果链条更加全面。他指出，由于技术的进步和传播以及经济的发展，火药和火器成为欧洲依靠城市的集权封建诸侯同其他封建主争夺霸权的工具，而为了生产或购买火药和火器，就需要工业和资金，并从而需要求助于市民，这是国家和资产者结成联盟的物质基础。① 随着生产力的发展，生产关系也将发生变革，作为上层建筑的国家必定要倾向于新兴阶级而非落后阶级。如果相反地，当国家权力与经济发展相对立的时候，政权就必定被推翻。职是之故，恩格斯说，"经济发展总是毫无例外地和无情地为自己开辟道路"②。马克思也认为，政治、法律、思想等上层建筑，要到市民社会以及经济基础中去寻找其根源。因此，马克思的政治分析方法就其直接源头而言，是以社会为中心的。在他看来，国家是统治阶级的工具，社会强势阶级决定了国家现时的阶级属性，社会新兴阶级决定了国家未来的阶级属性。在马克思和恩格斯的视野内，国家自主性并不意味着国家的中立性，而只是说国家在一定程度上拥有加强或者削弱某支社会力量的自由空间，但社会状况决定了政治权力的归属，社会新兴阶级最终一定会掌握国家权力。

那么，在国家被某一社会阶级掌握之后，它还具有自主性吗？马克思和恩格斯对这一问题的回答不太明确。一方面，他们从两种形态过渡时期的特殊力量对比解释了国家的自主性来源；另一方面，他们似乎又认为，如果阶级对立在相对较长的一段时间内比较激烈，国家自主性仍然可以存在。更重要的是，国家本身具有自己独特的

---

① 恩格斯：《反杜林论》，人民出版社2015年版，第177页。
② 同上书，第194页。

自主性源泉。阶级对立无法调和只是社会力量对比这一外部因素为国家自主性提供的历史机遇，但事实上，国家本身必然具有某些特质，使其适于成为具有自主性的力量。这些特质既有组织方面的，也有职能方面的。

马克思在观察法国波拿巴统治时期的法国时发现，这个政权牢牢依靠行政权控制了议会，攫取了资产阶级的统治权，又通过"阶级平衡术"削弱社会阶级对其统治权的挑战，充当了社会的主人。但马克思又指出，这个政权归根到底是有利于资本主义发展的；至于它的阶级基础是资产阶级、农民还是流氓无产者，却是很难分辨的，也是经常变化的，需要根据具体情况做具体分析；不过，军队始终是其显性的依靠力量。① 他认为，波拿巴主义的国家自主性来自两个方面：一是以官僚、警察为主体的行政权及其背后的军队势力非常强大；二是正在成长的资产阶级和工人阶级力量都很小，国家可以利用农民和流氓无产者来平衡和驾驭资产阶级。因此，马克思的分析坚持了三点：一是国家从根本上讲是社会强势阶级的工具，而不是历史发展中的本体；二是国家在阶级对立处于均势状态的情况下可以获得一定的自主权；三是国家自主权以行政权力和军警暴力对议会机关的控制为条件。在这一点上，恩格斯的国家理论则更为明确。他在《家庭、私有制和国家的起源》里指出：国家虽然本质上是阶级性的，但国家并不总是阶级利益的"傀儡"。在他看来，当各阶级力量相当而互相之间的对立又不可调和时，国家从社会中产生并在表面上居于社会之上，把冲突限制在秩序的范围内，避免阶级对抗把整个社会牺牲掉。他还指出，国家的表征就是以地区来划分国土和人民，从人民中取得税收，由行政官吏来管理，拥有军警、监狱等暴力设施。② 即便形态过渡期的政治真空期为国家自主性

① 曹浩瀚：《重构马克思的波拿巴主义理论——对第二帝国历史的研究》，《马克思主义与现实》2014 年第 6 期。

② 参见《马克思恩格斯文集》第 4 卷，人民出版社 2009 年版，第 180—195 页。

的发展提供了难得的历史机遇，但如果阶级对立的均势状态在较长时间内存在，或者国家运用自己的力量能够保持这种状态，那么国家自主性也是可以存在的。而国家这种力量的一个重要源泉，就是其以官僚行政权力和军事暴力机关为凭借的组织能力。

除此之外，国家还是社会公共职能的承担者。无论呈现出什么样的社会（这里的社会是指人们群居起来从事生产和生活的集合，也是指人类群居的历史形式，而不是独立的社会领域）形态，也无论是否存在阶级或者阶级对立，一个人类共同体的存在必定产生对社会公共职能的需求。社会公共职能是政治统治的基础，也是政治统治得以存续的原因。① 这种职能一方面是为了处理人与自然的关系，为人的生产生活创造物质条件，如治理水患的职能在东方专制主义政权中扮演着重要角色；另一方面是为了处理人与人的关系，如裁判或者解决人与人的纠纷，监督人对公共资源的使用，等等。为了履行这些社会公共职能，会成立公共权力机关，这些机关就是国家的萌芽。由于这些职能只能由公共权力机关来执行，并且为此目的早已专属于后者，所以国家便获得了特殊的独立性，社会对国家这种功能的依赖构成了国家自主贯彻自身意志的来源，从而成就了国家自主性。

可见，除了一定生产力和生产关系条件下的社会阶级力量对比提供的外部条件之外，国家自身拥有的组织资源和功能资源也是其自主性的一个重要来源。后者实质上意味着国家在某些情况下可以通过自身的加强而脱离社会阶级的利益，成为不受控制的怪物。例如，普法战争之后，国家与国家的争斗已经超出了本国社会阶级的利益所要求的范围和限度，迫使欧洲大陆上的所有大国都采用了普鲁士的后备军制度，而隐藏着使国家崩溃的隐忧。对此，恩格斯指出，"统治着并吞噬着欧洲"的军国主义使得本来只不过是工具的军队变成了国家的目的本身，人民反而成了为达成这种目的而存在的

---

① 参见《马克思恩格斯文集》第4卷，人民出版社2009年版，第190页。

工具。不过，在他看来，这种军国主义怪物只是短暂的现象，它一方面会加速财政的崩溃，另一方面会让人民掌握武器，从而由于"自身发展的辩证法"而"从内部炸毁"。① "一战"的后果似乎在某种程度上验证了这个预言。这个国家自主性膨胀的例证表明，国家自身蕴含着使其获得自主性的根源。诚然，特别是当共同体由一种形态向另一种形态演进时，社会阶级力量均势为国家自主性的存在准备了外部条件。但是，国家自主性的存在并不是只有在过渡时期才能短暂的存在。在某一社会强势阶级获得政权后，国家自主性仍可以长期存在。

后来的马克思主义者进一步拓展了国家自主性理论。尼克斯·波朗查斯（Nicos Poulantzas）十分重视结构的作用，他将生产方式视为包括生产力、生产关系和上层建筑在内的整体，并认为，在这个整体中，尽管经济环节起着决定性的作用，即决定统治的环节为何种性质，但其他环节仍有相对于经济环节的自主性。具体而言，资本主义经济决定了资产阶级将处于统治地位，但资产阶级国家仍具有相对于资本主义经济和资产阶级特殊利益的独立性。他认为，不能从阶级力量均势来解释国家自主性的暂时性。这种自主性也不是任何时代都有的，而只是资本主义生产方式的特征。它从根本上来源于生产资料的实际占有制和劳动产品的所有制之间的一致性，而这种一致性在前资本主义生产方式下是不存在的。② 波朗查斯还提出，资产阶级国家的自主性是指"国家对阶级斗争领域的关系，特别是其针对权力集团的阶级和派别的相对自主性"，并且将这种自主性扩大到了与权力集团相关的利益集团和支持群体。③ 这样就更加明确了国家自主性不只是针对社会阶级而言，也针对各种利益集团而

① 参见《马克思恩格斯文集》第4卷，人民出版社2009年版，第181页。
② 参见张勇、杨光斌《国家自主性理论的发展脉络》，《教学与研究》2010年第5期。
③ ［希腊］尼科斯·波朗查斯：《政治权力与社会阶级》，叶林等译，中国社会科学出版社2008年版，第207页。

言，从而将国家自主性的政治分析从阶级范畴推演到了利益集团的范畴，极大地扩展了国家自主性概念的适用范围。

拉尔夫·米利班德（（Ralph Miliband）指出，国家的自主性程度"同行政权力和国家总的对国会等机构享有的自由有直接关系"，所以，"在行政权力受限制最小的政权中，国家的相对自主性就越大"①。另外，他还认为，利益集团的活跃程度越低，对行政权力的影响力和压力越小，国家的自主性越强。无疑，这是对马克思波拿巴主义分析的延续，强调了行政权力的特殊重要性。米利班德还对工具论的国家观做了调整。他认为，国家绝非统治阶级或集团利益的直接执行者，不是按照其指令形式，相反，国家是其代表。要具备行动能力，国家就必须拥有高度的自主性和独立性，这是一切代表形式的必然特征。此外，他还结合国家的阶级性，创造性地解释了国家自主性的另一来源：资产阶级往往看到的只是局部的、直接的、短期的利益，而国家作为资本的总代表，关心的却是整个阶级的、全面的、长远的利益，所以，资产阶级的国家不会直接听命于某个资产者。② 更何况，资产阶级不同部分，如生产企业、商业企业和金融企业之间以及垄断企业、寡头企业和竞争型企业之间，或者具有不同政治地位的团体和人群之间，也存在着利益冲突，需要国家进行调节。基于资产阶级的长期利益，国家需要获得进行改革的自主空间，需要确定哪些目标必须得到保障或放弃，哪些利益得以保全或损害，采取哪些步骤和措施，成本要以什么方式来承担，等等，为此，它在某些方面甚至会采取违背或损害统治阶级或强势利益集团的措施。

可见，在资本主义民主国家长期存在的情况下，已经不能够仅仅从两个阶级社会过渡期间的暂时性特征来看待国家自主性了。只

---

① 王沪宁主编：《政治的逻辑》，上海人民出版社1994年版，第213页。

② ［英］拉尔夫·米利班德：《英国资本主义的民主制》，博铨等译，商务印书馆1988年版，第9页。

要国家在组织方面保持适当的强度，并且合理利用其职能的必要性，国家也会依然对社会阶级、利益集团保持自主性。在稳定的资本主义条件下，国家自主性越来越从其相对于社会阶级的角度转向相对于社会利益集团的角度，从政治统治属性转向社会职能属性，从作为整体的国家转向具有行动能力的国家结构，从政治领域的自主性转向政策制定和执行的自主性。

在马克思和恩格斯以及马克思主义者之外，今天的历史制度主义学派也重新发掘了国家自主性的根源，不过，其学术源流更多地倚重马克斯·韦伯。韦伯认为，国家就是在一定疆域内垄断暴力并正当使用暴力的共同体。① 在他看来，一支训练有素、经验丰富、恪守规则的行政官僚队伍是国家的关键构成要素。在此基础上，他强调了官僚制对于国家贯彻自身意志的重要性。

西达·斯考切波（Theda Skocpol）接过了韦伯的衣钵，明确提出了国家自主性的概念：作为控制一定领土和人民的机构，国家可以系统地表达和推进自己的目标，而不是简单反映集团、阶级和社会的利益与需求，这就是国家自主性（state autonomy）。她特别强调，强制力是国家自主性的一个重要来源，使国家拥有违背强势阶级或集团的可能性。当然，国家有自己的特殊利益，这种利益可能和社会强制阶级或集团是一致的，也可能是相冲突的。为了维持国内秩序和自己的统治，国家可能会向弱势阶级或集团作出让步。为了在激烈的国际竞争中维护整体利益，国家也会采取同强势阶级或集团的利益相悖的措施。与此相关，斯考切波还提出了国家能力（state capacity）的问题，强调国家要能够面对强大的利益集团，特别是在利益集团反对国家意志的情况下，国家要能够有效地贯彻自己的政策。② 在国家自主性概念里，除了强大的暴力、深厚的合法

---

① ［德］马克斯·韦伯：《韦伯作品集 I：学术与政治》，钱永祥等译，广西师范大学出版社 2004 年版，第 197 页。

② P. Evans, D. Rueschemeyer and T. Skocpol Ed., *Bringing the State Back In*, New York/Cambridge: Cambridge University Press, 1985, pp. 9, 14.

性、公共利益的取向，在组织结构或权力类型上还特别强调有组织、有效率的行政官僚。当然，除了组织上的必备要素，历史形成的制度和政策空间也影响到国家可以利用的"工具箱"，从而影响到国家自主性的强弱。斯考切波指出，国家自主性不是政府系统固定不变的结构性特征。政府可以得到它，也可能会失去它。这取决于社会力量和国家力量的具体变化。因此，比较历史分析和结构分析对于理解国家自主性至关重要。显然，在斯考切波关于国家自主性的论证中，得到凸显的是马克思主义者那里的组织维度。维斯（Weiss）和霍布森（Hobson）进一步发展了这一理论，他们指出，国家对社会的穿透和汲取能力是现代国家与传统农业国家的区别所在，而国家的协调能力（coordinating capacity）则是现代强国家能力的标志。①

和对国家自主性的社会政治结构的关注不同的是，埃里克·诺德林格（Eric Nordlinger）聚焦于这种自主性与公共意志形成和公共决策的关系。他认为社会中心论的国家观并不符合事实：即使在社会对国家的影响相对较大的民主政体中，国家的偏好和政策也不尽然是为社会的偏好所决定的。诺德林格区分了国家偏好和社会偏好一致和分歧的不同情况。当然，国家自主性突出表现在两者不相一致的情况下。他着重指出，当两者不相一致时，"公共官员周期性地利用他们自主改善的能力和机会"，要么改变社会偏好和社会资源配置来促成社会形成同自己一致的偏好，要么至少使社会偏好不致束缚他们，要么利用权力甚至强制力迫使社会顺从自己的偏好。② 这几种策略从最优到最次，随着不同的情况而变化。诺德林格的模型使得国家自主性的论述从抽象的层次转变到了具体的、现实的层次，从社会政治结构的场域转向了公共政策的场域，从特定生产方式和意识形态下的探讨转变为去意识形态化的一般制度条件下的探究，

---

① L. Weiss and J. M. Hobson, *States and Economic Development: A Comparative Historical Analysis*, Cambridge, England: Polity Press, 1995, pp. 3 – 5.

② ［美］诺德林格：《民主国家的自主性》，孙荣飞等译，江苏人民出版社 2010 年版，第6页。

从对于既定框架和条件约束之下的必然行为的解释转向了对于人的能动性和策略选择的自由空间。因此，我们可以说，这一兼具理论性和实践性的研究为本书分析社会福利刚性提供了有用路径。

可见，在历史制度主义学派的国家自主性概念里，阶级性的维度明显缺失，或者说，国家的中立性维度得到了过分强调。在这方面，马克思主义不仅指出，社会强势集团对国家的控制是一切国家的本质，而且强调，现代的资本主义国家更会出于整个资产阶级的长远利益，否定个别利益集团的要求。但是，无论是马克思主义，还是历史制度主义，在国家和社会关系的问题上都使用了抽象的国家概念。虽然它们在分析时，总会分析或整合一些国家的构成要素，但是对现代资本主义国家究竟是什么，它们还是含糊其辞。这种状况为从国家—社会关系的角度分析福利利益集团问题制造了困难。

事实上，国家自主性是一种拟人的提法，因为自主性其实只能是有意识的人的属性。因此，国家自主性的前提，最首要的是国家的存在，即在拟制的意义上像一个人一样存在。首先，国家是一个政治统一体，即拥有一个能够得到一定疆域上的人民服从的政权的政治实体。而所谓的失败国家（failed states），其实就是没有构建起全民服从的政权。在这一维度上，最重要的是政治—军事要素，即一支暴力力量既能够抵御外侮，又可以对内镇压叛乱。其次，国家是一个与社会相对立的政权，这个政权相对于社会来说，更能体现政治实体的政治性。这个政权就是宽泛意义上的政府，即包括立法、行政、司法等机关在内的政府。在这个维度上，最重要的是宪制要素，即一支掌握暴力的政治力量可以建立稳定的、合法的、公认的和平秩序。再次，在现代民主政治下，国家中最稳定的部分是行政官僚，但是从拟制的角度来说，行政官僚只是执行动作的"躯体"，国家的意识则要由执政党来赋予。因此，从最狭义的角度来说，国家就是执政党和行政官僚。在这一维度上，关键的是治理要素，即是执政党能够得到并维持社会的认同，并有效地推行自己的政策。

历史制度主义的国家自主性其实只是在治理的维度上谈问题，

而马克思主义的国家自主性概念则涉及了政治—军事、宪制和治理三个维度。因此，马克思主义的国家自主性概念更为全面，对于分析德国国家自主性与利益集团的互动来说也更为适用。近代以来，德国国家的构建和发展经历了一个特殊的过程。在这个过程中，我们可以观察到德意志国家与这三种国家定义的联系。另外一个特殊的地方是，无论是在德意志帝国、魏玛共和国还是联邦德国时期，社会福利不仅关系到社会的整合和团结，也关系到国家的构建。在这个过程中，国家、国家自主性与利益集团的关系深刻地影响了社会福利的扩张和紧缩。

三　官僚集团在社会福利刚性分析中的特殊作用

国家构建和国家自主性同社会福利刚性有着密切的关系，在这里尤为值得一提的是官僚集团的角色。一方面，构建过程完成之后，国家巩固自身的过程极其依赖于官僚集团，而国家自主性的实现或施展，也在很大程度上依赖于官僚集团的执行力。福利刚性论者也认为，官僚集团在社会福利扩张中获得的利益，使其自身成为了推动福利刚性形成的重要力量。就此而言，对于官僚集团的特殊角色必须予以详细的辨析。

在西方，普遍的社会福利制度的建立发生于 19 世纪，但特殊的官僚集团的产生和崛起却远远早于社会福利制度，是近代欧洲国家构建过程的一个产物。16 世纪以后，欧洲诸侯之间的争斗越来越激烈，神圣罗马帝国各邦国的枢密院作为诸侯处理日常工作的秘书机构，逐渐成为邦国政务的核心机关；宫廷管理诸侯家计的家臣成了邦国财务机构的负责人；协调等级关系的邦议会变成了商讨如何向等级和庶民筹集费用的机构；帝国城市、帝国骑士和帝国乡村等等级权力形式逐渐让位于行政官员的地方管理。① 除了常备军之外，官

---

① ［德］马克斯·布劳巴赫等：《德意志史》第 2 卷上册，陆世澄等校，商务印书馆 1998 年版，第 481—491 页。

僚逐渐成为专制君主的主要工具和依靠力量。

经过资产阶级革命，在一些国家，专制君主国被共和国或立宪君主国取代，君主权力削弱，议会的权力增强，但是官僚的权力依旧。到了 19 世纪后期，在欧洲主要国家，官僚体系已经十分完善。终身职位、层级制、晋升阶梯、国家供养、教育—考核—培训体系、清晰的权限划分、官署之间以公文为主要形式的权力运作状态，等等，成为了成熟官僚制的主要特征。官僚队伍不断膨胀，官僚机构不断设立，从数量和影响上构成了被称之为政府的组织的主要部分。马克思对此有十分精当的评价。马克思以拿破仑行政管理改革后的法国为例，指出官僚集团构成了一架"复杂而巧妙的国家机器"，它的活动"就像工厂里的一样"进行"分工和集中"，并按照统一的、"按系统的和等级分工的"原则来组织。正是凭借着政府的这个"驯顺而有力的工具"，现代国家才拥有了一支"无处不在，无所不知，并且极其敏捷、极其灵活的力量"。[①] 相对于封建等级式的贵族管理，官僚制显然有着巨大的优势。

然而，官僚队伍并非真的是高效的机器，他们也是很多问题的根源。马克思有时提到，"常设的、不负责任的官僚机关"是繁冗而低效的[②]。官僚系统凭借着其特殊的专业性和行事方式，用自己的活动造出了一台"巨大的打字机"[③]，即用形式主义的、例行公事却和真实情况脱节的文书活动和文书系统来进行管理。在这个意义上，官僚造成了官僚主义，成为无效行政管理的主体。为此，马克思和恩格斯经常把官僚称为"寄生虫"、"寄生的赘瘤"[④]，即社会不需要的、靠榨取社会而存在的特殊群体——他们的生存不是靠贪污和敲

---

① 《马克思恩格斯全集》中文第 1 版第 8 卷，人民出版社 1961 年版，第 31、162、215 页；《马克思恩格斯全集》中文第 1 版第 17 卷，人民出版社 1963 年版，第 643 页。

② 《马克思恩格斯全集》中文第 2 版第 12 卷，人民出版社 1998 年版，第 201 页。

③ 《马克思恩格斯全集》中文第 1 版第 9 卷，人民出版社 1961 年版，第 207 页。

④ 《马克思恩格斯全集》中文第 1 版第 17 卷，人民出版社 1963 年版，第 359 页。

诈，就是靠在剥削他人劳动的基础上缴纳的税款。[①] 尽管如此，官僚却没有被前后一贯地归入"剥削阶级"的行列。根据马克思对社会各成分的划分，官员属于非生产劳动者（unproduktive Arbeiter）。这种非生产劳动者不生产价值和剩余价值，而是靠从事政治这种"强加于人"的服务来获得俸禄。就此而言，官僚甚至不如从事实际生产活动的产业资本家，于是，马克思甚至同情这些资本家"把国家官吏、律师、教士等""减少到非有他们的服务不可的限度"的要求。[②] 但是，官僚毕竟是"劳动者"，而且是一种雇佣劳动者，是通过向国家出卖全部劳动能力来换取生活必需品的被雇佣者。[③]

从这些对官僚的论述来看，马克思对官僚的认知和感情是极为复杂的，官僚的角色似乎也是很不清晰的。对于官僚的看法比任何东西都要复杂。通常，马克思最多不过认为某些社会成分具有两面性，要根据具体的情况而定。比如资产阶级相对于封建地主是进步的，但相对于工人阶级则是反动的。但是，官僚的社会角色却从未得到明晰的界定，这可能部分地归因于官僚的角色不但不是一成不变的，而且也是始终处于各阶级之间的。

官僚这支庞大的力量似乎不是来自于哪一个社会经济意义上的阶级。在官员考试和培训制度建立起来后，官僚中有相当大的一部分来自于各个阶级有知识的阶层。因此，黑格尔认为，官僚实际上是一个中间等级，起着中介各个特殊利益的作用。他将其称之为普遍等级，这个等级实际上具体地体现着作为"普遍精神"的国家。总的来说，由于国家并不代表任何特殊利益，官僚也没有特殊利益，而是公共利益的体现。但是，黑格尔对官僚的这种抽象似乎又过于依赖普鲁士的特例了。在马克思看来，官僚之所以表现出某种独立性，只不过是由于德国市民还没有发展成为一个阶级，地主阶级和

---

① 《马克思恩格斯全集》中文第 1 版第 18 卷，人民出版社 1964 年版，第 622 页。

② 《马克思恩格斯全集》中文第 1 版第 26 卷第 1 册，人民出版社 1972 年版，第 301 页。

③ 《马克思恩格斯全集》中文第 2 版第 30 卷，人民出版社 1995 年版，第 527 页。

市民中的个别知识分子的结合造就了"波拿巴式的半专政"① 而已。看起来，官僚确实具有一定的中立性，有代表中间利益（而未必是普遍利益）的可能性。

不惟如此，官僚也可能是社会公共利益的维护者。恩格斯指出，当社会两大主要阶级的斗争到了势均力敌的地步，以致谁也无法战胜谁，谁有没有统治下去的能力的时候，国家即官僚群体就会承担维持统治和秩序的职能。但是，恩格斯在某些场合似乎又认为，这种职能的发挥并不是暂时的，而是一种常态。他在《反杜林论》中指出，社会职能的独立化会逐渐上升为对社会的统治，作为"公仆"的官僚也会变成"主人"，其原因在于国家官僚的作用是不可或缺的："政治统治到处都是以执行某种社会职能为基础，而且政治统治只有在它执行了它的这种社会职能时才能持续下去。"② 在阶级的政治统治之外，一个社会的长期维持必须依赖官僚来履行非阶级的社会职能，而这种社会职能显然具有公共性和普遍性。另一方面，官僚的存在也是生产力不发达的产物。恩格斯认为，由于生产力不发达，劳动人民不得不占用很多时间来从事必要劳动，自然也就没有太多时间来管理国家事务和公共事务；只有到了生产力极大提高的情况下，每个人才有足够的自由时间来从事公共事务。③ 因而，在漫长的生产力不发达阶段，官僚必然成为公共职能的履行者。

总而言之，无论官僚履行某些中间职能，或是履行公共职能，他们的利益取向都有可能是整个社会的福祉。

尽管如此，官僚的社会职能却是在一定的社会制度下运行的，其所任职的政权机构在稳定时期也是属于统治阶级的。虽然官僚在履行社会公共职能时总有一定程度的独立性，特别是在阶级斗争"势均力敌"的情势下，这种独立性更强，但是，一旦强势阶级获得

---

① 《马克思恩格斯全集》中文第 1 版第 31 卷，人民出版社 1972 年版，第 209 页。

② 恩格斯：《反杜林论》，人民出版社 2015 年版，第 190 页。

③ 同上书，第 193 页。

了主导地位，官僚就不得不居于从属地位，成为统治阶级的"工具"。实际上，这个"工具"本身就是由统治阶级各阶层和被统治阶级中的上层构成的。官僚之所以被称为"地主和资本家的国家寄生虫"①，其中一个原因就是它本身就是由地主阶级和资产阶级中的"过剩人口"组成的。统治阶级设立大量官职，是为了安置其阶级中的一部分人口来为其履行一定的社会服务职能，因而在官僚中到处都是"高俸厚禄的阿谀之徒、闲职大员"②。此外，被统治阶级的上层也进入到官僚队伍中，以便利用其身份和知识更好地反对人民的利益。③ 所以，在资本主义制度下，现代国家政权不过是"管理整个资产阶级的共同事务的委员会"而已，④ 而官僚则是这个委员会的常设机构。

然而，公务员不只是甘于充当统治阶级的附庸。实际上，官僚也是一个追求自我利益的群体。马克思在 1843 年写道，官僚机构易于"把形式的东西充作内容，而把内容充作形式的东西。国家的目的变成行政办事机构的目的，或者行政办事机构的目的变成国家的目的"⑤。既然官僚是国家行政机构的执掌者，他们的专业性、秘密性、常设性和特殊的行事方式便赋予了他们一定的特殊权力，这种权力是官僚群体以外的任何力量都难以把握并予以监督的。在此情况下，官僚便可以把自己以及官僚群体的利益掺杂在机构行为和国家行为中，使其自然而然地成为国家目标。最终，作为"特殊的、封闭的社团"，官僚机构认为"它自己是国家的最终目的"，于是，"国家的目的变成了他［每个官僚］的私人目的，变成了追逐高位、谋求发迹"⑥。在某些情况下，为了维持整个群体不偏不倚的公正

① 《马克思恩格斯全集》中文第 1 版第 17 卷，人民出版社 1963 年版，第 660 页。
② 同上书，第 590 页。
③ 《马克思恩格斯文集》第 3 卷，人民出版社 2009 年版，第 196 页。
④ 《马克思恩格斯文集》第 2 卷，人民出版社 2009 年版，第 33 页。
⑤ 《马克思恩格斯全集》中文第 2 版第 3 卷，人民出版社 2002 年版，第 60 页。
⑥ 同上。

的、公共的外观，官僚们甚至要故意调动统治阶级和被统治阶级的斗争，让"资本家和工人彼此保持平衡，并让他们遭受同等的欺骗"①，以便从中维持其"中立、客观"的地位。这表明，官僚为了维护自身的地位，很有可能做出损害社会利益的事情。

由此可见，从马克思主义的视角来看，官僚作为一个具有稳定特征的团体，既不是理性、高效的现代国家工具，又不是完全无用的寄生者，也不是完全维护社会公共利益的"公仆"，而且也不仅仅是统治阶级的附庸或是自身利益的维护者。但是，官僚集团又把所有这些功能或角色集于一身，是一个十分复杂的群体。

无论在利益关系中如何定位，官僚都是被称之为"国家"的组织中最稳定、规模最为庞大的集团。即使在看似以选举为主要制度特征的西方民主国家，官僚集团都是各种政治和社会集团中最有影响力的部分之一。他们"不仅担任极大比例的公私协会委员和负责人，而且在几乎所有公共政策的制定、抉择和执行中具有一定的影响力"。不仅如此，这些官僚还掌握着大量的来自各个领域的信息，具有行政方面的专业知识，更不用谈其接近立法者，或者说他们中的高级别成员本身就是决策者的一部分。这样一来，"他们不必依赖后者而能够形成自己的偏好"。② 这样看来，官僚集团本身具有的优势和力量使其具备了一定的博弈能力，使其可以在各种利益取向中进行选择。

基于公共选择理论所谓自私自利的经济人假设，官僚首先是为自己的利益而考虑的。但是，一定的制度条件和环境条件构成了官僚选择的约束和限制。于是，从根本的利益取向而言，官僚集团可能为社会公众利益而工作，也可能为统治阶级如地主阶级或资产阶级来服务，并在此过程中争取自己的利益。这些取向可能在历史上

---

① 《马克思恩格斯全集》中文第 1 版第 21 卷，人民出版社 1965 年版，第 196 页。

② ［美］埃里克·A. 诺德林格：《民主国家的自主性》，孙荣飞等译，江苏人民出版社 2010 年版，第 159—160 页。

是重要的，在官僚集团在一段时间内作为统治力量而存在的时候甚至是具有决定意义的，但是，对于现代国家尤其是西方民主国家而言，官僚集团被置于政党的控制之下，而政党作为代表社会而又执掌或谋求执掌控制社会的国家权力的结构，已经在相当大的程度上切断了官僚集团自主选择为社会某种利益而效忠的途径，直接为某个利益集团服务已经被视为不具有合法性的腐败行为了。因而，从实际的利益关系而言，官僚集团在政治意志的形成层面已无须并且也不可能面对各种利益集团，而是直接面对执政党及其政治家。资产阶级和普通民众对于官僚集团的影响事实上是经由执政党及其政治家来中介的。当然，需要再次强调的是，官僚效忠于自己的利益是任何制度结构都难以剥夺的基本动机。

既然在西方民主国家，官僚集团的地位如此重要，而其利益取向又是多元的，那么对于执掌政权的政党来说，在社会福利问题上的关键便在于正确地塑造官僚的激励，使其社会福利方面的利益与自己的施政纲领或改革方向相一致。沿着这条路径探索，我们不妨以如下这个模型来分析。假定执政党有保守型政党和扩张型政党两种类型，并如民主福利刚性说所说的那样，选民具有要求福利不断扩张的要求，那么执政党和官僚集团的关系则取决于官僚集团的福利与其他社会成员的福利之间是否存在明显的区隔。

表 5.1　　　　　　　　官僚集团对执政党社会福利政策的影响

	官民福利一体化	官民福利区隔
保守型政党	取向不一致/改革	取向不影响/保留
扩张型政党	取向一致/加剧	取向不影响/保留

来源：作者自制。

如表 5.1 所示，在官僚集团的福利融入整个社会福利体系时，如果执政党倾向于福利紧缩政策，那么它在进行福利改革时，不得不对官僚集团的福利进行紧缩性调整，否则会引起社会的不满，但是无论如何，改革本身也必然会激发官僚集团的不满；如果执政党倾向于福利扩张政策，那么居于"近水楼台"优势地位的官僚集团必然首先会扩张自己的福利，造成社会福利攀升更为严重。既然官僚是社会公共职能的承担者，那么，无论何种倾向的政党上台，都必须以官僚作为其政策的执行者。在官民福利一体化的情况下，只有扩张型政党才会得到官僚集团的支持，施政成本很低；而保守型政党的改革则面临着官僚集团的强烈抵制，不可避免地使其政策的执行受到影响。因此，官僚集团是可能会成为社会福利刚性的助推力量和福利紧缩改革的障碍。

然而，如果官僚集团福利和社会大众福利是相区隔的，即官僚集团执行一个福利体系，社会大众遵循另一个福利体系，这两者在一定程度上是互相独立的，那么情况就不同了。对于保守型的执政党来说，虽然触动官僚集团的福利必然会增进整体社会福利改革的成效，但由于其所占份额不高，实际上这种成效也并不显著，反而会带来官僚系统的抵抗，阻碍其改革措施的施行；更有甚者，官僚集团可以和抵制福利改革的其他利益集团结合起来，迫使改革举步维艰甚至停滞不前。因此，保守型执政党大可在保留甚至以较低的成本增进官僚集团福利的前提下对广泛的社会福利体系进行紧缩改革，以此换取官僚的政策忠诚。而对于扩张型的执政党来说，广泛增进社会大众的利益可能会赢得选民更大的支持，虽然增加官僚的福利也是可能的，但扩张型的福利政策通常不需要争取官僚的支持就得以自动执行下去。就此而言，保留官僚系统的福利是一个可行的选择。总之，在官民福利相区隔的情况下，官僚集团的利益和社会大众的利益相对而言也是互相独立的，这样一来，官僚未必构成社会福利刚性的助力因素或福利紧缩改革的抵制者。

这种基于公共选择理论的分析进路的关键，就在于对结构性因素的把握：制度结构的不同造成了利益结构的差别，利益结构的差别又塑造了不同的动机。故而，对于民主国家的执政党而言，基于特定制度结构下的官僚动机来选择策略，使官僚的激励与其施政或改革目标相一致才是问题的关键。在社会福利问题上，当官僚的福利构成和福利水平与社会大众的福利待遇存在较大差别的时候，两者的利益也是不相同的，从而对于福利政策的需求和动机也是不一样的，这样一来，两者对于执政党特定的福利政策也自然有着不同的反应。因此，执政党较容易通过"收买"官僚阶层来推行其社会福利政策。

就特定国家的官僚对于福利刚性的作用而言，公务员的规模并不是决定性的因素。在有的国家，尽管公务员占人口的比例不高，但由于其福利待遇和社会福利合并了，任何福利紧缩改革都会激起公务员的反对。在另一些国家，虽然公务员规模庞大，但福利紧缩改革政策能够得到官僚的支持而较为顺利地贯彻下去，关键就在于官僚集团享受着特殊的福利政策。例如，在英国和美国，公务员或者政府雇员的规模并不是最庞大的，而且 20 世纪 70 年代以后，公共机构不断被裁撤，行政开支也时不时地被控制或缩减，但是，福利改革很容易引起反抗。而对于德国而言，尽管包括政府官员、大中小学教师、联邦军人、法官、社保机构人员等在内的"公务员"队伍十分庞大（2013 年为 573 万人，约占总人口数量的 7%），但由于他们被减免了缴纳社会保险费的义务，实行特殊的福利待遇，[①] 因此，在福利紧缩改革中，他们并没有成为反对执政党的主要力量。因此，即便同样实行民主制度，也未必同样会形成塑造福利刚性的因素，因为官僚的利益和"民主"之"民"的利益可能是区隔的。

第二节 国家自主性与德国社会福利 政策的动态变迁

德国国家的发展和社会福利制度的发展有着密切的关系，呈现

---

① 刘涛：《德国社会福利体系及其对中国社会福利制度设计的启示》，载《中国公共政策评论》（辑刊）第 9 卷，商务印书馆 2015 年版，第 164—179 页。

出国家自主性越强，社会福利水平的提升越慢，甚至出现紧缩的规律。利用上面提到的国家概念的三个维度，可以从三个角度展开分析：第一，德国国家自主性的"主"的方面，即建立政治统一体和有效政权的过程，对社会福利水平的影响。从德意志帝国到联邦德国，德国经过了艰苦的探索才完成了国家的构建，形成了稳定的和平秩序，国家自主性也经历了一个波动的过程，并同社会福利的变动呈现出一定的关系。第二，德国国家自主性的"自"的方面，即国家如何形成自己的政策意志。具体而言，这里的问题是联邦德国执政党的政治家如何在民主制度下形成福利紧缩改革的意志。第三，已经形成福利紧缩改革政策的国家意志，如何使自己的"躯体"即行政官僚集团贯彻自己的意志。

一　国家构建、自主性与福利政策

1871 年，德国以战争和外交手段实现了统一，建立起德意志帝国。帝国以普鲁士王国为核心，并将皇帝的君主专制和专业化的行政官僚与联邦制结合起来，维护着帝国全境的统一。从阶级的角度来看，帝国在形式上保留着封建等级贵族的统治，农业经济和农民仍然在北部和东部的庄园经济中大量存在，但经过 50 年代以来资本主义工业的大发展，资产阶级和工人阶级也成长起来。

当时关于建立社会福利制度的学说明确拥护国家对社会的主导作用。无疑，普鲁士精神、浪漫派和德国古典哲学都是社会福利制度的观念基础，但是直接充当德国福利制度思想来源的，实际上是历史学派的主张。旧历史学派的代表、国民经济学家李斯特（Friedrich List）认为，国家应当对经济进行干预，通过保护主义和产业政策来培育生产力，再通过公共支出增进国民的福利，以此使得生产和再生产向着建立强国的方向不断前进。而新历史学派的代表施穆勒（Gustav Schmoller）、桑巴特（Werner Sombart）、瓦格纳（Adolph Wagner）等反对完全放任的自由经济，认为它会造成很多弊端。他们强调，经济也应具有伦理意义。按照他们的设想，应当建立卡特尔垄断组织，以此摆脱资本主义发展无序性导致的经济危机和消除社会贫困。在雇主和工人之间以及在资本主义和社会主义之间，也应当组织起协调冲突的框架。由于国家处于伦理的顶端，指导决定着经济发展的进程，因此，国家应当积极干预经济生活，并使之处于规范的轨道上。新历史学派为了推广他们的主张，建立了社会政策协会，积极向政府和社会提出具体的社会改良方案，受到了帝国首相俾斯麦的欢迎。

从社会本身来看，各阶级之间结盟与对立关系并存。从国家自身来看，君主专制的传统、专业化的行政官僚和强大的常备军构成了国家自主性的组织支撑，社会各阶级之间的均势为国家自主性的发挥提供了历史机遇。恩格斯指出，在德意志帝国，"资本家和工人彼此保持平衡，并为了破落的普鲁士土容克的利益而遭受同等的欺骗"[1]。国家本身代表地主和贵族，既打击新兴的资产阶级关于社会地位和政治地位的要求，又支持资本主义工业的发展，在立法和经济方面吸收资产阶级的参与。与此同时，它一方面奴役农民，却又需要农民对国家的忠诚；另一方面打击工人，但又通过社会福利制度满足工人的一些要求。由此可见，帝国的国家自主性是在阶级均势的社会条件下存在的，而且建立在强大的国家机器之上。

在这样的背景下，社会福利制度主要是为了缓和工人阶级对于国家的对抗，减少罢工等工人运动对于政治经济秩序的冲击，[2] 但是，帝国的保险制度也兼顾了等级社会的现实。以养老保险为例，俾斯麦时期，养老保险费用的缴纳和收入有关，并以此分为四个等级。[3] 再如，工人、职员、公务员、军人及烈士遗属的福利待遇各不相同。根据《帝国保险法典》，职员的保险金是工人的两倍，公务员

---

[1] 《马克思恩格斯文集》第4卷，人民出版社2009年版，第191—192页。

[2] 和春雷编：《社会保障制度的国际比较》，法律出版社2001年版，第16—19页。

[3] 王玉龙等：《福利国家：欧洲再现代的经历与经验》，北京大学出版社2010年版，第62页。

和军人的待遇则更为优厚，而且与职业等级紧密相关。[1]

可见，帝制国家具有强大的自主性：它可以迅速发动一场社会福利改革，建立起全面的社会保险体系，强制雇员和雇主缴纳社会保险金，而无须在意他们的反对；但另一方面，这种强大的国家自主性并不意味着背离当时政治力量的格局而建立一套全新的社会福利体系，相反，它的这种再分配是对既得利益的一种确认。在这个过程中，受益最多的是国家本身。它通过社会财富的再分配将管理社会福利的权力掌握在手中，减弱了对抗性因素的作用，从而进一步强化了自主性。

这种强化了的自主性也体现在，国家可以自主调整社会福利的内容，特别是防止社会福利水平的提高。例如，关于设立劳动仲裁法庭和企业委员会的法案均被国家否定。1914 年，帝国内务部国务秘书德尔布吕克宣布要控制社会福利的规模。他在国会演讲中，提出了"被理解的社会政策"的概念，强调社会政策不能只考虑工人的利益，也要兼顾企业主的利益，必须在经济能够承担的范围内运行，并且其目标是为了使帝国强大。[2] 这表明，帝国政府在社会福利事业上的自由空间很大，甚至可以说是"取之予之，全凭己意"。

从帝国政治制度和政党状况来看，强大的国家自主性是由政治体系来保障的。在帝国政治的顶端，皇帝依靠军队的支持稳居宝座。根据帝国宪法，帝国首相和政府都由皇帝任命，不经帝国议会选举产生，也无需取得帝国议会的信任。在帝国议会中，虽然出现了各个政党，包括代表工人、教会、地主、雇主、小资产者等各个阶层的社会民主党、天主教中央党、德国进步党等在内，但是它们只能参与立法，不能经由议会的途径担任政府公职。因此，政党虽然是沟通国家和社会的合法渠道，但是其没有掌握国家政权，只能代表

① 参见 F. Kleeis, *Geschichte der Sozialen Versicherung in Deutschland*, Berlin: J. H. W. Dietz, 1981。

② 孟钟捷：《现代性与社会政策改革——1890—1933 年间德国社会政策探析》，《安徽史学》2004 年第 5 期。

社会向国家"陈情"，而无力做出真正有效的决策。马克思认为，德意志帝国是"一个以议会形式粉饰门面、混杂着封建残余、同时已经受到资产阶级影响、按官僚制度组成、以警察来保护的军事专制国家"①。

在这种情况下，国家不仅可以建立社会福利体系，也可以根据财政和军事的需要削减社会福利，甚至可以废除这个体系。对于政府来说，社会福利是一种主动缓和社会压力的手段，也是一种负担。所以，在帝国统治期间，社会福利虽然在完善，但始终处于低水平的发展轨道上。据计算，帝国的社会福利开支占 GDP 的比例直到 1900 年才开始高于 3%，到 1915 年才开始高于 5%。②

德意志国家和国家自主性对社会福利水平的这种影响，到了魏玛共和国时期就发生了翻天覆地的变化。"一战"末期，帝国政权最重要的支柱军队在前线接连战败，各地纷纷发生苏维埃革命；在很多地方，工兵委员会控制了政府，但并没有彻底取得政权，也没有取得广泛胜利；皇帝逃亡国外。一时间，国家失去了政治权威，陷入权力真空状态。为了争取各地工兵委员会的支持，同时又避免建立无产阶级专政，马克斯亲王紧急把权力移交给社民党的艾伯特，共和国才宣告成立，而就在当天，李卜克内西也宣布成立了一个工人政权。此后，各地选举各政党代表组成国民议会，社民党得票最多。在魏玛国民议会开幕当天，全德工兵苏维埃把权力移交给国民议会，在此基础上通过了宪法。最终，代表改良派工人利益的社民党，代表教会和大资本家、大地主利益的中央党和代表中小工商业资产者和知识分子利益的民主党组成了联合政府。

这个政权从一开始就处于社会各阶级和各阶层互不信任的氛围中。军人谴责工兵苏维埃在它们背后"戳了一刀"，对随后产生的共

---

① 《马克思恩格斯文集》第 3 卷，人民出版社 2009 年版，第 446 页。

② C. Pierson, *Beyond the Welfare State? The New Political Economy of Welfare*, University Park: The Pennsylvania State University Press, 1998, pp. 106 – 120.

和国并无真实的拥护意愿。共和国对工兵苏维埃做出了巨大让步，引起了资本家的不满。而在工人看来，这个共和国只不过是资产阶级窃取了工人革命的成果，也并没有真心拥护。随着帝国的倒台而丧失社会地位和政治地位的容克地主们和极端保守派，对共和国更是充满怨恨。[①] 从国家概念的三个维度来看，魏玛共和国虽然建立了政权，但是在排除强大的暴力机关即军队的前提下进行的，因而很难以暴力为后盾，获得社会的服从；它尽管建立了宪制秩序，但其政权的合法性却来自工兵苏维埃的让渡，而其性质却又与工兵苏维埃完全不同，而且作为制宪者的各支政治力量都只是勉强同意了宪法，因此，这个政权得不到广泛的支持；此外，魏玛共和国虽然保留了高效的行政官僚，但并无统一的政府，相反，内阁是由利益极端冲突的阶级代表组成的，因而只是表面上达成了妥协，实质上仍处于分裂状态，并无统一的国家意志主导。总之，社会是极度对立的，国家也是极度分裂的，魏玛共和国成了妥协的场所，而非独立的、有力的国家，在此意义上，国家自主性也就谈不上了。

根据《魏玛宪法》，德国实行议会内阁制，但同时吸收了总统制的元素。议会和内阁是政党运作的舞台，而魏玛又实行绝对比例代表制，导致多党林立，大小政党有 100 多个，能经常进入议会的又多达 20 多个，政治光谱上呈现出极右、右翼、中右、中间派、中左、左派和极左派等各支力量的影响。联合政府也极不稳定，后期的联合政府甚至无法在议会中得到多数票的支持，而被迫由代表军方的兴登堡总统来任命。这些社会力量完全把国家作为他们激烈斗争的舞台，充分利用其民主权利为自己谋利，要求社会福利政策向自己倾斜。[②] 其结果是，社会福利迅速扩张，社会支出急剧增长，最终出现恶性通货膨胀，而任何一方既没有意愿也没有能力来终止这

---

① 参见［美］科佩尔·平森《德国近现代史》，范德一等译，商务印书馆 1987 年版，第 473—560 页。

② 孟钟捷：《现代性与社会政策改革——1890—1933 年间德国社会政策探析》，《安徽史学》2004 年第 5 期。

种危险的状况（参看本书第三章第一节）。

如果说在实质君主专制下，真正意义上的国家和国家自主性取决于君主、军队和行政官僚是否具有雄厚的实力和统一的意志，那么在民主政治下，当一支强大的军事力量和有效率的行政官僚支持宪法所建立的、得到公认的政权和秩序时，国家意志和国家自主性更多地取决于政党格局是否能够实现一致的执政意志。令人遗憾的是，魏玛共和国没能达到这种状态，反而使社会福利政策在国家自主性缺失的情况下走向急速扩张的方向，培植了顽固的福利刚性，最终引发了严重的政治经济危机。

然而，对于联邦德国来说，国家构建和国家自主性的形成却走了一条相当特殊的道路，并由此与扩张性的社会福利措施保持了相当的距离。联邦德国是在"二战"后英法美三国占领的情况下完成建国的。当时，西方占领当局实行了"去军事化"、"去纳粹化"和"去集中化"的措施，军人的力量被剪除，大型军工联合体被解散，支持纳粹的右翼大地主和重工业大资本家被镇压；共产党在西部的活动也受到抑制，并且随着西方占领区和苏占区的矛盾越来越激化，共产党的活动也被限制在很窄的范围内。总之，极左和极右的政党及其所代表的极端势力都被镇压或清除，社会上的阶层主要是中小工商业者、职员、公务员和工人等，在政治领域则主要是他们的代表基民盟、基社盟、社民党、自民党等立场较为温和的政党。

从国家概念的三个维度来看，联邦德国不是先通过军事力量建立政权，再通过宪法确立秩序并凭借政党政治和专业的官僚队伍来塑造国家能力的。在占领当局的领导下，即使没有军队的作用，德国也处于和平状态。而且，随着英、美、法三国决定将分别占领的地区合而为一，西部占领区已经成为一个准政治共同体，也就是一个准国家。原有的官僚队伍被审查后，只要不是支持纳粹的力量，就仍然留任于各地方行政机构之中，德国传统的专业官僚集团仍然得以保留。占领当局又成立了一系列协同的最高行政机关，并吸收了大量德国人参加，如艾哈德所在的"联合经济区经济委员会"的管委会。这些机关和官僚队伍结合起来，形成了准国家的行政能力。在形成准政治共同体和准国家的行政能力的基础上，1948 年 7 月，西方占领当局授权各州政府召开国民代表大会，制定宪法。随后，由各州议会选出 65 名议员参加了国民议会，其中，社民党和联盟党各有 27 名议员，基民盟的阿登纳被选为议长。这种政党格局使得《基本法》明显偏向于资本家和自由竞争的市场体制。最后，各州议会批准了《基本法》，宣告德国宪制秩序建立。至此，一个准国家正式进入国家阶段（虽然其军事能力仍然受限）。1949 年 8 月，第一届联邦议院举行选举，自民党的豪斯当选总统，阿登纳当选总理。[①]从国家概念的三个维度来看，联邦德国的国家构建经历了一个从外部压力下的准政治共同体，到构建由外部行政机构和内部行政官僚队伍组成的行政机构，再到在各政党、各地方的影响下制定和通过宪法建立宪制秩序，最后到选举议会和内阁并以执政党来领导行政官僚的过程。

这种特殊的国家构建使得战后的德意志国家具有先天的强化因素，也有先天的弱化因素。弱化因素是：国家缺少军事力量后盾；联邦制和各州先于联邦存在的事实，使各州相对于联邦拥有很大自主性；同样，行政官僚相对于议会和内阁也具有很大自主性。强化因素是：西方占领国希望德国在两极对立的世界形势下成为完整的、有行动能力的国家；社会领域各支力量相对温和，主要政党既参与了地方政府，也参与了制宪过程和第一届联邦议院；有一个政党（即联盟党）更受西方占领国认可，也全程参与了地方政府、制宪过程和第一届联邦议院，其领导人还当选政府首脑。随着联邦德国的发展，这些弱化国家自主性的因素越来越小：1955 年，联邦国防军成立；联邦一直在以各种方式扩大权力；[②] 战后"去纳粹化"过程

---

① 参见 [德] 宗特海默尔《联邦德国政府与政治》，孙克武译，复旦大学出版社 1985 年版，第 20—31 页。

② 参见王浦劬、张志超《德国央地事权划分及其启示》（下），《国家行政学院学报》2015 年第 6 期。

中对民主政治的强调，强化了政党对于官僚集团的优势。总之，随着时间的推移，联邦德国的国家自主性越来越强。

国家构建的过程和随后的发展，赋予了联邦德国以很强的国家自主性。从国家构建的三个维度来看，唯一的不确定因素是执政党与反对党之间、各执政党之间的状况。对于社会福利而言，主要执政党是持扩大福利还是缩减福利的立场，它是否与其他执政党达成了一致或者是作为唯一执政党，它能否换取其他政党的支持或对其反对视而不见，成为影响社会福利是否具有刚性的重要因素。可见，不同于帝国时期国家具有抑制福利的动机，也不同于魏玛时期国家成为扩张福利的工具，在联邦德国，单从国家概念的三个维度来看，国家自主性对于社会福利是扩张还是收缩的影响是开放的、没有倾向性的。但如果再考虑到以上所说的国家构建过程，德国政治体制中的福利紧缩因素（参看第三章）和德国的政党格局与政党体制（参看第四章），那么联邦德国的国家自主性总体上是倾向于社会福利紧缩而抑制社会福利刚性的形成的。

二　改革者的福利紧缩意志的形成

前面论述了民主国家作为一个工具所具有的潜在自主性和执行能力，也就是自主性的"主"的方面，但还没有论述"自"的方面，即主体意志的问题。另一方面，福利刚性论在论述民主制度下何以形成这种刚性时，对于具体执政的当事人为何会在社会福利政策上具有扩张的倾向性，尚缺乏令人信服的论证。

福利刚性论的一个看似有力的逻辑是，政党和政治家通过做出福利提升的许诺获得了执政权，又通过不用承担成本的公共资金兑现了这种诺言，其他的政党和政治家也会如此行事，造成福利只升不降。反过来，这也就意味着，政党和政治家不会选择降低福利水平的措施，因为这样做会有重大的政治风险：在民主制度下，一届政府只有短短几年，降低社会福利水平很有可能会丧失连任的机会，没有人愿意拿自己的政治生命去冒这样的风险。至于几十年后，社会福利体系是否难以为继，这对于政治家来说实在是太久远的事情了。因此，在研究福利紧缩时，一个重大的问题是必须指出国家为什么会形成实行福利紧缩的意愿。

在这个问题上，公共选择制度主义从成本和收益角度进行的动机分析为我们研究德国政党和政治家的紧缩意愿提供了可靠的路径。德国主张紧缩的政党和政治家（以下简称为紧缩者）当然也面临着所有西方民主国家的政治家要面临的成本和收益模型。他们的成本主要是降低社会福利水平引起的民意反对。在民主政治的架构下，民意的反对可能会触发不信任票、弹劾甚至提前大选，或者最晚在下一届大选时丧失执政地位。

然而，民主制下的福利刚性理论都对紧缩者面临的收益避而不谈，但正是这些收益促成了他们实行福利紧缩改革的意愿。他们的收益有这样几个方面。

首先，紧缩社会开支可以在减轻财政压力的同时，腾出更多的资金用在社会经济中更加需要的地方，凸显紧缩者的政绩。财政收支的平衡不仅关系到一国经济和社会的稳定性，也关系到执政者手中可以使用的资源规模。紧缩社会开支对于 20 世纪 70 年代以后的紧缩者而言，可以起到"一石二鸟"的效果。一方面，完善的社会福利体系带来的财政压力巨大，一旦某个时刻客观上的资金限制导致福利需求难以满足，就可能在福利受益者利益集团的鼓动下，引发严重的政治问题。紧缩福利实际上就是在拆除这种"不知何时爆炸的火药桶"，增加执政的稳定性。另一方面，社会福利体系已经相当完备，增加一点开支在政治上带来的边际收益微乎其微，相反，即使是小幅度的福利紧缩也可以腾出很大规模的资金，用于解决那些亟待解决的问题，获得受益群体的支持，并凸显执政者的业绩。包括德国紧缩者在内的福利改革家客观上都面临着边际福利投入效用递减的形势。

其次，福利紧缩措施可以从社会强势利益集团方面获得更多的支持，并通过这些支持在选举方面赢取优势。从利益集团的角度来看，社会福利的支持者包括工人、退休群体等利益集团，其在政治上的主要资源就是选票。由于人数的优势，它们的作用不可小觑；但这些集团的弱点在于，选票几乎是它们唯一的资源，而利益集团数量又多，组织程度和覆盖人群的规模不一，导致选票的影响力呈现出分散的特点，而且，并不是每一个集团都能从福利扩张中受益。所以，对紧缩者来说，他们在政治上不一定是最重要的集团。相反，由于西方国家（包括德国在内）的相当一部分利益群体，例如雇主集团，非但不能享受很多保险（如医疗保险），反而要为自己和员工缴纳高昂的费用，因此，他们通常是福利紧缩的受益者。虽然西方国家实行民主制度，且相当一部分西方国家都建立了福利国家，但它们都实行资本主义制度，在政治上最有影响的群体仍是包括雇主在内的资本家集团。这些资本家集团一般人数少、规模小，但也因此组织程度高，而且它们还有雄厚的资金，掌握着传媒机器和民意调查机构，集中了社会精英，与貌似中立的学术机构和专家学者保持着密切的联系。因而，在选举中，它们可以利用这些资源为紧缩者服务，其资源优势并不逊于社会福利支持者的选票。

再次，在特定时刻，福利紧缩的意愿能够获得广泛的反响，便于从民意中汲取政治资源。比如，在经济危机时期，受害的不只是一两个利益集团，而是几乎所有群体。对西方民主国家的研究发现，大规模福利紧缩改革通常发生在经济危机之后的一段时间。在 20 世纪 70 年代，西方各国都发生了经济滞胀的危机。在危机的最初阶段，紧缩措施已经在一些福利项目上实施了，但并没有大规模展开；相反，为了补偿危机造成的各方面损失，总的社会开支甚至有所增加。但在危机之后的一段时间，福利紧缩的意愿会在广泛的社会阶层中酝酿和发酵。最终，紧缩者的意愿同社会的广泛意愿会达成一致。在这样的时刻，就会展开大规模的福利紧缩。例如，20 世纪 70 年代末和 80 年代初，不仅英国撒切尔政府和美国里根政府大规模地削减福利，德国在 1982 年科尔政府上台以后，也开始执行福利紧缩措施。

德国在 90 年代没有赶上互联网科技革命的热潮，却在 21 世纪初受到了泡沫破裂的冲击，一度经济增长乏力，失业人口较多，财政赤字和债务也达到了相当的规模。此后，当来自德国社民党的施罗德总理制定"2010 议程"，开启福利紧缩改革时，一项调查显示，大约有 60% 的受访者表示将减少购物和旅游开支，81% 的人表示将放弃一些奢侈消费，有三分之二的人表示要增加存款，表明他们已经为福利紧缩做好了准备。① 一份民调指出，50% 的老联邦州居民对福利紧缩表示支持。② 而通过图 1.6 也可以看出，在 2008 年经济危机之后，德国的社会开支还有所上升，但从 2009 年之后开始下降。

可见，紧缩者的策略是，在一般情况下，只推行小规模的紧缩；而一旦发生危机，民意逐渐产生了紧缩倾向，紧缩者就会果断抓住时机，向社会福利"开刀"。顺便提一下，从这里也可以看出，社会福利虽然可能对债务危机的发生有一定责任，但不一定是引爆债务危机的主要因素，可是，紧缩者会营造舆论，影响选民的改革意愿，使选民认定债务危机就是福利危机，从而为其紧缩改革奠定民意基础。

复次，福利紧缩改革通过减少财政压力，为减税提供了空间，而减税则会刺激经济发展，给紧缩者带来经济绩效。在现代西方民主国家，执政者的合法性和权威并不只是来自于在选举中获得的选票，也来自于其治理的绩效。经典的权力合法性框架是由马克斯·韦伯从政治社会学的角度搭建的，他将权力与权威区分开，认为权力之所以能够稳定并行之有效，是因为它具有权威，而权威则来源于合法性，因此权威和合法性是"一体两面"的。他指出，权威有传统型权威、克里斯玛型权威和合理合法性权威。

当然，当代学者也有从价值哲学的角度提出问题的，如罗尔斯

① 立中：《德国的社会福利与社会福利改革》，《社会福利》2003 年第 8 期。
② 国家发展改革委外事司：《德国开始向社会福利体制开刀》，《中国经贸导刊》2003 年第 22 期。

认为，正义才能提供合法性。不过，更符合实际的是塞缪尔·亨廷顿（Samuel P. Huntington）的看法，他在对威权体制民主化的研究中指出，[①] 威权国家通过压制政治纷争，使国家意志集中于经济发展，取得了良好的发展绩效，并由此获得了合法性。这种合法性也可以称为"绩效合法性"。随着治理理论的兴起，对治理绩效的关注也使得这种源自非西方社会的概念被用来解释或评判西方国家的合法性问题。实际上，这种合法性也与凯恩斯主义的盛行、经济的复杂化加重了当代国家的社会经济经营责任有关。

就此而言，削减社会福利一般情况下为减税提供了空间，而减税通常能够在较短时间内提升经济绩效，使广泛的社会阶层从经济增长中获得收益，而不必过分依赖社会福利补贴；同时，执政者也从中得到了"合法性"。事实上，在减税中受益的是产业利益集团，因为从静态的角度来看，企业税收减少，企业利润肯定有所增加，而福利领取者是受损的，一般的纳税人则是得失兼有；但从动态的角度来看，减税可以促进增长，做大福利"蛋糕"，大部分人都将受益。

在撒切尔改革和里根改革中，这种"绩效合法性"都有明显的体现。对于德国而言，情况较为复杂。20 世纪 80 年代，科尔联合政府推行的福利改革具有这种效果。施罗德联合政府也出台了减税措施，[②] 但戏剧性的是，在这种"绩效合法性"的效果还未形成之时，德国于 2005 年解散议会，重新举行了大选；在这次大选中上台的默克尔联合政府实际上并没有实行什么减税措施，因为当时欧洲和德国的形势需要财政援助，而最近几年经济表现很好，也没有减税的必要。

又次，紧缩者所在的保守制度环境降低福利削减的制度性成本，增加福利削减的收益。紧缩者并不是在制度真空中进行其成本和收

---

① 参见［美］塞缪尔·亨廷顿《第三波——20 世纪后期的民主化浪潮》，刘军宁译，上海三联书店 1998 年版。

② 参见《德国总理施罗德推出减税方案 计划控制失业人数》，搜狐网，http：// news. sohu. com/20050318/n224748115. shtml，2005 年 3 月 18 日。

益的理性计算的，相反，历史制度主义指出，历史形成的制度对政治行为有路径依赖效应。通过第三章和第四章的分析可以看出，联邦德国的政治经济体制塑造了支持福利紧缩的保守制度文化，其政党格局的变迁又反映出福利紧缩倾向的持续作用，治理主义取向的政党联盟体制也为务实的紧缩措施提供了条件。所有这些构成了政党和政治家形成福利紧缩意愿的制度背景。在德国，主张紧缩的政治家可以从宪法和社会市场经济中寻找制度文化和制度构件，用以为紧缩措施的资源；对保守主义政党的领导人来说，他还可以从政党内部获得对紧缩政策的支持。最重要的是，一般在第二任期才实行的紧缩性改革，现在因为治理主义政党联盟的形成，而免除了后顾之忧。在民主政治下，第二个任期才实行改革是一个普遍现象。这是因为，当选的政治家需要在党内确立自己的权威，并带领政党巩固执政地位，而且为了连任，在第一个任期不适宜冒丧失选票的风险。但在德国这种超稳定的治理主义政党联盟体制下，政治家的畏首畏尾就没有必要了。这种联盟提供的确定性，实际上已经把风险成本降到了最低水平，而其收益则是，通过实施有远见的福利紧缩措施，未来的执政过程中不必过分担心福利体制的压力"重锤"突然落下，从而为更长期的执政打下了基础。

以上主要是从福利紧缩者的成本和收益的角度探讨，也夹杂着一些历史制度主义的分析。其实，社会学制度主义对于政党和政治家福利紧缩意志的形成很有说服力。与历史制度主义的"断裂—均衡"逻辑、理性选择的"成本—收益"逻辑不同，社会学制度主义强调的是趋同和调适的逻辑。德国政治家的紧缩取向可能是制度性的保守文化和自己所在政党本来已有的或者近来产生的政治理念建构的，或者说是本已有着类似理念的政治家与制度和政党的理念趋同的结果。

另一方面，我们也必须重视外来的影响。在20世纪70年代后期和80年代初期，撒切尔和里根削减社会福利的改革以及当时西方学术界对福利国家扩张的批判，形成了一股声势浩大的新自由主义潮流。这种潮流扩散到德国，也会塑造德国的"政治正确"。

除了英国和美国这样具有国际影响的大国，一些重要的国际组织，如国际货币基金组织、世界银行、经济合作与发展组织等会公布社会福利方面的研究成果，发布福利改革报告，督促各国降低福利水平。在一些拉丁美洲和东欧国家，要么这些组织发起福利改革倡议，通过贷款附加条件推动了相关国家的福利改革；要么这些国家主动邀请这几个国际组织加入到对改革规划的草拟中。①

但对于德国这样的西欧发达国家而言，对其社会福利紧缩改革产生重大影响的机构主要是欧盟。虽然欧盟为了推动劳动力的自由流动，敦促各国建立一定的社会福利制度，但它最重要的使命之一是推动和加深欧洲经济的一体化，提高欧洲各国在国际市场上的竞争力。因此，对于欧盟来说，过高的社会福利是经济发展的障碍，福利的紧缩才是主要的目的。尽管在成员国之内，民众对社会福利的提升有所期许，但"在欧共体/欧盟层面，市场的规则和经济发展的逻辑主导了政策的制定"。② 欧盟《马斯特里赫特条约》对成员国财政赤字和政府债务分别设定的 3% 和 60% 的上限，显然对于德国的社会支出构成了制度性的制约。在欧洲议会中，各国的产业利益集团比劳工团体的影响力更大，也不断促使欧洲议会通过一些缩减社会福利的法律或倡议。此外，自从欧盟在 2000 年开始实施"里斯本战略"，进行"实验主义治理"以来，各国专家也不断加入到跨国的政策讨论中来，提出了福利改革的建议，而在这些讨论中，"代表市场力量的各类企业团体会比代表社会立场的各类社会团体占据更加有利的地位"③。对此，身为欧盟核心成员国的德国不得不做榜

① 杨立雄：《利益、博弈与养老金改革：对养老金制度的政治社会学分析》，《社会》2008 年第 4 期。

② 张浚：《福利困境、"去民主化"和欧洲一体化：欧洲政治转型的路径》，《欧洲研究》2014 年第 1 期。

③ 杨立雄：《利益、博弈与养老金改革：对养老金制度的政治社会学分析》，《社会》2008 年第 4 期。

样，德国民众不得不去遵守这样的法律，适应紧缩的文化，但也因此对欧盟的反感越来越严重。

事实上，德国在欧盟的政治地位举足轻重，欧盟发布的这些带有福利紧缩内容的法律和倡议带有浓厚的德国色彩，特别是在财经纪律方面；也就是说，德国政府实际上是欧盟福利紧缩措施的幕后推手之一。通过"迂回"战术，德国紧缩者将在国内民众中可能引发的反对和不满转嫁给了欧盟，从而大大减轻了国内紧缩措施的民主政治风险。这不仅是一种被动的调适，更是一种主动的利用。对最开始使用这种改革策略的紧缩者来说，这是一种理性选择制度主义的制度变迁逻辑；但是对于后来的紧缩者来说，这却是一种适应的逻辑：他们可以继承这种既定的策略，而无须担心改革的民主成本。

三　紧缩改革中对官僚集团的特殊保留措施

就国家概念的三个维度来看，在国家政权有力、宪制秩序稳定、官僚机构专业高效的前提下，对社会福利的紧缩性改革一方面取决于执政党及其政治家的紧缩意志，另一方面也需要官僚机构对执政党紧缩意志的忠实执行。其中，前者涉及决策层面，后者涉及执行层面。民主—福利刚性论认为，现代国家的社会福利体系塑造了官僚集团和社会福利的紧密联系，使得官僚集团也成为了一个主张扩大社会福利、反对紧缩的利益集团。从国家自主性的角度来看，如果官僚集团阻碍紧缩改革，国家自主性将会遭受损害，紧缩改革的推行和政策的执行将会受到阻碍，由此导致社会福利刚性的形成。但是，就德国的情况而言，行政官僚不会成为贯彻福利紧缩措施的障碍。对此，我们可以从三个方面来探讨。

首先，德国公务员拥有优厚的、特殊的社会福利待遇，其利益在社会福利改革中一般不会被触动。

自德意志帝国拥有一支专业的行政官僚队伍以来，服从和高效的行政官僚一直是德国最稳定的特征之一。联邦德国《基本法》第

33 条第 4 款规定，"行使国家主权事务通常应作为常设任务交予有公法服务和效忠关系的公共服务人员完成"。公务员为公共事业和公共利益工作，这使其赢得了较高的社会地位，也培养了德国尊重行政力量的特殊文化。更重要的是，德国为公务员提供了优厚的福利待遇，这是他们忠实于执政党的领导并高效履行国家职责的重要原因。

就养老金而言，德国公务员无需缴纳保险费，其养老保险完全由国家财政从税收中筹措。联邦内政部负责制定公务员养老金发放办法，财政部负责保证养老基金的筹措和具体发放。公务员能够领取到的养老金按照其退休前最后一个月的工资、工龄和与法定退休年龄的差距等作为计算的根据，最高不得超过最后一个月工资的71.75%。根据德国联邦统计局的数据，德国男性公务员每个月可以领取的退休金平均为 3030 欧元，而普通男性公民的退休金则只有1096 欧元。① 可见，德国公务员的养老待遇相比于普通公民有着巨大的优势。

德国公务员的医疗待遇也很优厚。一般而言，国家为在职公务员支付 50% 的医疗费用，其前提是公务员基本不用缴纳医疗保险费，而退休的公务员可以报销 70%，如果有孩子且符合法律的规定，报销比例甚至可以达到 80%。据科隆市长在一次访谈中的说法，国家公务员每个月的基本工资有 10320 欧元，只需缴纳 200 欧元的医疗保险费；相比之下，一位月薪 4500 欧元的雇员每个月要缴纳 367 欧元的医疗保险费给法定养老账户。② 由于有这样的医疗补贴，公务员只需自主购买很小数量的医保，就可以覆盖余下的医疗费用了。

---

① 龙玉其：《不同类型公务员养老保险制度的比较研究——以英国、德国、新加坡为例》，《保险研究》2012 年第 7 期。

② Dirk Hoeren, "Kriegen Beamte zu viele Extras? Tübingens Oberbürgermeister Boris Palmer redet Klartext", *Bild*, (Jan. 10, 2018), https://www.bild.de/geld/wirtschaft/beamter/kriegen-beamte-zu-viele-extras-54427540.bild.html.

德国政府还尽力解决公务员的住房问题。政府对公务员住房联盟建房给予低息或无息贷款，其建设房屋和出租住房免收税金。大部分普通公务员都加入了公务员住房联盟，通过租住低租金的公务员公寓，解决了住房问题。①

可见，在德国，公务员的社会福利属于一种特权，并且这种福利和普通福利分开，进行专门的管理和核算，大部分由国家财政负担。这种受到体制保障的特殊地位，使得公务员能够忠诚地履行行政责任。当然，公务员也有法定的义务，那就是，他们无权参加罢工。

整体上看来，德国公务员的社会福利不受改革的影响。联邦德国历史上比较大的福利紧缩改革发生在1982年以来的科尔政府时期和2002年以来的施罗德政府时期。在这两次改革中，执政党基本上都没有触动公务员的社会福利待遇，而只是做了一些细微的调整，例如，推迟了退休年龄。但是，推迟退休年龄后，公务员可以多几年领到比退休金更高的工资，可以说影响不太大。再如，养老金替代率（即养老金占退休前工资的比重）在2010年从75%下降到了71.75%，下降的幅度也不大。只是在20世纪90年代，由于要建立货币统一的欧元区，德国削减了公务员25000人。② 但相对于100多万（2012年是170万）的公务员规模来说，这一措施影响也不大，而且也没有触动在职公务员的待遇。③

其次，联邦德国的行政改革对公务员的福利和公务员管理社会福利的方式影响不大。

联邦德国确实进行了几次行政改革，其中与社会福利紧缩改革

---

① 黄清：《德国低收入家庭及公务员的住房保障政策》，《城乡建设》2009年第4期。

② 甘峰：《欧盟行政改革促进货币统一》，《国际市场》1998年第12期。

③ Alan Posener, "Die ganze Wahrheit über das deutsche Beamtentum", *die Welt*, (Dec. 26, 2012), https://www.welt.de/politik/deutschland/article111494894/Die-ganze-Wahrheit-ueber-das-deutsche-Beamtentum.html.

同期进行的，有 20 世纪 90 年代以"精简型国家"为导向的改革、20 世纪 90 年代末以"激励型国家"为导向的改革和新世纪以来以"规制型国家"为目标的改革。① 其中，"精简型国家"改革其实是以英美的新公共管理运动为典范的，但已经比这次运动晚了 10 年；而且，这场运动主要是自下而上，由地方政府发起，最终促使联邦采取了一些有限的措施。这些措施主要是在行政机关内部进行的，主要方向是行政机构内部的标杆管理、绩效比较等企业化、合理化的措施。② 总体上讲，这场改革影响不大，因为德国行政机构本来就是相当专业化的，而且，这场改革也根本没有触及公务员的社会福利待遇问题。

在"激励型国家"改革阶段，德国政府确实吸收了"治理"理念，试图激活提供公共服务的非政府部门，包括就业机构，医疗保险、护理保险、养老保险经办机构，比如对它们进行合并，引入"客户"导向的服务优化措施等。虽然也有一些社会服务外包的案例和私有化的案例，③ 但整体上影响也不大，因为德国政府本来就不是社会福利的供应机构，它只负责制定政策，实际的提供者是各种公法机构和私人机构。至于"规制型国家"，其指导理念是"更好的规制"，而不是"去规制"（deregulation），主要任务是再造政府规制，以更好地处理政府与企业和市场的关系，对于社会福利也没有太大影响。

再次，社会福利改革主要通过调整机构间的关系来改变利益关系。

在联邦德国，确实有一批行政机关与社会福利紧密相关。除了

---

① 参见［德］维尔纳·杨《德国的国家范式和行政改革》，夏晓文译，《德国研究》2012 年第 4 期。
② ［德］克里斯托弗·理查德：《德国公共服务的市场化》（上），孙晓莉译，《北京行政学院学报》2003 年第 2 期。
③ ［德］史蒂芬·格罗斯：《德国的社会公共服务体制及改革》，《中国机构改革与管理》2014 年第 Z1 期。

地方机关，在联邦主要有联邦劳动和社会部、联邦卫生部与联邦劳动局。联邦劳动和社会部负责制定各项社会福利相关的政策措施，并且对这些政策的落实情况进行监管。除了内设部门，该部还管理联邦劳动法庭、联邦社会法庭、联邦保险局、联邦劳动保护和职业病研究所。联邦卫生部在社会福利方面主要涉及的是法定医疗保险和护理保险事宜。联邦劳动处则是一个在各地区都有分支机构的就业代办和监管机构。

　　由福利刚性论的角度视之，这些行政机构就是社会福利制度的既得利益者，并因而支持社会福利扩张的利益集团。这点在德国的社会福利实践中确实有所体现。特别是联邦劳动和社会部，它在推动社会福利方面确实有一些影响。因为它与议会的劳动和社会事务委员会合作，对议会通过相关法案很有帮助。就福利受益者如失业者来说，他可以在负责长短期失业人员待遇给付的联邦劳动局、负责管理领受社会救济金待业人士的基层社会福利局和负责介绍工作的工作介绍机构领取不同的福利，而组织架构的分散化和碎片化又导致了社会管理成本的提高和社会资源的浪费。

　　对此，在施罗德主政时期有一项创举，有助于破除行政官僚和社会福利的利益纠葛。在施罗德的第二个任期，新一届联邦政府进行了机构调整。原来的劳动和社会部解散。"劳动"业务被调整到经济部，并与经济部合并为联邦经济和劳动部；"社会"业务则调整到卫生部，组成联邦卫生与社会保障部。[①] 这种调整的目的，虽然是出于职能优化的考虑，但更是出于福利改革的目的。因为在当时的情况下，失业人员较多，失业救济金的支付面临着很大的压力。施罗德把"劳动"业务调整到经济部，是因为经济部一般而言是一个对社会福利政策持削减态度的部门，[②] 这样一来，劳动业务即就业政策

---

　　① 田永坡：《德国人力资源和社会保障管理体制现状及改革趋势》，《行政管理改革》2010 年第 4 期。

　　② 参见杨立雄《利益、博弈与养老金改革：对养老金制度的政治社会学分析》，《社会》2008 年第 4 期。

的制定便与宏观经济管理结合起来，其主要方向便会调整为压缩福利、促进就业和支持积极的劳动力市场政策，从而在组织机构上为实行福利紧缩措施做好了准备。与此同时，根据福利改革的哈茨 III（Hartz III）计划，联邦劳动处（Bundesanstalt für Arbeit）更名为联邦劳动服务局（Bundesagentur für Arbeit），其性质也由一个管理机构转变为以客户为导向的服务性机构，其业绩评价标准不再是难以量化的行政管理目标，而是——按照该机构的职责说明——推动失业人员再就业和防止失业救济金滥发的具体数量指标。这样一来，该机构促进就业的积极性得到了激发，为增加就业和减少失业救济金提供了组织保障。

总而言之，德国的整个行政官僚机构确实是社会福利制度的一大受益者，但福利紧缩改革者不仅不触动而且还保护其福利待遇，也无意通过行政改革影响其福利待遇，从而大大减弱了它们抵触改革的动机，换取了它们对于其他方面的社会福利改革的支持和对相关政策的积极落实。由于公务员的福利占据整个社会福利的比重较小，这种"以小换大"的策略显然是合算的。另一方面，通过机构的分化与调整，改革者改变了社会福利机构的目标和动机，使其向着有利于紧缩改革的方向调整。这也是德国福利紧缩改革的一个亮点。

第三节　基于法团主义的利益协调模式对社会福利的影响

所谓法团主义（Korporatismus, corportism 或 corporativism），是一种国家—社会关系构成模式，也是一种利益协调方式。在这种模式中，经国家承认或由国家同意（如果不是创立的话）而建立的数目有限、功能分化的团体，在各自的领域内被特意授予代表的垄断权，作为交换，其领导人的选择以及要求和支持的表达，要受到国家的某种控制。① 皮尔逊指出，利益协调主要有自由主义和法团主义两种模式。根据经验研究，在自由主义类型（包括澳大利亚、加拿大、英国、新西兰和美国等）里，利益协调机制相对比较零散，缺乏组织性，民主选举会起到关键作用；但对法团主义类型而言，选举的影响很小。②

德国被视为典型的法团主义国家。按照皮尔逊的说法，德国应当可以通过有组织的法团主义体制，对要求提升福利水平的利益集团进行协调，并减弱民主选举的压力，从而抵制或预防民主体制下的福利刚性。虽然关于德国的法团主义已经有很多研究，但关于德国为什么会形成社会福利的法团主义组织方式，法团主义如何影响社会福利水平的变动，利益集团协调究竟如何在法团主义的框架下就社会福利事宜达成妥协，国家如何利用法团主义进行紧缩性改革，目前的研究还很零散和粗糙，没有形成系统的归纳，对于德国福利改革中的策略运用也不甚重视。

一　辅助性原则与利益组织的层级性对社会福利的影响

德国的社会组织数量极多。据统计，2001 年在德国注册的各种协会有 544701 个，而德国人口只有 8200 万，可见社会组织对人们日常生活的介入之深。在这些社会组织中，利益集团大约在 3500 个到 7000 个之间（取决于不同的划分标准）。③ 而在这些利益集团中，与社会福利相关的利益集团主要有这样几种：（1）行业协会；（2）商会；（3）雇主协会；（4）德国工会联合会及其所属工会组织；（5）其他工会和就业者协会；（6）战争受害者或遗属的各种协会；（7）包括教会和红十字会在内的福利团体；（8）其他社会

① 张静：《法团主义》，中国社会科学出版社 2005 年版，第 142 页。

② ［英］保罗·皮尔逊编：《福利制度的新政治学》，汪淳波、苗正民译，商务印书馆 2004 年版，第 15—16 页。

③ ［德］沃尔夫冈·鲁茨欧：《德国政府与政治》，熊炜、王健译，北京大学出版社 2010 年版，第 40—41 页。

福利团体，如德国失业者协会。除此之外，还有一些利益集团也可能会介入到社会福利相关的事宜中来。

这些组织看似数量极多，但其作为利益集团，都是按照等级制的原则组织起来的；其所属领域虽然存在交叉，但边界模糊的情形很少；它们在各自的层级和领域的代表性既是被社会认可的，也是由国家承认的；并且它们既代表自己的成员与其他利益集团协调或向国家表达其利益和诉求，也同时受国家的委托，团结其成员落实国家的政策。在社会福利领域，德国的利益集团组织和协调也遵循法团主义的模式。

从历史制度主义的角度来看，这种法团主义结构既是社会结构转型和国家—社会结构塑造的结果，也是 19 世纪以来社会团体参与社会福利事业的延续。

首先，长期的封建等级制和以农业为主的历史培养了上下层级之间的庇护与忠诚关系。较早出现君主专制的英国打破了欧洲国家的等级制，形成了原子化的个人，而最早进行工业革命，又大大加强了流动性，所以英国的结社表现出多元主义、自由主义的特点。相比之下，德国在 1871 年之前一直是封建等级社会。农民被固定在土地上，养活自己的需求、封建徭役和赋税的义务和严苛的法令禁止其自由迁徙和流动。长此以往，从事农业生产的庄园自成一个小的共同体，土地上的庄园主、地主和自由农、租地农之间构成了一种服从、奉献和庇护关系。在城市，手工业领域形成权力巨大的行会，行会自有一套组织、规则和伦理，师傅和学徒之间既存在着某种情感上的师徒关系，又存在着经济上的雇佣—被雇佣关系和政治上的管理—服从关系。在这种情况下，共同体是按照清晰分明的领主和臣民等级制关系来组织的。每一级领主对其臣民都有庇护的义务，因而对于贫民和无以维持生计的人都有一定的救济性义务，也由此产生了各种各样零碎的福利形式。当然，这些福利形式只构成了这种以某种团体形式为核心的自治式协调的一个很小的部分，在生产中结成的生计供养关系和剥削关系才是团体协调的主要内容。

　　其次，在专制的普鲁士王国统一德国以后，德国古典哲学奉国家为精神发展顶峰的思想、教会的慈善精神和封建制遗留下来的等级庇护关系，形成了君主国家的父爱主义，促使俾斯麦把社会福利作为培养忠顺臣民的工具，国家成为指导社会福利事业的权威。① 德意志帝国深受普鲁士精神的影响。在普鲁士文化中，国家被奉为最高公仆和公共利益的化身，在各个社会力量之间充当着仲裁人的作用。"责任、秩序和公正"的信条取代了启蒙运动和法国大革命的"自由、平等和博爱"精神，义务甚至比权利更为重要，至少是同等重要。② 除了普鲁士的独特精神，在德意志人追求统一国家的过程中，对于民族的神化也十分盛行，这特别表现在 18 世纪和 19 世纪的浪漫派思潮之中。浪漫派对中世纪进行了美化，宣称脱胎于中世纪血缘和传统的德意志民族是一个有机的整体；个人不是单独的存在，而是整体的一部分，因此整体应当保护个人，个人与个人也应有机地联系和团结在一起；国家作为这个有机整体的集中体现，是民族精神的化身。③ 此外，德国古典哲学构建了在社会福利事业中进行在国家指导下的法团主义协调的理论基础。作为德国古典哲学的奠基人之一，康德虽然从其思想的根本和主要倾向上看是自由主义的，但他也在一些著作中强调了对合法国家的服从，甚至提到了国家可以通过征税等途径使有产者献出一部分财富，分配给缺乏必需生活资料的人用于维持他们的生存。④ 费希特对国家干预经济和社会生活的推重乃是众所周知；黑格尔在其《法哲学原理》中对原子化个人、市民社会和国家的"需要的体系"的描述也是闻名于世。后

---

　　① 雷威胜、张一：《德国文化对德国社会保障制度的影响研究》，《北华大学学报》（社会科学版）2014 年第 6 期。

　　② 李工真：《德意志道路》，武汉大学出版社 1997 年版，第 40—41 页。

　　③ 参见 ［德］亨利希·海涅《论德国宗教和哲学的历史》，海安译，商务印书馆 1974 年版。

　　④ ［德］康德：《法的形而上学原理——权利的科学》，沈叔平译，商务印书馆 2008 年版，第 156 页。

者作为普鲁士和后来的德意志帝国的国家哲学，为国家指导下的法团主义协调提供了丰富的思想资源。另外，前文提到的历史学派的李斯特和瓦格纳等人关于社会福利的思想，也为俾斯麦政府所倚重。所有这些构成了德意志形成独特的法团主义协调模式的意识形态基础。从普鲁士精神、国家主义、浪漫派和德国古典哲学的主要取向来看，法团主义协调与其说强调的是个人的权利和国家对社会的责任，不如说更重视的是国家至上主义和个人对于国家的义务。

再次，社会福利是广泛的劳资协调的一个表现，是"有组织的资本主义"（organized capitalism）不可分割的一部分，共同为作为后发展国家的德国追赶先进工业国家做出了贡献。19世纪前期的德国在各个方面都落后于英美和法国，只有凭借协调和组织的力量，才能充分调动一切资源快速实现工业化。[①] 而从19世纪末的社会福利立法中受益的既不是全体国民，也不是生活最困难的人；相反，受益最大的是封建贵族等级和官僚，其次才是工人。这反映了德国社会福利体制不是出于改善国民生活处境的考虑，也不是为了促进社会公平，而主要是出于保障生产和再生产正常进行的逻辑。这个逻辑的一个例证是，奥古斯特·倍倍尔曾提出收入在3000马克以上的人需要向帝国缴纳累进个人所得税，作为养老保险和残疾保险的资金来源，却遭到了帝国国会的否决。[②] 德意志帝国启动社会福利体制的根本目的是缓和社会矛盾、维持社会稳定从而为经济发展创造条件。这一点也影响了联邦德国的法团主义模式。可见，德国社会福利的法团主义组织方式来源于长期以来的保守主义文化，其实用主义的根本目标是以"社会团结"为名义的社会政治稳定和经济发展，而不是贯彻劳动权利或社会权利。有鉴于此，法团主义体制下不存在社会福利水平不断上升的可能。

① ［美］克里斯托弗·艾伦：《理念、制度与组织化资本主义——两德统一20年来的政治经济模式》，张志超译，《国外理论动态》2015年第10期。

② 和春雷编：《社会保障制度的国际比较》，法律出版社2001年版，第16页。

　　复次，教会、工会和企业也是社会福利事业的积极鼓动者和参与者，它们在一定程度上进行的社会福利自治的创举为社会团体参与福利事业的发展提供了实践基础。在无论是新教教会还是天主教教会，都成为社会福利事业一度都成了社会福利的代言人。传统上，教会只不过从事一些属于慈善性质的贫民救济。但到了19世纪后期，教会也开始迎合工人的要求。新教的宫廷传教士阿道夫·斯托耶克创立了基督教社会工人党，牧师弗里德里希·瑙曼创立了"民族社会主义协会"，开始把工人的社会改良要求和教会活动结合起来。在教皇利奥十三的支持下，天主教的美因茨大主教出版书籍，宣称教会是工人阶级的拯救者。1880年在亚琛成立的"工人福利协会"，1890年在美因茨成立的"天主教德国群众联合会"都日益和工人运动相结合，敦促雇主和雇员承担各自义务，并基于共同利益联合起来，推动社会进步。除了教会之外，随着工业化的进展，工会势力也成长起来。在19世纪60年代，工会大多是一些行业中的自发成立的互助工会，这些工会有着封建行会的某些遗留，通过工人的捐助和行业联系解决工人遇到的一部分生活和福利问题。后来，随着社会民主党等政治力量的发展，工会日益成为工人阶级自治和争取社会福利的主要组织。从1891年到1914年，工会会员的数量增长了好几倍。在教会和工会之外，就连企业也开始通过内部的改良缓和尖锐的阶级矛盾，使得雇主和雇员在某种意义上达成了社会团结。特别值得一提的是一些雇主作为现代管理理念的先行者，出于提高效率的目的而开始了以福利措施来激励工人的实践。如德国著名的重工业企业主克虏伯以工人不参加政治活动特别是罢工运动为条件，为工人建造了住宅、娱乐等福利设施，还实施了养老金制度。①

　　社会福利发展中的法团主义在魏玛共和国得到了延续。但由于

---

　　①　徐健：《"社会国家"思想、公众舆论和政治家俾斯麦——近代德国社会保障制度的缘起》，《安徽史学》2007年第4期。

共和国国家本身十分虚弱，法团主义逐渐被各个政党和各支力量用来争利。自治的团体与政党勾结起来，变得越来越国家化、政治化。到了纳粹统治时期，由于希特勒当局推行"一体化"政策，法团主义日益成为极权国家统合和监控人民的工具。各个不同性质的团体要么被整合进纳粹党的群众组织，要么作为虽拥有独立外观但实际上是管理相关群众的傀儡。此时，"自上而下"的命令和统治占据主要地位，团体自治的辅助性原则已经失效。

联邦德国建立以后，在汲取先前魏玛共和国社会福利体制教训的前提下，考虑到法团主义的传统，德国提出应以辅助性原则（the principle of subsidiarity）作为社会福利供应的法团主义组织方式的依据。辅助性原则发源于教会处理其和国家关系的一个准则，实际上是教会为自己的自治权辩护的一个理由。① 1953 年，德国学者杜里希（G. Durig）在思考国家与福利供给的关系时，首先提出了这一原则。到了 20 世纪 70 年代，该原则经过德国宪法学者彼得斯（Peters）的阐述而成为德国福利供给的主流理论。② 后来，《欧洲联盟条约》将这一原则作为处理欧盟多层级关系的指导原则，成为欧盟本身和各成员国都应遵守的规范。③

德国在社会福利方面对辅助性原则的应用是，公民个人的福利需要自己负责，自己无法解决的情况下才通过社会的团结互助解决，个人责任和协作优先于国家责任。④ 社会保护首先通过个体公民在彼此相互交往中自愿的与自我负责的社会义务行为，尤其是通过自我管理的、基于自愿而成立的协会的方式来实现。只有这种行为不能

---

① 和春雷编：《社会保障制度的国际比较》，法律出版社 2001 年版，第 16 页。

② 刘莘、张迎涛：《辅助性原则与中国行政体制改革》，《行政法学研究》2006 年第 4 期。

③ 曾令良：《论欧洲联盟法中的从属原则》，《武汉大学学报》（哲学社会科学版）1999 年第 2 期。

④ ［德］罗尔夫·斯特博：《德国经济行政法》，苏颖霞、陈少康译，中国政法大学出版社 1999 年版，第 114 页。

提供足够的保护时，才允许国家通过权力行为尤其是通过立法措施去干预自由。[①] 这意味着，在德国，国家只是社会福利供给中的一个主体，在个人、家庭、企业、产业和政府都需要承担各自的责任的前提下，国家则负责制定利益协调的框架。在辅助性原则的指导下，德国福利供给既不是国家法团主义模式，也不是社会法团主义模式，而是介于两者之间的一种类型。即使是在民主政治下，责任的共担也制约着选民提升社会福利的动机和程度，从而抑制了福利刚性。

表5.2　　　　　　　　　　　联邦德国的法团主义类型

	国家法团主义	联邦德国的法团主义	社会法团主义
组织数量	有限	有限，但协商决议可推广至全体	众多
唯一性	一个代表机构	有些领域是一个代表机构，有些领域是多个代表机构	多个代表机构
强制性	国家安排	团体在制定政策时有发言权；国家制定政策，但团体执行有自治权	自由竞争
竞争性	低	适中	高
层级	分明	分明	不分明
功能分化	边界清楚	边界存在交叉，但又不至于模糊	边界不清
代表地位	绝对	在一定时期保持绝对，长期也是动态竞争	动态竞争
监护者	受国家保护	受国家保护	不受国家保护
控制	国家控制	国家控制，但只在必要时才直接干涉	与国家无关

资料来源：关于国家法团主义和社会法团主义的特征，参看张静《法团主义》，中国社会科学出版社2005年版。

依据辅助性原则，个人是社会福利供给的第一主体。这主要体现在两个方面。一是有能力的主体不允许参加法定医疗保险，如私营企业主，而应由其本人负责自己的福利。二是德国法定养老保险

[①]　参见 H. C. Nipperdey, *Soziale Marktwirtschaft und Grundgesetz*, Köln: Heymann, 1965。

金的缴费和领取都采取与收入对应的方法，收入水平与缴费水平和领取水平都呈现出正相关关系。[①] 可见，德国虽是福利国家，养老福利却不是制度型，也不是残补型，而是绩效型（参看表2.2）。相对于制度型社会福利体系，能力与福利挂钩的绩效型社会福利天然地限制了社会福利刚性的滋长。

在个人首先负责的前提下，公民在社会福利方面可以依靠的第一个团体是家庭。在德国，虽然法律上男女平等，但从社会经济方面来看，家庭仍然主要遵循的是男性养家的"顶梁柱模式"（bread-winner model）。[②] 这种模式对于社会福利利益的协调有这样几个影响。一是制造业的工资和福利成为社会福利协调的重点，因为男性通常在制造业就业，女性相对而言在制造业并不像男性那样有优势。当然，随着现代市场经济的发展，服务业所占比重越来越高，很多女性也从家庭劳动中解放出来，开始到社会上寻找正式工作或称为自我雇佣者，形成了夫妻双方都养家的新趋势。然而，对于德国来说，采取传统家庭分工模式的仍占相当大的一部分，而且，制造业和开放性经济的结合一直都是德国产业结构的主要组成部分。因此，这种"顶梁柱"模式仍然具有很高的分析价值。二是男性失业即意味着家庭支柱的倒塌，这种严重的后果使男性在以罢工的方式争取利益方面不得不有所顾忌，并尽量寻求工会组织的保护，自然而然地倾向于法团主义的协商和妥协。男性养家模式是制造业工会影响力比较大的一个原因。相对而言，工会对于服务业者甚至自我雇佣者的吸引力不够。在以美国为范例的自由主义福利体制下，对于缺乏技能的劳动力采取了市场化的低工资策略；在以北欧国家为典型的社会民主主义福利体制下，对这些劳动力采取的是把他们安排到社会工作尤其是公共服务岗位上，国家的作用比较显著；而在以德

---

① 姚玲珍：《德国社会保障制度》，上海人民出版社2011年版，第38页。
② ［日］武川正吾：《福利国家的社会学》，李莲花译，商务印书馆2011年版，第28页。

国为代表的法团主义国家，起主要作用的却是工会。工会保护的"局内人"（insiders）主要是制造业的传统会员，大部分是男性，给予他们较高的工资和稳定的工作，使他们负担起养家的责任，从而使包含很多女性在内的"局外人"（outsiders）回到家庭去工作。三是要考虑税收的影响。总的来说，社会福利的扩大要求把国民收入中的更大份额投入到再分配中去，而这又必然增加税收，这就反过来促使这些国家的选民特别是女性选民反对过多的税收。① 这就抑制了社会福利刚性的生成。四是家庭本身也是一个小的利益组织，虽然不至于达到利益集团的程度，但客观上一方面加强了制造业工会对"局内人"的保护并从而加强了工会在制造业领域的影响力，但另一方面也让一些社会力量从有组织的工会回到了家庭之内。从而后文将会分析，社会福利改革是如何利用分化策略来争取家庭而抑制工会的。

在此需要指出的是，在像德国这样的保守主义福利国家类型中，家庭其实是教会影响力的一个现代化的版本。在传统社会，特别是封建社会，教会是国家之外的一个权力中心，在民间有时起着基层治理作用。教会负责着基层的社会救济和治安，运营着基层的学校等公共设施，更不用说在精神上起着引领作用了。在一些地区，邦的统治者，即一位在封建等级中的领主，同时也是当地教会首领，从而导致基层的教会本身就承担着一定的政府职能。在早已确立政教分离原则的现代社会，教会固然已经不承担世俗的行政功能了，但是它的影响力传递给了家庭。② 在德国这样的法团主义国家之所以

① T. Iversen, F. Rosenbluth, *Women, Work and Power: The Political Economy of Gender Inequality*. New Haven, CT: Yale University Press 2010, p. 142.

② 现代天主教在社会问题上的主张主要是基于罗马教皇1891年的《新上谕》（Rerum Novanrum）和1931年的四十年通谕（Quadrogesimo Anno），其要点在于：一是确保牢固的家庭关系，使其成为基本的生活单元和伦理单元；二是建立天主教工会来团结工人群众；三是进行跨阶级合作；四是在处理社团和国家的关系上遵循辅助性原则。

建立了保守主义的福利资本主义体制，就是基督教民主主义和基督教社会主义的盛行导致传统价值对于家庭的重视在社会福利制度上得到了充分反映。

德国盛行男性养家的"顶梁柱模式"，就是受教会思想的影响。在这种模式下，女性的角色是哺育儿女，进行家务劳动，而不是从事市场或社会工作，所以德国的社会保险在很长时间内不把职业女性包括在内，或者女性和孩子的福利由男性的保险来覆盖。相当一部分社会保险特别是养老保险与职业记录相挂钩的做法进一步强化了男性长期且连续从事同一职业的传统做法。国家也不支持父母双方都从事正式工作情况下的日托等服务的发展。有数据显示，德国的儿童社会保育覆盖率低于5%，中欧国家与子女生活在一起的老年人的比率也高于北欧国家。① 这意味着，德国倾向于把抚养儿童和赡养老人的社会服务家庭化，或者说固守着由家庭来提供这种服务的传统模式。与此相关的是，后面还会提到，现在德国的社会福利政策越来越向家庭倾斜，虽然也是国家的一种利益协调策略，但明显也是在彰显传统价值观。所以，家庭是法团主义协调中非常重要、不容小觑的一个层级，因为"只有在家庭用尽了为其成员提供服务的能力时，国家才会介入"。②

在企业内部，联邦德国建立了共决机制（Mitbestimung, co-deter-minnation），即劳资双方共同决定企业事项。共决机制的产生是有历史渊源的，它很早就是德意志国家法团主义协调的一部分。1891年，帝国《工商业管理条例修正案》规定，20人以上的企业就需要成立工人委员会，该委员会有权对劳动章程发表意见。这是官方第一次使工人代表参与企业的决策。此后，《普鲁士矿法修正案》使其成为劳资关系的调节组织。1916年，50人以上的军工企业中设立职

---

① ［丹麦］哥斯塔·艾斯平－安德森编：《转变中的福利国家》，重庆出版社2003年版，第25页。

② Gosta Esping-Anderson, *The Three Worlds of Welfare Capitalism*, Cambridge：Polity Press, 1990, p. 27.

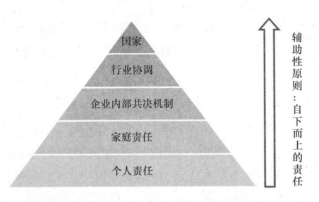

图 5.1　基于辅助性原则的德国法团主义层级结构
资料来源：作者自制。

工委员会，参与企业管理。1918 年，劳资双方签订的《斯廷内斯—列金协议》，确定魏玛共和国 50 人以上的工厂须成立工厂委员会，其形式类似于之前的职工委员会。1920 年的《企业代表会法》规定实行"雇员参与制"，要求企业代表会派人列席监事会，由其代表雇员提出意见，发挥监督作用，并对表决事项拥有投票权。联邦德国建立后，这种雇主和雇员共决的机制得到了恢复。按照决策事项，企业内的共决机制可以分为四个层次：一是涉及劳动岗位的共同决策，主要是指职工享有对岗位相关事项的知情权、申诉权等；二是基层企业的共同决策，通过职工委员会等组织对企业的日常事务享有建议权，参与企业劳动福利政策的制定等；三是公司制企业中参与监事会和执行委员会决策；四是雇员代表参与企业总部康采恩的监事会的决策。20 世纪 80 年代，联邦德国参加企业职工委员会和公共机构的人事委员会的雇员总人数已经达到了 1300 万，[①] 表明共决机制在经济民主方面发挥着不可忽视的重要作用。

目前，德国联邦劳动与社会部发布的《共决机制 2017》指出，工人在企业中可以以两种方式参与共决。一种是参加工作委员会

---

① 张放：《德国"社会国"思想的内涵、流变及其启示》，西南政法大学法学理论学科主办：《经典中的法理》（第 5 卷），法律出版社 2013 年版，第 277 页。

（works council），该委员会的决定影响到企业内部员工的薪酬和奖金以及社会福利计划的实施。一种是选派代表加入监事会（supervisory board）参与企业管理。就社会福利而言，工作委员会的任务主要涉及监督集体协议的履行。凡是涉及社会福利的协议，员工都可以通过工作委员会行使共决权，包括工作时间、临时工作、加班、假期安排、社会福利设施的利用、职业伤害或健康保护、福利住房等事宜。根据 1976 年的《共决法》，除煤钢产业外（它们有自己的共决机制），所有雇员数量超过 2000 人的股份公司都要设立监事会。[①] 在监事会中，雇员代表和股东代表人数相等，但公司的所有者或最大股东在出现投票僵局时有额外的投票权，而且，监事会的员工代表席位总是由来自管理层的一个代表占据。监事会的主席和副主席由组建大会投票选举，一般应获得三分之二的多数票。如果第一轮投票没有达到必要多数，则进行第二次投票；在这次投票中，股东代表选举主席，雇员代表选举副主席。监事会可以就涉及公司的任何重大决定进行投票，包括全公司的福利事项。[②]

可见，在社会福利上，工作委员会主要是在较低的层次上履行意见表达、利益协调和监督法规协议执行的责任，而监事会中的代表则是就涉及整个企业的事项做出决策。总体上看来，企业内部的共决机制有利于员工反映其福利要求，但决策权仍然控制在股东和管理层手中。[③] 这种共同参与、资方占优的机制，决定了企业内部的社会福利的温和性。在资方占优的情况下，福利刚性是很难形成的。

在比企业更高的层次上，行业协调起到更大的作用。在与工作具体相关的工资和社会福利方面，德国工会联合会（Deutscher

---

① 房宁：《德国社会市场经济的六大信条》，《社会科学报》2005 年 3 月 10 日。

② Bundesministerium für Arbeit und Soziales, "Co-Determinination 2017", *BFAS*, http：//www. bmas. de/SharedDocs/Downloads/EN/PDF-Publikationen/a741e-co-determination. pdf？_ _ blob = publicationFile&v = 1, pp. 4, 7, 11.

③ 朱宇方：《德国"社会市场经济"反思——一个秩序政策的视角》，《德国研究》2009 年第 4 期。

Gewerkschaftsbund）及其所属的八个行业工会（包括建筑、农业和环境行业，矿业、化工和能源行业，交通运输行业，教育和科学研究行业，服务行业，五金行业，餐饮酒店行业，警察行业）是代表劳动者的最大利益集团。与之相对，企业主和独立经营者则由雇主协会来代表，各行业和地区的雇主协会分别代表各自的雇主群体，而德国雇主统一协会则代表雇主整体。

　　尽管德国工会联合会是最大组织，但其实只是一个工会联盟，有些工会如五金工会（IG Metall）比工会联合会的利益代表更有分量。这说明，工会联合会本身是一个异质性的拼凑团体，其行动力和影响力并不像看上去那么大。同时，工会联合会比较亲近社民党，这使得有一些工会不愿意加入，包括基督教工会联盟、联邦天主教就业者运动等；而且，还有一些工会没有加入联合会，如公务员工会联盟、飞行员协会等。一方面工会数量和类型很多，人数也很多，组织比较分散，相对于组织精干、财力雄厚的雇主协会来说，并不具有优势。另一方面，公务员工会等不会参与罢工，且利益已经得到了国家的充分保障（如前所述）。因此，作为一个整体的工会联盟在与工作具体相关的工资社会福利问题上，很难取得优势。当然，这也不排除个别影响力较大的工会更有影响力。

　　在与工作相关的工资社会福利方面，劳资谈判和签订协议是很普遍的做法。而且，在很多情况下，劳资协议都是"宽泛劳资协定"（Manteltarifvertrag），意即这种协定可以延伸到相近行业而同样具有约束力。通过上面的分析可以看出，除了个别工会以外，工会整体上的影响力和组织性要弱于雇主协会的影响力和组织程度，这使得工会在争取工资社会福利方面处于弱势地位。即便如此，工会也可以用罢工来威胁雇主，迫使后者答应他们的要求。不过，雇主也有其反击策略：他们可以关闭企业。如表5.3所示，在魏玛共和国前期，由于罢工造成的工作日损失要远远低于资方关厂，后期却出现了不同的局面，说明前期雇主影响力较大，后期工人影响力较大，但总的来说，罢工数量过多。在联邦德国，罢工是劳资双方都尽量避免的。当然，这也是因为他们通过劳资协定就可以在工资和社会福利方面达成一致。例如，1991—2000 年，大概每 1000 个工作日中会有 11 个工作日损失，而这个数量在英国和美国分别是 23 个和 51 个。[①]

表 5.3　　　　　　魏玛共和国时期的罢工损失（1924—1928）

		1924	1925	1926	1927	1928
损失工作日数量	由于罢工	13584400	11267900	8519700	2945800	869300
	由于资方关厂	22775800	5845900	11768500	3097900	456000

数据来源：［德］卡尔·迪特利希·埃尔德曼：《德意志史第四卷：世界大战时期》（上册），高年生等译，商务印书馆 1986 年版，第 310 页。

需要注意的是，这种劳资谈判、劳资协定以及罢工和关厂都是受到法律保护的，并且如何进行、何时进行也都必须符合相关法律规定，已经充分制度化了。除非引起了较大的争端，损害德国经济和社会的稳定，不然，国家并不会介入仲裁。有人调查了自由市场经济体（主要为盎格鲁－撒克逊国家）、协调市场经济体（主要为中北欧国家）和混合市场经济体（主要为南欧国家）中国家干预工资福利设定的程度，结果发现，德国在 20 世纪 80 年代、90 年代和 21 世纪初的数值（分别为 2.0、2.2、2.1）都显著低于协调市场经济的平均数（分别为 3.2、2.9、2.8），与自由市场经济平均数（分别为 2.3、2.1、2.0）基本持平。[②] 这说明，德国的劳资协商基本上是完全自治的，与国家无关。既然是协商，并且往往能达成协议，那么这就意味着与工作相关的工资和社会福利并没有达到严重威胁企业利润和竞争能力的地步。因此，在劳资协商中，不但不存在所

---

① ［德］沃尔夫冈·鲁茨欧：《德国政府与政治》，熊炜、王健译，北京大学出版社 2010 年版，第 67 页。

② 《国外理论动态》编辑部编：《当代资本主义多样性与制度调适》，中央编译出版社 2015 年版，第 218—219 页。

谓的福利刚性，反而是工资福利的提升受到了制约。

　　值得注意的是，随着产业结构的变迁、职工年龄结构的变化和经济形式的多元化，愿意参加工会协调的职工和组织越来越少（如图5.2所示）。尽管德国工会的协调程度和谈判强度并未减弱，但是工会的影响力已经有所削弱。对于那些不加入工人联合组织的人来说，他们实际上处于分散的状态下，很难通过组织化的方式加强力量，也缺乏表达自身利益特别是福利权益的渠道。从某种程度上来说，这意味着从协调性市场经济向自由式市场经济的转变。目前看来，这种趋势似乎有不断加强的迹象。在这种情况下，社会福利的扩张所需要的"权力资源"是越来越少的。

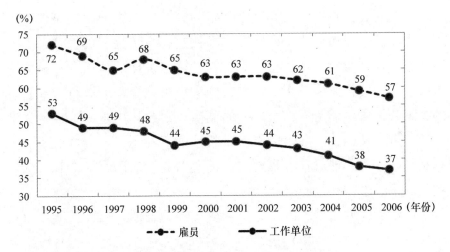

图5.2　德国参与全行业集体谈判的雇员和
工作单位的百分比（1995—2006）

资料来源：W. Streeck, *Re-Forming Capitalism*. Oxford：Oxford University Press, 2009, p. 39.

　　在与工作关系不太密切的社会福利方面，主要有三种利益集团。一是和战争遗留问题有关的团体，二是与教会有关的福利团体，三是与病人、妇女、青年和儿童等弱势群体有关的福利团体。第一种利益团体随着战争的远去而越来越衰弱，实际上成为退休者的利益集团。第二种团体很难与工会联合会联合争取利益，也不愿意和社民党、绿党和左翼党亲近，而更倾向于和代表教会利益的基督教工会以及联盟党结合，但它们很多是发放社会救济金的机构，其拥有的资金由财政拨付。[①] 第三种团体缺乏财力支援，数量并不多，但是其中有一些与医疗保险的经办机构有着密切的联系。

这些与社会福利相关的利益集团往往通过国家的法团主义安排，与工会和雇主协会一起参与社会福利法规的制定和改革。虽然它们具有一定的影响力，但国家也有充足的策略来应对，特别是对于进行福利紧缩改革的政治家而言。

二 福利紧缩改革中的利益协调策略

一般而言，基于辅助性原则确定的利益组合框架，国家任由个人、家庭、企业和行业按照法律和惯例进行自治性质的协调，而不会加以干预。通常，在社会福利方面，这些责任的承担和利益的协调就可以达成合意的结果。当然，国家也可能会间或进行一些长远的规划和指导。但是，在某一些时间点，财政压力过大，或者失业比较严重，又或者国际性的经济危机造成了冲击，就会形成集中的福利紧缩压力。针对社会福利方面的利益集团，国家便会利用法团主义的手段进行利益的整合。

最常见的方式是，国家为了达成福利紧缩的目标，就某项议题组建一个由各方利益集团进行协商的机制，这个机制将把各方的利益汇合起来，按照国家希望的方向进行协调。例如，1976 年的《促进经济稳定增长和就业法》的规定，联邦政府和州政府有稳定经济增长的职责，当宏观经济失衡时，工会、企业联合会和联邦政府应采取协调行动。据此，德国政府 1977 年启动了"卫生事业协同行动"（Konzertierte Aktion im Gesundheitswesen，KAiG）。这个联合行

---

① ［英］保罗·皮尔逊编：《福利制度的新政治学》，汪淳波、苗正民译，商务印书馆 2004 年版，第 422 页。

动把医疗保险基金、私人医疗保险团体、一般医生、牙医、医院、药房、药品生产企业、工会和劳动团体、各州和地方、药剂师、康复机构、护理从业人员、残疾人团体等汇聚在一起，使他们在联邦经济部、劳动和社会部以及联邦家庭部的参与下进行自愿协商，其目的是进行医疗福利的成本控制。事实上，各个政府部门和总理办公厅邀请了至少上百个比较重要的咨询委员会，将其纳入政策制定过程；而在政策实施领域，比如在有关社会救助的法律中也直接规定了福利协会的共同作用。通过法团主义的协商，政府犹如编织了"一张大网"，在加强社会参与的同时，也将其"触角"延伸到了各个社会经济领域。[①]

　　为了减少福利紧缩改革的阻力，国家对于社会福利利益集团往往采取三种策略：分别是收买、诱导和分化。收买指的是，国家许诺某些利益集团，它们的福利将会得到保障，不会因福利改革而减少，从而获取它们的支持。收买是要付出成本的，通常不会造成支出的减少，所以，国家在选择收买的利益集团或利益群体时会比较谨慎。目前来看，紧缩改革家经常收买的群体和团体是公务员和家庭。上文已经说过，德国的公务员有着非常优厚的社会福利待遇，一般在社会福利改革中不会被触动。对家庭的关注是基督教福利团体、妇女福利团体和青少年利益团体的一个明显特征；同时，在制造业为主的德国，养家的男性要维持沉重的负担，而离开家庭妇女的角色走向工作岗位，对很多妇女来说也面临着很多实际问题。因此，虽然家庭本身在基于辅助性原则的德国法团主义利益结构中只是小小的利益集团，但对它的援助能获得其他利益集团的支持。近年来，在基民盟作为执政党的情况下，很多福利措施都以支持家庭为主，如妇女生育补贴、子女津贴（儿童日托津贴）等。相对于医疗保险和养老保险，这些支出的规模总体较小，却争取到了广泛的

---

① 王浦劬、张志超：《德国央地事权划分及其启示》（上），《国家行政学院学报》2015 年第 5 期。

人群来支持社会福利改革。

国家对利益集团也会使用诱导的策略。所谓诱导，就是影响福利团体的看法，使之接近国家想要达成的福利调整目标。国家最简单的介入方式是"信息提供"。信息是现代社会最重要的资源之一，而国家相对于其他组织来说，往往对信息的掌握最全面最及时。利益集团在从事他们的活动时，也必须以一定的信息为基础。例如，德国的劳动力工资占据产品成本的份额很高，因此，工资福利的变动是价格变动的一个重要因素。德国政府每年年末都发布货币供应增长率预报，雇主和工会的代表在谈判中便以此来设定工资福利目标。在劳资双方更容易根据看似客观的信息达成妥协的同时，国家实际上也实现了自己对于宏观经济和社会福利的意图。① 实行诱导策略的另一种方式，就是利用基金会与利益集团的关系及其特殊的角色，来影响利益集团的倾向。在德国，主要政党都有接近于它们的政治基金会，如亲联盟党的阿登纳基金会、亲自民党的瑙曼基金会和与社民党关系密切的艾伯特基金会。它们常常代替政党进行民意调查，寄送研究报告，并利用独特的人脉网络来传递政党的声音。这些基金会也经常邀请利益集团的代表参与各种非正式的对话，从而影响他们的看法和立场。这些基金会不是政党组织，但它们却可以根据政党在联邦议院中获得的票数，来获得国家财政的支持，此外，它们还会得到大量捐助。因而，相对于左翼的基金会，在社会福利上持偏右立场的阿登纳基金会和瑙曼基金会因为得到产业界的支持而更有优势。

国家为了进行福利削减，还可以对代表福利的利益集团采用分化的策略。所谓分化，是指在同一等级或同一领域的各利益集团之间，争取一些利益集团的支持以孤立或打击另外一些极力主张社会福利提升的利益集团。如表5.2所示，德国的利益集团在同一等级

---

① 景体华：《联邦德国在稳定币值与经济增长两难中的抉择》，《德国研究》1994年第1期。

或同一领域不是像国家法团主义那样由唯一的集团垄断代表性，而且长期来看，利益集团的代表性也是动态竞争的。这就为国家提供了与之进行法团主义合作的自由空间。国家可以决定利益集团与决策核心的远近。它可以接受一些集团的报告和建议，让它们在内阁和议会中有表达意见的机会，也可以疏远另一些集团。这样一来，同一层级代表同一群体的利益集团或集团联盟就出现了分裂，其力量首先被削弱了，其代表性也降低了。在很多情况下，国家的福利紧缩意图只需要争取到一部分人赞同，一个利益群体就会大部分接受国家的协调。当然，在这个过程中存在着利益交换和利益补偿，只有与国家合作的那个利益集团或利益集团的某个部分才能得到好处。但是社会福利总的来说会面临着被削减的结果。

事实上，在德国，执政党是政府的主导性力量。由于政党内部的力量分布和组织架构，在社会福利方面的法团主义合作是在一个更加复杂的图景中进行的。随着全方位政党时代的到来，每一个政党，包括反对党在内，都有偏左和偏右的力量，这被德国人称作"翼"（Flügel）。例如，即使是在基民盟这样偏右的政党中，也存在着工会的力量。企业的代表和基督教工会的代表就属于不同的党内委员会。在国家对利益集团进行法团主义整合的同时，党际协调也在展开，两者是互相融合的关系。例如，基民盟的工会一翼可以和中左翼的社民党联系，并就福利改革的方案进行磋商。其企业一翼可以和自民党协商，吸收企业界的建议，并促使工会和企业界达成妥协。因而，最后的方案从来都不是某一个政党或利益集团的意见的表达，而更多的是法团主义协商的产物。

这个过程的结果其实取决于两个因素的结合。一是主要执政党主导着改革意图，控制着最终接受哪些意见，排除哪些利益。二是各政党及其所属利益集团不断变化的影响力，也对妥协方案的内容产生了作用。例如，在1992年，基民盟的工会一翼和社民党达成了医疗福利改革办法，但在1996年，由于自民党在大选中获得了更多票数，其"气势逼人"的领导者更加坚决地主张企业界的利益，强烈要求削减医疗福利支出，改革办法不得不进行修改。[①] 因此，力量的变迁也调整着法团主义在社会福利事业上合作的程度和方式。最差的结果，就是主导改革的执政党失去力量，国家的改革意图受挫，这时候就要用表面上是民主选举的方式、实际上是政党力量协调和组合的方式进行执政权的更替和重构。例如，在 20 世纪 90 年代末期，科尔主导的联合政府不仅面临着合作伙伴自民党的"气势逼人"和不肯与社民党合作的姿态，而且当时各州选举的结果让社民党在联邦参议院取得了相对优势，相比之下，科尔的联盟党在联邦议院中只有微弱的优势。那么在这种时候，主要执政党的意志已经无法贯彻，必须经过重新选举才能判定最终结果。但可以肯定的是，无论最终谁来上台执政，谁来占据联邦德国国家自主性的舞台，它都必须与执政伙伴及其所代表的利益集团协商，也要与反对党及其所代表的利益集团协商，因而，最终的社会福利改革方案虽然贯彻了主要执政党的意图，但变动的幅度不会太大，这解释了德国社会福利水平长期保持超强稳定的原因。如图 1.6 所示，自两德统一以来，德国的社会福利水平围绕着 25% 的支出水平变动，这种情况已经持续了 24 年（截至 2017 年）。

但是，法团主义的利益协调决不能以取消执政党自身的主导地位为代价，否则改革者将会失去党内支持而受挫。法团主义的协商既是在政党及其相关利益集团的框架内进行的，也必须考虑到执政党及其所代表的利益集团的主导性。例如，虽然社民党的施罗德改革取得了很大的成就，其制定的"2010 议程"的大部分主张甚至在联盟党主导的默克尔时期都得到了执行，但施罗德的改革力度过大、节奏过快，遭到党内的激烈反对，特别是权威人物之一拉方丹的反对，最终不得不下台，虽然施罗德的改革并没有让社民党失去执政伙伴的地位。与之相反，默克尔政府的福利改革始终采取渐进变革

① ［英］保罗·皮尔逊编：《福利制度的新政治学》，汪淳波、苗正民译，商务印书馆 2004 年版，第 511 页。

（incremental reform）的节奏，即使是面临着欧债危机和难民危机的巨大冲击，也取得了不小的成就，而且，默克尔仍有希望继续作为联邦总理执政下去。

此外，国家还可以采取引入智库和专家学者力量的办法。德国文化特别推崇知识分子，特别是在专门领域里有一定威望的专家学者，他们对于公民政治态度的形成也具有很大的影响力。这些专家学者的作用是根据自己的研究专长，结合决策者的意图，设计出合适的方案。但更重要的是，作为有公众影响力的人物，他们从貌似利益无涉的中立立场出发以专业的知识提出的论断更容易为人们所接受。决策者经常借用他们的影响力，来为自己的改革主张辩护。

福利改革的专家学者主要来自于三个领域，一是公共部门所属的研究机构，在联邦层面大约有 40 个部级或半官方的研究机构。这些机构由于官方背景，其中立性可能受到质疑，但是，它们很为官方所倚重，在很大程度上参与了正式政策制定。二是大学和非大学的政策研究机构，如马普所、慕尼黑大学应用政策研究中心等，来自于这些机构的专家学者常常为联邦决策者所邀请。三是私人智库、公民倡议性智库以及上文提到的政治基金会，这些非政府组织可以影响舆论，但由于其鲜明的利益关联或政治立场，一般不会作为改革者的决策咨询团队。

在德国社会福利改革史上，有两位专家发挥了重要作用。一位是吕鲁普（Bert Rürup），一位是哈茨（Peter Hartz）。1996—1998 年，吕鲁普是联盟党科尔主导的联邦政府"养老保险持续发展委员会"（Fortentwicklung der Rentenversicherung）的成员；2002—2003 年，他又是社民党施罗德主导的联邦政府"社会保险制度资金运营可持续性委员会"（Kommission für die Nachhaltigkeit in der Finanzierung der sozialen Sicherungssysteme）即通常所说的吕鲁普委员会（Rürup-Kommission）的成员，并且从 2000—2009 年一直担任"社会事务顾问委员会"（Sozialbeirat）的主席。他长期任职于联邦政府的社会福利咨询机构，也在某种程度上解释了联邦政府社会福利改革的连续性。相比之下，哈茨并不是学者，而是大众汽车集团的高层。他能够参与社会福利紧缩改革，是因为他作为社民党党员和德国最有影响的五金工会的会员身份，从工会方面更容易得到支持。他提出了"哈茨构想"（Hartz-Konzept），成为施罗德时期劳动力市场改革的主要遵循。

总的来说，这些专家学者虽然表面上是利益无涉的专业研究人员，对于公众和利益集团来说，他们都是后者乐于接受的决策方案提供者，但实际上，他们都有着自己的看法和立场，也代表着某种利益。决策者吸收他们加入决策咨询机构，其实只是在通过看似中立的方式吸收利益集团的力量罢了。

除此之外，联邦德国的社会福利改革也采取了一些广泛的策略，来尽量减少对民众利益的直接冲击。一个常见的做法是"公式化"。决策者利用公式将社会福利的缴费和计发方法固定下来，从而使这一事务表现出一种专业化、中立化的外观，一般公众很难看透其中的原理。在实施福利紧缩时，决策者只需调整这些公式就可以解决。例如，2004 年的改革在养老金给付计算上引入可持续因子，使给付从收益确定转变为缴费确定。而可持续因子其实是老年人赡养率，即反映养老保险缴纳人数与领取人数的关系和趋势。2004 年，可持续因子被赋值四分之一，据此，公共养老金的发放标准就低于 2001 年的标准。①

另一个惯用的做法是延迟退休或对提前退休进行限制。在施罗德 2001 年的改革中，联邦议院通过的《养老保险改革法》要求，到 2030 年，养老金待遇占在职职工平均纯收入的比重下降到 67%，为此，德国将提前退休的年龄由 10 年降低至 5 年，又对养老金发放水平的公式进行了调整。后来，为了避免让延迟退休引起强烈的抵制，具体方案采取了渐进式做法，即从 2012 年到 2023 年，退休年龄每年延迟一个月；从 2024 年到 2029 年，退休年龄每年再延迟两个月。

---

① 谢圣远：《社会保障发展史》，经济管理出版社 2007 年版，第 147—149 页。

总的目标是使退休年龄从 65 岁延迟到 67 岁。另外，如就业者仍坚持 65 岁退休，则按未达到法定最低时限的情况扣除养老金，差额越多扣除比率越高。显然，这种渐进式方案通过拉长政策受众的时间，将政治压力分散化了，更有利于得到人们的接受。

表 5.4　　　　　　　　　　德国的延迟退休方案

出生年	获得全额养老金的最低年龄		65 岁退休扣除养老金比率（%）	日历年
	年	月		
1946	65	0	0.0	—
1947	65	1	0.3	2012
1948	65	2	0.6	2013
1949	65	3	0.9	2014
1950	65	4	1.2	2015
1951	65	5	1.5	2016
1952	65	6	1.8	2017
1953	65	7	2.1	2018
1954	65	8	2.4	2019
1955	65	9	2.7	2020
1956	65	10	3.0	2021
1957	65	11	3.3	2022
1958	66	0	3.6	2023
1959	66	2	4.2	2024
1960	66	4	4.8	2025
1961	66	6	5.4	2026
1962	66	8	6.0	2027
1963	66	10	6.6	2028
1964	67	0	7.2	2029

资料来源：刘涛：《德国养老保险制度的改革：重构福利国家的边界》，《公共行政评论》2014 年第 6 期。

此外，联邦德国的改革者还可以从长计议，以减少未来福利支出为改革的方向，但当代的福利领取者却感受不到差异，这称之为

"真实但不明显的"削减。例如，在德国就削减了承诺将来支付的，但还从未有退休者享受过的养老金。① 这种情形实际上只有在虑及长远的治理主义政党执政时才可以发生，不然就无以解释这种削减究竟有何意义。同时，这也反映出，改革者力图通过巧妙的方式掩盖福利削减给当时的选民及其利益集团造成的即时痛感。

三 医疗保险紧缩中的法团主义协调：一个案例剖析

为了进行福利紧缩改革，无论国家对利益集团采用收买、诱导还是分化策略，都要在其强制权力和相关利益集团的法团主义自治之间保持平衡。诚然，在利益集团对国家的改革措施贯彻不力时，国家可以进行直接干预，直到自己的措施得到忠实的执行。但是如果国家介入过深，成为一种常态，则会遭到各种利益集团的反对，甚至支持者也会反对。因此，福利紧缩改革是一项非常讲究策略的行动，主导改革的国家必须考虑到利益集团的具体诉求，才能制定出其乐于贯彻的方案。

20 世纪 80—90 年代科尔政府的医疗保险改革就体现了福利改革方案的策略性。② 联邦德国在医疗的社会福利方面，采取的是医疗保险的办法。保险分为法定医疗保险和私人自愿保险，后者按照市场原则运行，前者则由法律规定，覆盖人群广泛，且国家可以进行干预。不过，国家基本不用财政出资来补贴医疗保险。在两德统一前后，福利支出大幅增长，给保险基金造成了巨大负担。由于国家有权制定政策，控制雇主和雇员缴纳医保费用的比例，所以国家最初

---

① ［英］保罗·皮尔逊编：《福利制度的新政治学》，汪淳波、苗正民译，商务印书馆 2004 年版，第 183 页。

② 关于科尔政府医疗保险改革的事实，参见［英］保罗·皮尔逊编《福利制度的新政治学》，汪淳波、苗正民译，商务印书馆 2004 年版，第 503—514 页。另参见吕学静编著《现代各国社会保障制度》，中国劳动社会保障出版社 2006 年版，第 5—11、15—23 页；李珍、赵青：《德国社会医疗保险治理体制机制的经验与启示》，《德国研究》2015 年第 2 期。

要求雇主增加缴费金额，以致其社保缴费总额占到了工资的41%。而随着欧盟一体化的推进，企业面临着非常大的竞争压力，降低劳动成本才能取得优势。但是在90年代初期，经济相对而言出现了萧条，企业通过提前退休补偿来辞退年老工人，失业救济金的领取者越来越多。在这种背景下，国家开始以成本控制作为医疗福利改革的主要内容。除了雇主以外，医疗费用的控制主要涉及病人、医疗保险基金（Krankenkasse，其全国性组织为法定医疗保险基金全国协会GKV－SV）和医生协会（主要是法定医疗保险医师全国协会KBV及其下属的十几家协会），此外也关系到医院（医院协会）、药品供应商。

国家采取的第一个步骤是维持法团主义的自治，它只通过政策来调节。具体而言，国家的主要做法是在1988年通过了《医疗改革法案》。法案要求医疗保险基金和医生协会商定药品价格，并商定如何对医生进行监督，使其所开的处方能够达到尽量减少成本的目的。同时，法案也要求医院和药品供应商商定如何降低药品价格。关于雇主缴费负担过重的问题，法案规定，雇主和医保机构按照集体补偿协议稳定医保缴费率。此外，它还规定，对于处方药品和住院治疗，病人也要分担小额的费用。

但是，在法团主义的自治原则下，预算仍然交给相关各方协商确定，而国家既没有直接干预，也没有提出硬性指标，导致各方对于贯彻国家法案表现出消极应对的一面。药品和医疗服务的提供者依然按照原来的方式运作，医疗负担跟原来一样繁重；这种压力被传递给医保基金，医保基金在同雇主的协商中又把压力转嫁给雇主，雇主仍然承担着很重的医保缴费负担，病人的小额付费也没有缓解多少压力。可见，在自治的条件下，最终的压力只不过仍然由雇主来负担。问题在于，雇主在这个压力传导的链条中为什么会处于弱势？这是因为雇主也处于劳资协议的制度环境之中。在医保基金组织的法团主义协商中，雇主代表、雇员代表（一般为工会代表）和专家学者等在一起参与协商。雇主在集体补偿协议中被分配以较高的缴费率，是因为其在谈判中处于劣势，因为雇主必须考虑到其他的情况。比如，雇主知道，如果他们在医保基金中把缴费率降低了，而雇员看病依然成本很高，那这种成本必然反映在劳资谈判和协定的领域，反映在工资的增加上，而工资的增加则只有雇主负担，雇员是不用负担的。也就是说，在一个方面看似降低了费用，但在其他方面可能要给出更多的补偿。

对此，国家采取的第二个步骤是在1992年通过新的《医疗机构改革法案》取消了医保基金和医生协会的自治权。由于国家可以制定医保的相关参数，所以它在1996年通过了《缴费减少法案》，规定所有基金会将下一年的缴费占工资的比重降低0.7%，以减少雇主的负担。联邦卫生部还直接上收了预算自治权，并亲自为各个分支部门的医保基金会制定了三年预算。药品价格被冻结；如果医疗费用最终超出了预算，医保基金要自己负责；病人自付的比例也被提高了。此外，国家还引入了市场竞争机制，病人从1997年起可以自主选择让哪一个医保基金来承保。这些措施看起来在短时间内就可以降低企业的负担，增加病人的出资额，减少医保基金的负担，并促使医保基金敦促医生协会和医院执行控制成本的合理化措施，同时，药品供应商的利润也不得不忍受暂时的下降。

在特殊的情况下，这些措施至少可以做到暂时的利益平衡。同时，由于引入了竞争机制，各医保基金也不能够以降低福利来控制成本。可见，国家的这些举措通过成本由雇主到雇员（病人）、医保基金、医生及其协会、医院和药品供应商的分散和转移，避免了医保滥用，又不至于让病人所得到的医疗服务下降，国家也不用承担什么成本，可以说是一个兼顾效率与公平的策略。

在此值得一提的是，1996年，自民党在各州的选举中处于一定的优势地位。这使其提出了一项比较激进的改革措施：取消雇主的医保缴费，而代之以工资补贴，由雇员全额缴纳医保费用。但是，由代表雇主的自民党提出的这个方案却在雇主那里受到了冷遇，因为如前所述，雇主不愿意冒对工资福利进行劳资谈判的风险。而且，如果雇主不缴费，他们将失去在医保基金中的代表席位，从而对整个医保事务失去发言权。可见，政党如果制定的策略有误，也会得不到其所代表的利益群体的支持；特别是对于习惯了法团主义协商这种利益协调机制的各方来说，彻底从这种机制中抽身出来是不切实际的。

国家也不愿意一直保留这种直接介入的方式，而取代法团主义的协商。因为医保领域介入太深，国家很可能也要用更多的财政资金为其贴补，而且，如果处理不好，政党和政治家都要担负责任。另外，只有各方的协调能够均衡成本，国家确定的水平很可能不是最优的。

此后，国家采取了第三个步骤：从这种干预中撤出。1997年的《医疗重组法》规定，重新实施各方协商的方式，国家不再为分支部分的医保基金直接制定预算。但是，国家又规定了一项原则来捍卫之前的成果。它在法律中规定，如果医保基金会提高了雇主的缴费率，它就必须同等程度地提高支出率。事实上，这些成本控制的措施无非有三个要点：一是避免医疗资源不必要的浪费，二是不能让雇主独自负担增加的医疗成本，三是不能降低医疗服务的水平。但我们也发现，要实现这样的目标，在法团主义的利益协调机制下需要设计出非常精妙的改革措施，还要有步骤地系统推进，最终使协调过程恢复到最初的均衡状态。

这个案例也表明，德国国家在利益协调中带有很强的自主性，具有打破利益集团的限制而贯彻自己意志的权威和工具，但同时，在资本主义制度下，国家的法团主义协调是在维护雇主利益的前提下，尽量地以解决实际问题的治理主义取向来维护公共利益，而不是像民主—福利刚性理论所假设的那样，一切都以选票为重，因为国家并没有一味地满足过度的医疗需求，相反，它要求病人（雇员）和医疗利益群体进行自我节制。此外，从民主—福利刚性到债务危机的逻辑就更不成立了，因为在这个案例中，国家尊重并且维护法团主义的自我供给和自我治理，也尽量避免让自己和公共财政资金卷入医疗福利领域，自然也就与债务危机无甚关联了。

第四节　小结

从国家—社会关系的视角来看，在实行社会福利制度的西方国家，民主制度为与社会福利相关的利益集团发挥影响，可能会为福利刚性的塑造提供充足的机会。但应当注意的是，国家与社会的关系不是单向的，而是互动的、双向的。历史的发展表明，国家和社会也是在互动的关系中分化出来的两个独立的领域。如果不是国家把封建等级关系打破，独立的社会领域就不可能形成，"社会"福利也就成了无本之源。因此，国家构建和国家自主性是分析社会福利的一个逻辑起点。与历史制度主义单纯强调国家相对于社会的自主性不同，马克思主义的国家自主性理论指出，国家的自主性仍然是以社会强势集团对国家的控制为前提的，但国家也有一些特定的元素使其具有自主性，而这些元素的获得则与国家构建有着密切的关系。首先，国家自主性的来源是强大的暴力元素，这种元素使国家成为一个拥有统一政权的政治统一体；其次，国家自主性来源于宪制元素，这使得国家成为与社会相对立的，包括立法、行政、司法等机关在内的宽泛意义上的政府；再次，国家自主性来源于具有独立于社会而做出决策并将决策推广到社会中去的能力，即得到社会认同的执政党和专业高效的行政官僚。

从国家概念的这三个维度来分析德国国家构建和国家自主性过程对社会福利的影响，可以看出：第一，从德意志帝国到联邦德国，国家构建依托于不同元素的组合，也因此而形成了不同形态和不同强度的国家自主性。在社会福利方面，德国的情况表明，国家自主性越强，社会福利紧缩面临的利益集团的阻力就越小，也越有福利支出水平降低的可能，也因此就越缺乏福利刚性。第二，在民主政治下，执掌国家政权的联邦德国政治家推行社会福利紧缩改革既是历史上形成的制度对其制约的产物，又是符合其成本—收益计算的理性行为，也是对于按照其所处的国际环境进行趋同性调整的结果，这些因素是社会福利改革的国家自主性形成的前提。第三，德国的社会福利改革不会对公务员的社会福利利益产生根本的触动，这是改革得以维持行政官僚集团支持，维持国家自主性的执行能力的重要基础。

德国国家与社会之间以及社会内部是按照法团主义的原则组织起来的。但德国的法团主义既不是社会法团主义，也不是国家法团主义，而是按照辅助性原则构建的一种基于自下而上的责任的法团主义。就社会福利制度而言，这种法团主义要求个人、家庭承担相应的责任，在企业内部建立了劳资共决机制，在产业的层面上就工资福利事宜进行集体谈判和签订协议，最终才是国家在社会福利改革中扮演一定的角色。总体上看，这种以层级化的独立自治为主要的利益协调方式的法团主义，严重制约了一些社会利益群体和利益集团的福利扩张意愿，使整体的社会福利水平保持在适度稳定的水平上。与此同时，国家除了搭建法律框架，只是在必要时才介入仲裁，避免了招揽过多的责任，从而避免了像民主—福利刚性理论所假设的那种由利益集团影响国家并通过国家扩张社会福利的情形。

但是，在必要的时候，德国也会推行社会福利紧缩改革。这些改革是在坚持国家自主性的前提下，按照法团主义协调的方式进行的，其典型方式是由国家来组织利益集团协商。在法团主义的利益协调中，国家可以对利益集团采取收买、诱导和分化的策略，从而团结改革的力量，减少抵制改革的阻力，以实现自己既定的目标。当然，在现实生活中，对利益集团的法团主义协调也影响到了国家自主性，两者呈现出一种互动的模式。德国的经验表明，改革者如何形成意志，形成何种意志，也取决于和利益集团相关的政治势力的分化与组合。在这个过程中，执政党要谨防自身的分裂，也要警惕其他势力削弱国家自主性的意图。

最后，德国的社会福利紧缩改革是在法团主义的制度框架下对纷繁复杂的利益进行协调的，因而是一项需要高度策略性的工作。

为此，改革者可以联合智库和专家学者的力量来构建改革的知识权威，也要注意所采取的办法尽量不对相关利益群体造成直接的、严重的损害。20世纪80年代和90年代医疗保险改革的案例说明，德国社会福利改革能否成功，关键在于国家能否通过制度塑造利益共享、损失共担的激励机制。

第六章 结论与探讨：民主—福利刚性的制度机理与制度底色

第一节 社会福利刚性问题的民主肇因和制度机理

欧债危机解释中普遍流行的从民主制度下的福利刚性到债务危机的逻辑链条，是本书研究的问题来源。通过文献的梳理，本书发现福利刚性的说法在中外文的语境中存在着很大差别。在中文语境中，关于福利刚性的详细论述很少，但人们总体上对这种刚性的存在持不容置疑的态度，而且对于社会福利的提升保持着相当的警惕；而在外文语境中，虽然关于社会福利的扩张，特别是关于民主制度的运作对于福利扩张的影响，已经形成了一些理论，但根本没有出现福利刚性这样的概念。福利刚性在理论上几近空白的状态，和其被广泛运用于对社会福利实践特别是欧债危机成因解释的情形，形成了鲜明的反差。这使得本书对于民主—福利刚性是否存在和如何形成产生了浓厚的疑问。另外一方面，通过对中欧、北欧、南欧12个国家社会福利水平和政府债务变迁的研究，本书发现民主制下的福利刚性似乎对于南欧具有解释力，但并不适用于北欧和中欧特别是德国的情况。这促使本书提出了一个假设：民主—福利刚性的形成不是普遍现象，而是在一定制度条件下才出现的特殊现象。

为此，本书先从理论上检视了民主—福利刚性—债务危机的逻辑链条。这种考察主要分三个层面：一是民主制及其嵌入的政治经济制度的一些意识形态元素为推动社会福利的不断提高提供了文化支撑，二是社会福利是政党（政治家）在民主选举时为赢得选票而利用的政治工具，三是民主为主张社会福利的利益集团发挥影响力创造了得天独厚的制度环境。

对于这些假设，本书分别探讨了它们成立的特定条件，指出了这些条件在很多情况下是难以满足的。从民主及其相关政治经济制度的意识形态方面来看，民主的公民权利和社会福利制度之间的同源性命题不全然符合历史事实，社会权利并没有进入各国宪法确定的基本权利范畴，社会福利越来越无法提供充分的政治合法性，社会民主党本身面临的严峻挑战也妨碍了其推升社会福利水平角色的发挥。从民主选举本身上看，长期存续的民主制度通过类似"无限次重复博弈"的机制破解了支持福利刚性形成的外部性问题，资本主义经济体制的周期性特点形塑了民众的福利预期和政党的福利政策，长期稳定的政党格局和政党体制抑制了过度福利承诺的短期行为，选举承诺和执政实践之间的差距以及政治责任的难以确认构成了民主政治本身削弱短期选举压力的天然制度屏障。最后，从民主条件下利益集团运作的角度来看，新生民主国家分利集团的作用会随着社会福利体制的崩溃而减弱；福利领域的利益集团在政府只承担有限福利供给职能的国家很难发挥作用；公共政策在国家自主性较强的条件下不但可以摆脱工会、官僚等利益集团的"俘获"，而且可以通过多种手段和策略影响和塑造相关利益集团的格局。基于这些从一般和抽象的角度进行的探讨，本书不仅从理论上否定了"民主—福利刚性—债务危机"的逻辑链条的普遍性，而且也为基于德国的案例分析提供了着力点。

接下来，本书以在欧债危机中表现良好且社会福利水平呈现出非刚性特征的德国为例，分别从政治经济制度、政党政治和国家—社会关系三个角度详细论述了德国社会福利紧缩的制度环境和现实运作。

从民主制嵌入的政治经济体制框架上看，历史上社会福利扩张的惨痛教训所产生的"路径淘汰"效应导致联邦德国的建立者从一开始就对社会福利扩张持谨慎和警觉的态度；联邦德国《基本法》有鉴于此，其确立的宪制框架对于社会权利采取了消极处置的方法，而且，这种宪制观念的效力并没有随着时间的推移而减弱；此外，在特定的历史机缘下形成的社会市场经济体制建立在反对国家过度干预社会经济的"秩序自由主义"学说之上，而艾哈德反对通货膨胀和福利扩张的倾向更是奠定了这种体制的稳健适中基调。这种政治经济体制构成了民主政治运行的外部框架，在社会福利方面塑造了制度性的保守倾向，在客观上设定了福利扩张的限度，有效避免了福利刚性的形成。

从政党政治的角度来看，联邦德国在以比例代表制为主、多数代表制为辅的选举制度下形成了多党联合政府长期执政的传统，而且大多数联合内阁由保守派政党或政治家担纲，使得包括联邦总统在内的政府序列从政治上呈现出偏右的光谱，不利于形成偏左的社会福利扩张政策；其中，强烈反对社会福利扩张的小政党自由民主党长期作为执政党，而大政党社会民主党整体上务实地调整其福利政策，使整个政党格局呈现出保守倾向；此外，多年稳定的民主政治运行促使德国形成了"两个半政党"执政格局的制度化，培育了治理主义政党联盟体制，有力抑制了短期选举行为造成的"福利政治"。总之，在政党格局和政党体制整体上呈现福利紧缩倾向的情况下，社会福利刚性很难形成。

最后，从国家—社会关系上看，德国国家构建的历史呈现出国家自主性和社会福利此消彼长的反相关关系。对于联邦德国来说，民主政治下的政党和政治家之所以甘愿冒着福利刚性论所谓的"选举惩罚"风险而执意进行改革，是因为一定的制度约束所创造的政策背景条件大大降低了改革的风险，或者增加了改革的收益，又或者塑造了改革的意义结构和动机结构。对此，本书分别从历史制度主义、理性选择制度主义和社会学制度主义的角度进行了分析。就国家自主性的重要来源行政官僚集团来说，紧缩性改革对于行政官僚的社会福利不仅不会触动，反而还会提供保障，从而为紧缩政策的执行提供了忠实的组织基础。基于辅助性原则进行的法团主义自治性利益协调，塑造了个人、家庭、企业、行业等各个层级机构的保守文化，使社会自身首先承担起社会福利的供给责任，从而避免了由利益集团影响国家并通过国家扩张社会福利的情形。在德国的福利紧缩改革中，国家依靠法团主义的利益协调方式，对利益集团采取收买、诱导和分化的策略，致力于塑造平衡的利益共享和损失共担机制，有效地扼制了社会福利的膨胀。

一般性的理论探讨表明，民主政治条件下的社会福利可能具有刚性，也可能不会形成福利刚性，福利刚性是否生成取决于民主政治本身的制度设置及其与更广泛的制度框架之间的互动。德国民主政治运行的经验表明，在长期存续的、成熟的资本主义民主政治下，包括宪法、经济体制等在内的政治经济制度有效制约了民主选举扩张福利的倾向；相对稳定的、带有保守倾向的政党格局和政党国家体制在社会福利制度方面确立了治理取向而非选举取向；而国家—社会关系也可能在反映强势利益集团即资本利益的前提下，更容易形成有利于福利紧缩改革的国家自主性力量和利益协调机制。在这些因素的合力作用下，民主选举、民主权利和福利利益集团对国家的"俘获"受到了明显的制约，从而避免了社会福利刚性的形成。

基于一般理论的探讨和对德国等国家特定经验的挖掘，本书得出的初步结论是，民主政治未必导致社会福利刚性，更不一定引发债务危机；民主—福利刚性主要适用于民主制度建立的时间较短，政治、经济和社会方面促使民主制度稳健运行的框架尚未巩固和融洽，特别是抑制民主选举弊端的制度供给处于相对弱势的情况；而在民主制度长期稳定存续的条件下，社会福利扩张的经验和教训会在政治经济体制和社会政策方面塑造紧缩的政治意识，政党格局和政党体制的稳定化会促使务实的政治力量成为社会福利的治理主体，而国家—社会关系形塑的利益协调模式也将呈现出制约利益集团"俘获"的趋势。

　　本书的创新之处是：第一，揭示了中欧、北欧和南欧三组国家在社会福利水平和欧债危机中的不同表现，挑战了普遍流行的"民主—福利刚性—债务危机"逻辑链条的解释力。第二，较为全面地检讨了福利刚性的定性和理论依据，阐述了西方资本主义民主条件下的福利刚性的成因、发展条件和政治机理，填补了学界福利刚性理论的空白。第三，以制度主义特别是新制度主义的方法，从社会政治制度、政党政治和政党体制、国家自主性和利益协调机制等方面论证了民主—福利刚性在成熟民主国家得到抑制的制度机理，发展了并在一定程度上开拓了从制度的角度分析社会福利问题的研究路径。第四，本书在具体的论证过程中，还有一些创新点：（1）本书发掘了德国魏玛共和国时期的福利—民主危机与当前欧债危机中南欧国家经验的类似之处，揭示了历史经验对于制度演化的路径淘汰作用，证明了福利危机在一定程度上只不过是不成熟民主国家的个别的和暂时的现象。（2）与国内学界对社会民主党转型的过度重视不同，本书强调了联邦德国的选举制度对于总体偏右的政治光谱的影响，突出了长期执政的小党自民党在德国政治生活和社会福利制度发展中的重要作用。（3）与国内学界多从政党选举的角度论证资本主义民主国家缺乏治理主义取向的观点不同，本书发现长期存续的西方民主国家也有绕过选举民主的弊端，通过政党联盟与政党和国家政权的紧密结合发展治理主义取向的趋势。（4）本书揭示了国家—社会互动模式的形成是国家自主性分析和社会福利分析的历史起点和逻辑起点，提出了国家概念的三个维度，创造性地探索了以国家构建和国家自主性理论分析社会福利问题的路径。（5）本书以新制度主义的三个主要范式分析了改革主体福利紧缩意志形成的机理，有力地反驳了福利刚性论关于政治主体的动机假设。（6）与国内学界在论述福利改革时过于重视国家的角色不同的是，本书揭示了德国社会领域的法团主义自治的作用，并指出了国家对社会利益的协调也是在这种法团主义自治的框架内并以恢复这种自治为目标的行为。

第二节 民主—福利刚性的制度底色和发展趋势

制度本质上是社会关系的网络结构。本书从制度入手对民主—福利刚性的分析，实际上是运用比较政治经济学这一门综合性、交叉性学科的理论、视角和方法对于政治相关的网络结构的拆解和阐释。为了能够深入把握民主—福利刚性的制度结构，本书采取了抽象的办法，舍去了其他因素和趋势。然而，如果从整体上来看，这些因素并非不重要，这些趋势也并非没有演化成新的制度结构的可能。更重要的是，资本主义的制度底色决定了结构的矛盾和运动，在矛盾激化的时候，本书所论述的较为融洽的制度结构也有变化的可能。

本书把德国抽出来，作为具有一定典型性的案例来论述长期民主制度下的福利取向，是因为德国代表了资本主义民主制度发展的一些共性，但是，资本主义多样性的视角提示我们，总也有另一些国家不能有效地处理资本主义民主制度下的社会福利的发展；事实上，就连德国也是在不断的制度变迁和平息矛盾的过程中维持着福利非刚性取向的。随着制度内在结构的矛盾的激化，随着制度环境的改变，更重要的是，随着制度底色的矛盾运动，资本主义民主在福利问题上的效能也面临着巨大的挑战。

社会福利自诞生以来就是"从社会中产生而又居于社会之上"的国家用来维护自身的存在从而维持一定社会制度存在的工具。以德国为例，宪法确立的福利原则是为了维护资产阶级的既得利益状态，社会市场经济模式是以保障资本主义自由经济发展而非大众社会保障为主要宗旨的；中间偏右的政党格局采取的是资产阶级选民的有限福利主张，"两个半"政党联盟体制是通过资产阶级政党的结合对国家政权的垄断，其治理主义取向是以资产阶级统治的长远利益为依归的；国家构建过程体现了外国资本和本国资本的共同意志，国家自主性实际上压制和伸张的分别是社会大众和资产阶级的福利要求，以辅助性原则为基础的利益协调是缓和阶级矛盾的有力机制。这些制度表明，在资本主义制度下，民主—福利刚性的形成面临着重重障碍。无论是民主政治，还是社会福利，其制度底色都是资本主义性质的。

德国之所以在欧债危机中独树一帜，是因为其资本主义的制度底色和民主政治、社会福利体系深度融合，形成了维护资本主义长远发展的"理性意志"和坚实结构。通过这一案例，我们可以深入认识资本主义的制度体系和制度合力使其在一定条件下仍能保持生命力，并由此较为客观地、实事求是地估计当前世界的政治经济形势，做好同资本主义作斗争的长期准备。从这个视角来看，所谓西方民主政治和治理绩效的矛盾，是一些国家的资本主义未能有效地构建制度框架，或者既有的制度框架不能有效因应世界形势的发展而调适而产生的各种冲突和失序。

随着21世纪后危机时代全球政治经济的变迁，资本主义民主制度和福利体系在西方国家普遍出现了难以摆脱的困局，用来缓和社会大众政治参与和物质分配要求的安排受到了挑战。德国身处欧洲中心，也难免会受到影响。这些困局主要表现在以下几个方面。

第一，维持社会福利水平的财政基础受到削弱。如前所述，西方国家的社会福利支出近年来已经上升到相当高的水平。以英美为代表的自由主义国家多采取削减公共开支、压缩公共机构的办法为福利支出腾挪资金，造成维持社会正常运行一些职能（如社会治安）缺乏必需的公共支持，经济也并未有根本性的恢复，导致财政赤字不断扩大。以德国为代表的基督教民主主义国家由于采取了大量福利控制措施，社会福利水平上升较慢，但由于人口老龄化的加深、福利民粹主义思潮的传播，社会福利支出的要求加大；与此同时，最近的逆全球化和贸易保护主义也极大地削弱了德国制造业提供的丰富税源，给财政收入带来了压力。为此，欧盟一些国家和美国不断运用对跨国企业进行巨额罚款等手段筹集资金，但仍未能有效解决财政问题。

第二，新自由主义危机下的政治经济模式产生了极端化的畸变。2008 年的经济危机实际上宣告了新自由主义政治经济模式的破产，但资本主义世界仍未找到走出危机的模式。从资本主义系统的各环节来看，在生产方面，西方各国仍然奉行国家不干预既得利益结构的政策，反而通过国家"输血"于大资本，导致垄断资本的自由的、野蛮的掠夺愈演愈烈；在分配方面，随着贫富差距的扩大，社会民众要求国家以包括社会福利在内的、力度更大的再分配措施来维护社会平等。即使在德国的社会市场经济模式下，民主制下越来越强烈的社会福利需求和资本在有限的经济剩余中获得超额利润的要求也都远远超出了国家的负担能力，撕裂着资本主义民主政治和社会福利此前平衡的、统一的体系。

第三，碎片化的、极端的社会思潮冲击着以自由主义为中轴的资本主义文化。"二战"以后，尤其是 20 世纪 70 年代末期以来，西方资本主义国家盛行着基于自由主义的文化。随着 2008 年经济危机的爆发，不同人群在危机中承受着不同的损失，使得原本多元的思潮更加分散化、极端化，撕裂着自由主义的文化共识。在德国，以基督教民主主义为主、以社会民主主义和中间偏右的自由主义为辅的社会主流文化正遭到种族主义、排外主义、福利民粹主义、经济民粹主义、新法西斯主义等非自由主义分化的冲击，社会团结难以维持。

第四，国家的权威和解决问题的能力越来越受到各方质疑。受新自由主义意识形态的影响，国家往往被看作问题的来源而非解决问题的办法。在此理念指导下的政治经济改革以私有化、市场化、社会化为方向，导致国家宏观调控必需的资源和工具越来越少。与此同时，社交媒体平台、跨国公司等不断挑战国家这一具有权威性、集中性和层级性的利益协调机构，造成了权力的去中心化和分散化。在德国，尽管国家仍然具有很强的权威性，但资产阶级政党垄断联盟的本质逐渐为社会所认知，黑红联盟的支持率在不断走低；与此同时，绿党、选项党等次要小党支持率逐渐走高，但各政党纲领的差别却极大，因此，多个政党势力相当，但谁也无法单独执政，而组建执政联盟的难度也很大。由此造成的结果是，国家难以形成稳定、独立的自主意志，从而也就无法成为解决问题的工具。事实上，选民已经对国家失去了信任，不再理性地关注国家行为的实际效果。① 在这种情况下，社会福利并非完全不可能沦为选举的工具，也就是说，随着社会环境的变化，德国也并非完全不可能产生民主—福利危机。

总而言之，本书是从政治与经济的关系、政治与社会的关系以及政治本身这几个角度来切入，并基于民主制度在其自身的长期存续和稳定运行过程中与整个政治、经济和社会体制达成的系统性的、结构性的融洽来解释民主—福利刚性问题的，而这种融洽事实上又主要是由特定的历史机缘和制度传统形塑的。虽然一般来说，在民主制度长期存续和稳定运行的情况下不会形成福利刚性，但是，不同国家的社会福利由于特定的历史和制度也会呈现出不同的水平和变动轨迹。此外，民主制度并非在所有国家都能够长期存续或稳定运行，在有的国家也有可能被颠覆或者无法真正建立起来，而造成民主制度稳固运行的因果机制却并不是本书关注的问题。不过，就

---

① 选民辨认政党承诺及政策履行情况的能力是相当有限的。在很多情况下，选民的判断仅仅基于感觉和猜测。2019 年德国贝塔斯曼基金会 2019 年中旬的一项调查显示，尽管联合政府的 15 个月执政已经落实了 296 个施政目标中的 140 项，并且另有 40 项正在落实中，即在这么短的时间内，大约只有 40% 的执政目标没有落实，但是仅有 10% 的受访者相信政府能够履行大部分承诺，44% 的受访者认为政府仅能履行小部分承诺或几乎无法履行承诺。参见胡春春《德国大联合政府已完成 60% 竞选承诺，但支持率却越发走低，为何"声誉落后于成绩"？》，载《文汇报》，http：//wenhui. whb. cn/zhuzhanapp/huanqiu/20190824/285202. html? from = singlemessage&isappinstalled = 0&time stamp = 1566643379663，2019 年 8 月 24 日。

本书探讨的主题而言，民主制度的畸形运行——特别是其向民粹主义的蜕变——可能会造成社会福利扩张甚至福利刚性的形成。反过来，福利刚性一旦生成，可能会加剧民粹主义的短期行为，导致决策者只能选择增强而非削弱这种刚性的政策，从而在一定时期形成"恶性循环"，在特定条件下可能会造成民主制度的倾覆，引发类似于德国魏玛共和国向极权主义蜕变的悲剧，甚至导致正常的民主政治秩序难以恢复或重建，沦落到政治衰败的局面。可见，福利刚性不仅是社会问题，而且是具有政治意义的问题，这也是本书从政治的角度切入福利刚性问题的原因。

本书的论证启示我们，不能仅仅以竞争性选举的传统观点来看待西方民主的构成性元素，应当强调资本主义民主作为与特定的政治经济制度、政党体制和国家—社会关系相适应的复合体制，也应当重视成熟民主体制经过长期的稳定存续之后发展出来的一些新的特点，比如治理主义取向的政党。本书认为，对资本主义制度包括西方民主政治的批判必须立足于研究对象整体政治经济的发展状况，特别是近年来的新现象和新趋势。资本主义国家是具有多样性的，并非奉行千篇一律的政治经济模式，而且，随着社会的发展和环境的变化，资本主义国家也在不断调整。① 这就要求我们客观地正视资本主义国家的现实。故而，对于西方民主—福利刚性的分析一方面应当把握整体制度框架和取向，另一方面还应重视制度变迁中的相对稳定性。与此同时，应当认识到西方的制度归根结底是为资本主义服务的。资本主义社会的根本矛盾不解决，这些制度只能起到缓和矛盾的作用。在极端条件下，这些制度框架便会被打破，进入畸形运行的状态。

本书还有一些不足之处，需要进一步地拓展，这主要表现在：第一，当今的德国身处欧盟复杂的法律、政治、社会和经济规制之

---

① 冉昊：《资本主义的自我调整及其对科学社会主义的挑战》，《科学社会主义》2018 年第 4 期。

下，欧盟对于德国的社会福利制度不可能没有影响，但限于资料准备和知识储备的不足，本书对欧盟的作用探讨不够。第二，本书的分析方法主要是制度主义的，且比较偏重于历史制度主义和旧制度主义，因而对结构性的因素重视较多，对非结构性的因素如策略、行为等强调不够，论证还有欠缺。第三，本书虽然一些历时比较、共时比较，但德国案例的研究占据了较多篇幅，德国与其他国家的详细比较不够深入和具体，这影响了本书得出的一些结论的普遍性效力。第四，在本书论证所依据的事实方面，本书特别强调了联邦德国建国以来，特别是自20世纪70年代以来出现的一些现象，但社会政治变迁过程非常迅速，一些最新的趋势并非绝对没有改变本书所论述的这些结构性因素的可能，因此，本书的论证和结论也需要随时吸纳新的因素而进行更新。

参考文献

中　文

《马克思恩格斯全集》第 1 版第 8 卷，人民出版社 1961 年版。

《马克思恩格斯全集》第 1 版第 9 卷，人民出版社 1961 年版。

《马克思恩格斯全集》第 1 版第 17 卷，人民出版社 1963 年版。

《马克思恩格斯全集》第 1 版第 18 卷，人民出版社 1964 年版。

《马克思恩格斯全集》第 1 版第 21 卷，人民出版社 1965 年版。

《马克思恩格斯全集》第 1 版第 26 卷第 1 册，人民出版社 1972
　　年版。

《马克思恩格斯全集》第 1 版第 31 卷，人民出版社 1972 年版。

《马克思恩格斯全集》第 2 版第 12 卷，人民出版社 1998 年版。

《马克思恩格斯全集》第 2 版第 30 卷，人民出版社 1995 年版。

《马克思恩格斯全集》第 2 版第 3 卷，人民出版社 2002 年版。

《马克思恩格斯文集》第 2 卷，人民出版社 2009 年版。

《马克思恩格斯文集》第 3 卷，人民出版社 2009 年版。

《马克思恩格斯文集》第 4 卷，人民出版社 2009 年版。

《马克思恩格斯文集》第 8 卷，人民出版社 2009 年版。

恩格斯：《反杜林论》，人民出版社 2015 年版。

《德国总理施罗德推出减税方案 计划控制失业人数》，搜狐网，
　　http：//news. sohu. com/20050318/n224748115. shtml，2005 年 3 月

18 日。

《国外理论动态》编辑部编：《当代资本主义多样性与制度调适》，中央编译出版社 2015 年版。

白路：《欧债危机背景下西欧福利国家的改革及趋向》，《中共济南市委党校学报》2014 年第 3 期。

包刚升：《发达国家公共债务比较研究》，《国家行政学院学报》2011 年第 5 期。

蔡维音：《社会福利制度之基础理念及结构——以德国法制为中心》，《月旦法学杂志》1997 年第 28 卷。

曹浩瀚：《重构马克思的波拿巴主义理论——对第二帝国历史的研究》，《马克思主义与现实》2014 年第 6 期。

曾令良：《论欧洲联盟法中的从属原则》，《武汉大学学报》（哲学社会科学版）1999 年第 2 期。

陈爱娥：《自由——平等——博爱：社会国原则与法治国原则的交互作用》，《台湾大学法学论丛》1997 年第 1 期。

陈良瑾：《社会保障教程》，知识出版社 1990 年版。

陈思进：《2016 年，欧债危机依然无解》，《中国经济导报》2016 年 1 月 8 日。

陈亚芸：《欧债危机背景下的欧盟信用评级机构监管改革研究》，《德国研究》2013 年第 1 期。

陈银娥：《现代社会的福利制度》，经济科学出版社 2000 年版。

丁建定：《德国社会保障制度的发展及其特点》，《南都学坛》（人文社会科学版）2008 年第 4 期。

丁晓钦、尹兴：《积累的社会结构理论述评》，《经济学动态》2011 年第 11 期。

范家骧、高天虹：《新自由主义（下）——西德的新自由主义》，《经济纵横》1987 年第 9 期。

房宁：《德国社会市场经济的六大信条》，《社会科学报》2005 年 3 月 10 日。

冯兴元：《论奥尔多秩序与秩序政策：从秩序年鉴谈起》，《德国研究》2001 年第 4 期。

甘峰：《欧盟行政改革促进货币统一》，《国际市场》1998 年第 12 期。

葛先园：《社会国原则研究》，博士学位论文，苏州大学，2012 年。

郭明政：《社会宪法——社会安全制度的宪法规范》，载苏永钦主编：《部门宪法》，（台北）元照出版公司 2006 年版。

国家发展改革委外事司：《德国开始向社会福利体制开刀》，《中国经贸导刊》2003 年第 22 期。

何包钢：《民主理论：困境与出路》，法律出版社 2008 年版。

何秉孟等编：《欧洲社会民主主义的转型：与德国、瑞典学者对话实录》，社会科学文献出版社 2010 年版。

和春雷编：《社会保障制度的国际比较》，法律出版社 2001 年版。

胡川宁：《德国社会国家原则及其对我国的启示》，《社会科学研究》2015 年第 3 期。

胡春春：《德国大联合政府已完成 60% 竞选承诺，但支持率却越发走低，为何"声誉落后于成绩"？》，载《文汇报》，http：//wen-hui. whb. cn/zhuzhanapp/huanqiu/20190824/285202. html？ from = singlemessage&isappinstalled = 0&timestamp = 1566643379663，2019 年 8 月 24 日。

胡春春：《德国经济现衰退隐忧，收支平衡财政政策惹争议》，"第一财经" 网站，https：//www. yicai. com/news/100308326. html，2019 年 8 月 26 日。

胡琨：《德国社会市场经济模式及战后经济政策变迁刍议》，《欧洲研究》2014 年第 2 期。

胡晓亚：《20 世纪 90 年代以来欧洲社会民主党社会福利政策的革新》，《上海党史与党建》2011 年 10 月号。

胡晓义：《严防福利刚性弊端》，人民网，http：//finance. people. com. cn/n/2014/0324/c70846-24716395. html，2014 年 3 月 24 日。

胡玉鸿：《平等概念的法理思考》，《求是学刊》2008 年第 3 期。

华颖：《德国 2014 年法定养老保险改革及其效应与启示》，《国家行政学院学报》2016 年第 2 期。

华颖：《德国 2014 年法定养老保险改革及其效应与启示》，《国家行政学院学报》2016 年第 2 期。

黄静：《试析欧洲"民主困境"》，《现代国际关系》2014 年第 2 期。

黄清：《德国低收入家庭及公务员的住房保障政策》，《城乡建设》2009 年第 4 期。

黄少安、陈言、李睿：《福利刚性、公共支出结构与福利陷阱》，《中国社会科学》2018 年第 1 期。

景体华：《联邦德国在稳定币值与经济增长两难中的抉择》，《德国研究》1994 年第 1 期。

凯瑟琳·西伦：《资本主义多样性：自由化的轨迹和社会团结的新政治》，张志超译，《国外理论动态》2015 年第 11 期。

考夫曼，弗朗茨－爱克萨佛：《比较福利国家：国际比较中的德国社会国》，施世骏译，（台北）巨流图书有限公司 2006 年版。

科茨，大卫：《长波和积累的社会结构：一个评论与再解释》，《政治经济学评论》2018 年第 2 期。

雷咸胜、张一：《德国文化对德国社会保障制度的影响研究》，《北华大学学报》（社会科学版）2014 年第 6 期。

雷雨若、王浦劬：《西方国家福利治理与政府社会福利责任定位》，《国家行政学院学报》2016 年第 2 期。

李琮：《西欧社会保障制度》，中国社会科学出版社 1989 年版。

李工真：《德意志道路》，武汉大学出版社 1997 年版。

李工真：《魏玛时代"社会福利"政策的扩展与危机》，《武汉大学学报》（哲学社会科学版）1997 年第 2 期。

李珍、赵青：《德国社会医疗保险治理体制机制的经验与启示》，《德国研究》2015 年第 2 期。

立中：《德国的社会福利与社会福利改革》，《社会福利》2003 年第

8 期。

林万亿：《福利国家——历史比较的分析》，（台北）巨流图书公司
2003 年版。

刘光耀：《德国社会市场经济的发展阶段》，《中国改革报》2007 年
4 月 25 日。

刘莘、张迎涛：《辅助性原则与中国行政体制改革》，《行政法学研
究》2006 年第 4 期。

刘涛：《德国劳动力市场的改革：社会政策的 V 型转弯和政治光谱的
中性化》，《欧洲研究》2015 年第 1 期。

刘涛：《德国社会福利体系及其对中国社会福利制度设计的启示》，
载《中国公共政策评论》（辑刊）第 9 卷，商务印书馆 2015 年版。

刘玉安：《从民主社会主义到社会民主主义——苏东剧变后西欧社会
民主党的战略调整》，《当代世界社会主义问题》2008 年第 4 期。

龙玉其：《不同类型公务员养老保险制度的比较研究——以英国、德
国、新加坡为例》，《保险研究》2012 年第 7 期。

楼继伟：《避免重蹈一些国家陷入"高福利陷阱"覆辙》，人民网，
http：//cq. people. com. cn/n/2015/1216/c365403-27326411. html，
2015 年 12 月 16 日。

鲁全：《欧债危机是社会保障制度导致的吗？——基于福利模式与福
利增长动因的分析》，《中国人民大学学报》2012 年第 3 期。

罗云力：《德国社会民主党的传媒党化》，《当代世界与社会主义》
2006 年第 1 期。

吕学静编著：《现代各国社会保障制度》，中国劳动社会保障出版社
2006 年版。

孟钟捷：《试论魏玛共和国的社会政策》，《德国研究》2003 年第
4 期。

孟钟捷：《现代性与社会政策改革——1890—1933 年间德国社会政
策探析》，《安徽史学》2004 年第 5 期。

冉昊：《1980 年以来福利国家改革中政府和市场关系的结构分析》，

博士学位论文，北京大学，2013 年。

冉昊：《资本主义的自我调整及其对科学社会主义的挑战》，《科学社会主义》2018 年第 4 期。

社会党国际文件集编辑组编：《社会党国际文件集（1951—1987）》，黑龙江人民出版社 1989 年版。

沈尤佳、张嘉佩：《福利资本主义的命运与前途：危机后的思考》，《政治经济学评论》2013 年第 4 期。

沈越：《德国社会市场经济探源：多种经济理论综合的产物》，北京师范大学出版社 1999 年版。

施米特：《合法性与正当性》，载《施米特文集》第一卷，刘小枫编、刘宗坤等译，上海人民出版社 2004 年版。

史志钦：《西欧国家政党政治的多重两难困境》，《当代世界与社会主义》2017 年第 2 期。

孙涵：《欧洲主权债务危机的特殊性研究》，博士学位论文，吉林大学，2016 年。

孙洁：《西欧政党政治中的社会保障与国民福利浅析》，《兰州商学院学报》2004 年第 6 期。

孙洁：《选民、政党与社会福利研究》，《教学与研究》2006 年第 2 期。

田栋：《国家自主性理论与历史制度主义的理论内涵》，《学习论坛》2013 年第 6 期。

田永坡：《德国人力资源和社会保障管理体制现状及改革趋势》，《行政管理改革》2010 年第 4 期。

汪行福：《分配正义与社会保障》，上海财经大学出版社 2003 年版。

王存福：《20 世纪 70 年代以来德国社会结构变迁与社会民主党由"纲领党"到"选举党"的转型》，《德国研究》2014 年第 1 期。

王汉儒：《国际货币体系视角下世界经济失衡与纠偏——兼论欧债危机爆发的根源》，《当代经济研究》2012 年第 7 期。

王沪宁主编：《政治的逻辑》，上海人民出版社 1994 年版。

王浦劬、张志超：《德国央地事权划分及其启示》（上），《国家行政学院学报》2015 年第 5 期。

王浦劬、张志超：《德国央地事权划分及其启示》（下），《国家行政学院学报》2015 年第 6 期。

王喜云、时青昊：《新自由主义的陷阱——德国社会民主党的沉浮》，《理论月刊》2005 年第 7 期。

王玉龙等：《福利国家：欧洲再现代的经历与经验》，北京大学出版社 2010 年版。

文建东：《政治经济周期理论的研究进展》，《经济学动态》1998 年第 10 期。

文学、郝君富：《从经济学与政治学双重视角看欧债危机的起因》，《国际金融》2012 年第 1 期。

吴宣恭：《重视所有制研究，学好用好政治经济学》，《政治经济学评论》2015 年第 1 期。

吴友法：《德国现当代史》，武汉大学出版社 2007 年版。

伍慧萍：《德国政党体制的变迁》，《德国研究》2008 年第 1 期。

西南政法大学法学理论学科主办：《经典中的法理》（第 5 卷），法律出版社 2013 年版。

夏正林：《从基本权利到宪法权利》，《法学研究》2007 年第 6 期。

夏正林：《社会权规范研究》，山东人民出版社 2007 年版。

肖岁寒：《"市民社会"的历史考察》，《天津社会科学》1999 年第 3 期。

谢圣远：《社会保障发展史》，经济管理出版社 2007 年版。

谢汪送：《社会市场经济——德国模式的解读与借鉴》，《经济社会体制比较》2007 年第 2 期。

谢志刚：《资本主义多样性与制度动态演化：比较政治经济学的新进展》，《经济学动态》2012 年第 9 期。

徐健：《"社会国家"思想、公众舆论和政治家俾斯麦——近代德国社会保障制度的缘起》，《安徽史学》2007 年第 4 期。

徐清：《德国福利改革回归社会市场经济本源》，《中国社会科学报》2015年1月7日。

徐显明：《"基本权利"析》，《中国法学》1991年第6期。

徐延辉：《福利国家运行的经济社会学分析》，《社会主义研究》2005年第1期。

薛文韬、宋强：《简析希腊债务危机及其背后的欧元区困境》，《经济师》2011年第2期。

闫玉华、何庚德：《欧洲主权债务危机：起因、演进、治理》，《西安交通大学学报》（社会科学版）2013年第1期。

燕继荣：《对民主政治平民化的反思——欧债危机的启示》，《山西大学学报》（哲学社会科学版）2012年第4期。

杨立雄：《利益、博弈与养老金改革：对养老金制度的政治社会学分析》，《社会》2008年第4期。

姚玲珍：《德国社会保障制度》，上海人民出版社2011年版。

余永定：《欧洲主权债危机和欧元的前景》，《和平与发展》2010年第5期。

余永定：《从欧洲主权债危机到全球主权债危机》，《国际经济评论》2010年第6期。

郁建兴、周俊：《马克思的国家自主性概念及其当代发展》，《社会科学战线》2002年第4期。

张慧君编：《施罗德与新自由主义》，《国外理论动态》1999年第6期。

张静：《法团主义》，中国社会科学出版社2005年版。

张浚：《福利困境、"去民主化"和欧洲一体化：欧洲政治转型的路径》，《欧洲研究》2014年第1期。

张千帆：《西方宪政体系》（下册），中国政法大学出版社2001年版。

张千帆：《法国与德国的宪政》，法律出版社2011年版。

张世鹏：《历史比较中的欧洲"第三条道路"》，《欧洲》1999年第

2 期。

张世鹏：《全球化与美国霸权》，北京大学出版社 2004 年版。

张文红：《德国社会民主党基本纲领（汉堡纲领)》，《当代世界社会主义问题》2007 年第 4 期。

张文红：《谁是人民党：德国两个主流政党的定位问题》，《当代世界与社会主义》2008 年第 2 期。

张文红：《德国社会民主党的危机与启示》，《党建》2010 年第 7 期。

张勇、杨光斌：《国家自主性理论的发展脉络》，《教学与研究》2010 年第 5 期。

赵聚军：《福利刚性、市场、区域差距与人口结构——公共服务均等化的制约因素分析》，《天津社会科学》2012 年第 2 期。

赵聚军：《福利民粹主义的生成逻辑及其政策实践——基于拉美地区和泰国的经验》，《政治学研究》2015 年第 6 期。

赵永清：《从歌德斯堡到柏林——战后德国社会民主党纲领比较》，《国际政治研究》1994 年第 1 期。

赵志刚、祖海芹：《从社会福利看我国养老保险制度改革》，《中国劳动》2005 年第 7 期。

郑秉文：《国外低保的前车之鉴》，《金融博览》2006 年第 10 期。

郑秉文：《欧债危机为中国养老金制度提出的改革清单》，《中国劳动保障报》2011 年 10 月 21 日。

郑秉文：《欧债危机下的养老金制度改革——从福利国家到高债国家的教训》，《中国人口科学》2011 年第 5 期。

郑秉文：《高福利是欧债危机的重要诱因》，《紫光阁》2011 年第 12 期。

郑功成：《欧债危机不是福利惹的祸》，《新华每日电讯》2011 年 12 月 6 日。

郑功成：《社会保障学——理念、制度、实践与思辨》，商务印书馆 2000 年版。

周弘：《福利国家向何处去》，《中国社会科学》2001 年第 3 期。

周建勇：《欧债危机影响下的欧洲五国：政党执政与提前大选探析》，《中共浙江省委党校学报》2014 年第 3 期。

朱宇方：《德国"社会市场经济"反思——一个秩序政策的视角》，《德国研究》2009 年第 4 期。

左传卫：《经济和社会权利保障的理想与现实》，《法商研究》2004 年第 6 期。

［爱尔兰］艾丹·里根：《欧洲资本主义多样性中的政治紧张关系：欧洲民主国家的危机》，载《国外理论动态》编辑部编：《当代资本主义多样性与制度调适》，中央编译出版社 2015 年版。

［丹麦］埃斯平 – 安德森，哥斯塔：《福利资本主义的三个世界》，古允文译，（台北）巨流图书公司 1999 年版。

［丹麦］艾斯平 – 安德森，哥斯塔编：《转变中的福利国家》，重庆出版社 2003 年版。

［德］埃布森，英格沃：《德国〈基本法〉中的社会国家原则》，喻文光译，《法学家》2012 年第 1 期。

［德］埃尔德曼，卡尔·迪特利希：《德意志史第四卷：世界大战时期》（上册），高年生等译，商务印书馆 1986 年版。

［德］艾哈德，路德维希：《大众的福利》，丁安新译，武汉大学出版社 1995 年版。

［德］奥菲，克劳斯：《福利国家的矛盾》，郭忠华等译，吉林人民出版社 2006 年版。

［德］布劳巴赫，马克斯等：《德意志史》第 2 卷上册，陆世澄等校，商务印书馆 1998 年版。

［德］察赫，汉斯：《福利社会的欧洲设计：察赫社会法文集》，刘冬梅、杨一帆译，北京大学出版社 2014 年版。

［德］福尔克曼，乌韦：《德国社会基本权利的哲学和历史基础》，谢立斌、张小丹译，载谢立斌主编：《中德宪法论坛 2014》，社会科学文献出版社 2014 年版。

［德］格林，迪特尔：《现代宪法的诞生、运作和前景》，刘刚译，

法律出版社 2010 年版。

［德］格林，克劳斯：《联邦德国的社会市场经济》，中央编译出版社 1994 年版。

［德］格罗斯，史蒂芬：《德国的社会公共服务体制及改革》，《中国机构改革与管理》2014 年第 Z1 期。

［德］哈达赫，卡尔：《二十世纪德国史》，扬绪译，商务印书馆 1984 年版。

［德］海涅，亨利希：《论德国宗教和哲学的历史》，海安译，商务印书馆 1974 年版。

［德］黑塞，康拉德：《联邦德国宪法纲要》，李辉译，商务印书馆 2007 年版。

［德］霍尔特曼，埃弗哈德：《德国政党国家：解释、发展与表现形式》，程迈译，中国政法大学出版社 2015 年版。

［德］康德，伊曼努尔：《法的形而上学原理——权利的科学》，沈叔平译，商务印书馆 2008 年版。

［德］理查德，克里斯托弗：《德国公共服务的市场化》（上），孙晓莉译，《北京行政学院学报》2003 年第 2 期。

［德］鲁茨欧，沃尔夫冈：《德国政府与政治》，熊炜、王健译，北京大学出版社 2010 年版。

［德］诺依曼：《社会国家原则与基本权利教条学》，娄宇译，《比较法研究》2010 年第 1 期。

［德］欧肯，瓦尔特：《国民经济学基础》，左大培译，商务印书馆 1995 年版。

［德］普芬尼希，沃纳：《政党转型：德国社会民主党的变革》，刘鹏译，《经济社会体制比较》2006 年第 1 期。

［德］沙普夫，弗里茨：《欧洲货币联盟、财政危机和民主问责失效》，《德国研究》2012 年第 1 期。

［德］施托贝尔，罗尔夫：《经济宪法与经济行政法》，谢立斌译，商务印书馆 2008 年版。

［德］施托尔，彼得·托比亚斯：《经济宪法和社会福利国家》，陈梦晓译，《中德法学论坛》第 7 期。

［德］斯特博，罗尔夫：《德国经济行政法》，苏颖霞、陈少康译，中国政法大学出版社 1999 年版。

［德］韦伯，马克斯：《韦伯作品集 I：学术与政治》，钱永祥等译，广西师范大学出版社 2004 年版。

［德］杨，维尔纳：《德国的国家范式和行政改革》，夏晓文译，《德国研究》2012 年第 4 期。

［德］约阿斯，汉斯等：《战争与社会思想：霍布斯以降》，张志超译，华东师范大学出版社 2017 年版。

［德］宗特海默尔：《联邦德国政府与政治》，孙克武译，复旦大学出版社 1985 年版。

［法］托克维尔，阿历克西·德：《旧制度与大革命》，冯棠译，商务印书馆 1992 年版。

［法］托克维尔，阿历克西·德：《论美国的民主》（下），董果良译，商务印书馆 1988 年版。

［古希腊］亚里士多德：《政治学》，吴寿彭译，商务印书馆 2009 年版。

［韩］河连燮：《制度分析：理论与争议》，李秀峰、柴宝勇译，中国人民大学出版社 2014 年版。

［美］奥利佛，小亨利·M.：《德国新自由主义》，陈彪如译，《经济学季刊》1960 年 2 月号，转引自《现代外国哲学社会科学文摘》1960 年第 11 期。

［美］艾伦，克里斯托弗：《理念、制度与组织化资本主义——两德统一 20 年来的政治经济模式》，张志超译，《国外理论动态》2015 年第 10 期。

［美］弗里德曼，米尔顿：《资本主义与自由》，张瑞玉译，商务印书馆 1986 年版。

［美］古勒维奇，彼得：《艰难时世下的政治——五国应对世界经济

危机的政策比较》，袁明旭、朱天飚译，吉林出版集团有限责任公司 2009 年版。

［美］亨廷顿，塞缪尔：《变化社会中的政治秩序》，李盛平、杨玉生等译，华夏出版社 1988 年版。

［美］亨廷顿，塞缪尔：《第三波——20 世纪后期的民主化浪潮》，刘军宁译，上海三联书店 1998 年版。

［美］诺德林格，埃里克·A.：《民主国家的自主性》，江苏人民出版社 2010 年版。

［美］皮特金，汉娜·费尼切尔：《代表的概念》，唐海华译，吉林出版集团有限责任公司 2014 年版。

［美］平森，科佩尔：《德国近现代史》，范德一等译，商务印书馆 1987 年版。

［美］桑巴特，维尔纳：《为什么美国没有社会主义》，王明璐译，上海人民出版社 2005 年版。

［美］舒尔茨，布里吉特·H.：《全球化、统一与德国福利国家》，刘北成译，《国际社会科学杂志》（中文版）2001 年第 1 期。

［美］熊彼特，约瑟夫：《资本主义、社会主义和民主主义》，绛枫译，商务印书馆 1979 年版。

［日］加藤秀治郎：《德国自民党》，伏龙译，《国外社科信息》1993 年第 15 期。

［日］山口定：《政治体制》，韩铁英译，经济日报出版社 1997 年版。

［日］武川正吾：《福利国家的社会学》，李莲花译，商务印书馆 2011 年版。

［希腊］波朗查斯，尼科斯：《政治权力与社会阶级》，叶林等译，中国社会科学出版社 2008 年版。

［匈］乔纳蒂，玛利亚：《自我耗竭式演进——政党—国家体制的模型与验证》，李陈华等译，中央编译出版社 2008 年版。

［意］萨托利，乔万尼：《政党与政党体制》，王明进译，商务印书

馆 2006 年版。

［英］安德森，佩里：《绝对主义国家的系谱》，刘北成、龚晓庄译，上海人民出版社 2001 年版。

［英］弗尔布鲁克，玛丽：《德国史 1918—2008》，卿文辉译，上海人民出版社 2011 年版。

［英］吉麦尔，诺尔曼编：《公共部门增长理论与国际经验比较》，经济管理出版社 2004 年版。

［英］米利班德，拉尔夫：《英国资本主义的民主制》，博铨等译，商务印书馆 1988 年版。

［英］皮尔逊，保罗：《拆散福利国家——里根、撒切尔和紧缩政治学》，舒绍福译，吉林出版集团有限责任公司 2007 年版。

［英］皮尔逊，保罗编：《福利制度的新政治学》，汪淳波、苗正民译，商务印书馆 2004 年版。

［英］威廉斯，雷蒙德：《关键词：文化与社会的词汇》，刘建基译，上海三联书店 2005 年版。

外 文

Agencia Estatal Boletín Oficial del Estado ed. , *The Spanish Constitution*, (date unknown), http：//www. congreso. es/portal/page/portal/Congreso/Congreso/Hist_ Normas/Norm.

Arghyrou, M. G. and J. D. Tsoukalas, "The Greek Debt Crisis：Likely Causes, Mechanic Outcomes", *The World Economy*, Vol. 43, No. 2, Feb. 2011.

Armin, Hans Herbert von, "Entmündigen die Parteien das Volk? Parteienherrschaft und Volkssouveränität", *Aus Politik und Zeitgeschichte*, Vol. 21, 1990.

Armingeon, Klaus et al. , "Choosing the Path of Austerity：How Parties and Policy Coalitions Influence Welfare State Retrenchment in Periods of Fiscal Consolidation", *West European Politics*, Vol. 39, No. 4, July 2016.

Belgian House of Representatives ed., *The Belgian Constitution*, (July, 2018), http: //www. dekamer. be/kvvcr/pdf_ sections/publications/ constitution/GrondwetUK. pdf.

Blum, Reinhard, "Soziale Markwirtschaft", in *Handwörterbuch der Wirtschaftswissenschaften*, Vol. 5, Jena: Verlag Gustav Fischer, 1980.

Blum, Reinhard, *Soziale Marktwirtschaft. Wirtschaftspolitik zwischen Ne-oliberalismus und Ordoliberalismus*, Tübingen: J. C. B. Mohr, 1969.

Briggs, Ass, The Welfare State in Historical Perspective, in Christopher Pierson & Francis Castles: *The Welfare State: A Reader*, Cambridge: Polity Press, 2000.

Bundesministerium für Arbeit und Soziales, "Co-Determinination 2017", *BFAS*, http: //www. bmas. de/SharedDocs/Downloads/EN/PDF-Publika-tionen/a741e-co-determination. pdf? _ _ blob = publicationFile&v = 1.

Bundesverfassungsgericht, *Entscheidungen des Bundesverfassungsgerichts*, http: //www. bundesverfassungsgericht. de/DE/Entscheidungen/Ents-cheidungen/BVerfGE. html.

Burgoon, Brian, "Globalization and Welfare Compensation: Disentangling the Ties that Bind", *International Organization*, Vol. 55, No. 3, June 2001.

Cameron, David, "The Expansion of the Public Economy: A Comparative Analysis", *American Political Science Review*, Vol. 72, No. 4, December 1978.

Clapham, Ronald, "Neue Soziale Marktwirtschaft", *Kanrad-Adenauer-Stiftung website*, (date unknown), http: //www. kas. de/wf/de/ 71. 10228/.

Collier, David and Richard Messick, "Prerequisites vs. Diffussion: Testing Alternative Explanations of Security Adoption", *The American Political Science Review*, Vol. 69, Issue 4, December 1975.

Comparative Political Data Set 1960 – 1998. Berne: University of Berne, Institute of Political Science 2000;

Crepaz, Markus, "Inclusion versus Exclusion: Political Institution and Welfare Expenditure", *Comparative Politics*, Vol. 31, No. 1, Oct. 1998.

Crepaz, Markus, "Consensus versus Majoritarian Democracy. Political Institutions and Their Impact on Macroeconomic Performance and Industrial Disputes in 18 Industrialized Democracies", *Comparative Political Studies*, Vol. 29, No. 1, Feb. 1996.

Dallinger, Ursula, *Die Solidarität der modernen Gesellschaft*, Wiesbaden: VS Verlag für Sozialwissenschaften 2009.

Das Rechtsinformationssystem des Bundes ed. , *Bundes-Verfassungsgesetz (B-VG)*, (date unknown), https: //ris. bka. gv. at/Dokumente/Erv/ERV_ 1930_ 1/ERV_ 1930_ 1. pdf.

Deth, Jan van et al, eds. , *Die Republik auf dem Weg zur Normalität?* Opladen: Leske & Budrich 2000.

Deutscher Bundestag, "Parlament und Regierung-Koalitionsvereinbarungen und Koalitionsausschüsse", *Das Datenhandbuch des Bundestages Datenhandbuch* (Jan. 17th, 2019), https: //www. bundestag. de/blob/196262/6d001c8817f2bbb05d2bc2bc6a70ebd4/kapitel_ 06_ 10_ koalitionsvereinbarungen_ und_ koalitionsaussch_ _ sse-data. pdf.

Dirk Hoeren, " Kriegen Beamte zu viele Extras? Tübingens Oberbürgermeister Boris Palmer redet Klartext", *Bild*, (Jan. 10, 2018), https: //www. bild. de/geld/wirtschaft/beamter/kriegen-beamte-zu-viele-extras-54427540. bild. html.

Duesenberry, James S. , *Income, Saving, and the Theory of Consumer Behavior*, Oxford: Oxford University Press, 1967.

Edeltraud Roller, Einstellungen der Bürger zum Wohlfahrtsstaat der Bundesrepublik Deutschland, Opladen: Westdeutscher Verlag, 1992.

Esping-Anderson, Gosta, *The Three Worlds of Welfare Capitalism*, Cambridge: Polity Press, 1990.

Eucken, W., Die Soziale Frage, *Festgabe für Alfred Weber*, Heidelberg: Lambert Schneider, 1948.

Eucken, W., *Grundsätze der Wirtschaftspolitik.*, Tübingen: J. C. B. Mohr, 1990.

Evans, P., D. Rueschemeyer and T. Skocpol Ed., *Bringing the State Back In*, New York/Cambridge: Cambridge University Press, 1985.

FDP, *Freiburger Thesen zur Gesellschaftspolitik der Freien Demokratischen Partei* (1971). Bonn: Liberal-Verlag, 1971.

Federal Ministry of Labour and Social Affairs, *Social Security Compass: Social Security in Comparison*, Dec., 2017.

Feist, Ursula, Manfred Güller and Klaus Liepelt, "Strukturelle Angleichung und ideologische Polarisierung. Die Mitgliedschaft von SPD und CDU/CSU zwischen den sechziger und siebziger Jahren", *Politische Vierteljahresschrift*, Vol. 18, No. 2/3, 1977.

Finland Ministry of Justice trans., *The Constitution of Finland*, (June 13, 2019), https://finlex.fi/en/laki/kaannokset/1999/en19990731.

Fischer, W., *Armut in der Geschichte: Erscheinungsformen und Lösungsversuche der "Sozialen Frage" in Europa seit dem Mittelalter*, Göttingen: Vandenhoeck & Ruprecht, 1982.

Flone et. al, *German parliamentary elections diagram*. Wikipedia, (date unknown), https://commons.wikimedia.org/wiki/File: German_ parliamentary_ elections_ diagram_ de. svg.

Flora, Peter and Arnold J. Heidenheimer eds., *The Development of Welfare States in Europe and America*, New Brunswick: Transaction Books, 1981.

Flora, Peter, Growth to Limits, *The Western European Welfare States since World War II*, Berlin/New York: de Gruyter, 1986.

Freeman, Gary, "Voters, Bureaucrats, and the State: on the Autonomy of Social Security Policymaking", in G. P. Nash, N. H. Pugach and R. F. Tomasson eds. , *Social Security: the first half-century*, Albuquerque: The University of New Mexico Press, 1988.

French National Assembly ed. , *Constitution of October 4*, 1958, (date unknown), http: //www2. assemblee-nationale. fr/langues/welcome-to-the-english-website-of-the-french-national-assembly.

Friedrich-Naumann-Stiftung, Berliner Programm der Freien Demokratischen Partei (1957) . *Archive des Liberalismus*, (March 2nd. 2017), https: //www. freiheit. org/sites/default/files/uploads/2017/03/02/1957aktionsprogammzurbundestagswahl. pdf.

Friedrich-Naumann-Stiftung, Das liberale Manifest der Freien Demokratischen Partei (1985) . *Archive des Liberalismus*, (March 3, 2017), https: //www. freiheit. org/sites/default/files/uploads/2017/03/03/1985liberalesmanifest. pdf.

Friedrich-Naumann-Stiftung, Kieler Thesen der Freien Demokratischen Partei. *Archive des Liberalismus*. (Aug. 18, 2016), http: //fdp-sh. universum. com/sites/default/files/uploads/2016/08/18/1977kielerthesen. pdf. .

Gallus, Alexander, "Wahl als Demoskopiedemokratie?" in Eckhard Jesse ed. , *Bilanz der Bundestagswahl* 2002, Wiesbaden: VS Verlag 2004.

Ginsburg, Norman, Divisions of Welfare: A Critical Introduction to Comparative Social Policy, London: Sage, 1992.

Günther, Wofgang ed. , *Sozialer und Politischer Wandel in Oldenburg*, Oldenburg: Heinz Holzberg, 1981.

H. C. Nipperdey, *Soziale Marktwirtschaft und Grundgesetz*, Köln: Heymann, 1965.

Hall, P. A. and D. Soskice, eds. , *Varieties of Capitalism: The Institutional Foundations of Comparative Advantage*, New York: Oxford University Press 2001.

Hellenic Parliament ed. , *The Constitution of Greece*, (date unknown), https: //www. hellenicparliament. gr/UserFiles/f3c70a23-7696-49db-9148-f24dce6a27c8/001-156%20aggliko. pdf.

Hereth, Michael, " Die Öffentlichkeitsfunktion des Parlaments", *PVS-Sonderheft*, No. 2, 1970.

Herzog, R. ed. , *Evangelisches Staatslexikon*, Stuttgart: Kreuz-Verlag, 1987.

Hinske, Norbert, Kants Warnung vor dem Wohlfahrtsstaat, *Die neue Ordnung*, Jahrgang 58, No. 6, December 2004.

Iliopoulos-Strangas, Julia (ed.), *Soziale Grundrechte in Europa nach Lissabon*, Baden-Baden: Nomos, 2010.

Immergut, Ellen, "Institutions, Veto Points, and Policy Results: A Comparative Analysis of Health Care", *Journal of Public Policy* Vol. 10, No. 4, 1990.

Initiative Neue Soziale Marktwirtschaft, " Alles über die INSM", *INSM website*, (May 8, 2020) http: //www. insm. de/insm/ueber-die-insm/FAQ. html.

Isensee, Josef and Paul Kirchhof, *Handbuch des Staatsrechts der Bundesrepublik Deutschland*, Heidelberg: C. F. Müller Verlag, 1992.

Iversen, T. and F. Rosenbluth, *Women, Work and Power: The Political Economy of Gender Inequality*. New Haven, CT: Yale University Press 2010.

Jacobs, Alan, *Governing for the Long Term. Democracy and the Politics of Investment*. Cambridge: Cambridge University Press, 2011.

Jensen, Carsten, Peter B. Mortensen, "Government Responses to Fiscal Austerity: The Effect of Institutional Fragmentation and Partisanship",

Comparative Political Studies, Vol. 47, No. 2, Feburary 2014.

Jürgen Dittberner, *FDP-Geschichte*, *Personen*, *Organisation*, *Perspektiven.*
Eine Einführung. Wiesbaden: VS Verlag für Sozialwissenschaften
2010.

Katz, Richard and Peter Mair, "Changing Models of Party Organization
and Party Democracy. The Emergence of the Cartel Party", *Party Poli-*
tics, Vol. 1, No. 1, Jan. 1995.

Kaufmann, Franz-Xaver, *Herausforderungen des Sozialstaates.* Frankfurt
am Main: Suhrkamp, 1997.

Kerr, Clark et al., *Industrialism and Industrial man: the Problems of La-*
bour and Management in Economic Growth, Cambridge: Harvard Uni-
versity Press, 1973.

Kersbergen, Kees van, *Social Capitalism. A Study of Christian Democracy*
and the Welfare State, London: Routledge, 1995.

Kirchheimer, Otto, "Der Wandel des westeuropäischen Parteiensystems",
Politische Vierteljahresschrift, Vol. 6, No. 1, March 1965.

Kittel, Bernhard and Herbert Obinger, "Political Parties, Institutions,
and the Dynamics of Social Expenditure in Times of Austerity", *Journal*
of European Public Policy, Vol. 10, No. 1, March 2002.

Kleeis, F., *Geschichte der Sozialen Versicherung in Deutschland*, Berlin:
J. H. W. Dietz, 1981.

Konrad-Adenauer-Stiftung, *Grundsatzprogramme*, (date unknown), ht-
tp: //www. kas. de/wf/de/71. 9132/.

Korpi, W., "Power, Politics, And State Autonomy in the Development of
Social Citizenship", *American Sociological Review*, Vol. 56, No. 3,
June 1989.

Korpi, W., *The Democratic Class Struggle.* London: Routledge and Keg-
an Paul, 1983.

Lijphart, Arend, *Patterns of Democracy*: *Government Form and Perform-*

ance in Thirty-Six Countries, New Haven: Yale University Press 2012.

Luhmann, Nikolas, *Political Theory in the Welfare State*, Berlin: Walter de, 1990.

Marshall, T. H., *Citizenship and Social Class*, London: Pluto Press, 1992.

Maurer, Hartmut, *Staatsrecht* München: Verlag C. H. Beck, 2003.

Müller-Armack, A., Die zweite Phase der Sozialen Marktwirtschaft. Ihre Ergäzung durch das Leitbild einer neuen Gesellschaftspolitik, *Studien zur Sozialen Marktschaft*, Köln, 1960.

Nermann, Sigmund, "Toward a Comparative Study of Politics", in Andrew J. Milnor ed. , *Comparative Political Parties: Selective Reading*, New York: Thomas Y. Crowell Company, 1969.

Niedermayer O. , *Parteimitglieder in Deutschland: Version* 2015. Berlin: Arbeitshefte aus dem FU Berlin Otto-Stammer-Zentrum, 2015.

North, D. C. and J. J. Wallis, "American Government Expenditure: A Historical Perspective", *American Economic Review*, Vol. 72, Issue 2, May 1982.

OECD, Social Expenditure: Aggregated Data. *OECD Social Expenditure. Statistics* (database) . (March 27, 2019), https://doi. org/ 10. 1787/socwel-data-en.

Oppelland, Torsten, "Freie Demokratische Partei", *Bpb* (*Budeszentrale für Politisches Bildung*) *website*, (Aug. 1 2018), http:// www. bpb. de/politik/grundfragen/parteien-in-deutschland/42106/fdp.

Orloff, Ann Shola and Theda Skocpol, "Why Not Equal Protection? Explaining the Politics of Public Social Spending in Britain, 1900 – 1911, and the United States, 1880s – 1920", *American Sociological Review*, Vol. 49, No. 6, Dec. 1984.

Panico, Carlo, "The causes of the debt crisis in Europe and the role of regional integration", *Working Papers*, wp234, Political Economy Research Institute, University of Massachusetts at Amherst, 2010.

Pierson, C. , Beyond the Welfare State? The New Political Economy of Welfare, University Park: The Pennsylvania State University Press, 1998.

Pierson, Paul "Coping with permanent Austerity: Welfare State Restructuring in Affluent Democracies", in *The New Politics of the Welfare State*, Oxford: Oxford University Press, 2002.

Posener, Alan, "Die ganze Wahrheit über das deutsche Beamtentum", *die Welt* (Dec. 26, 2012), https://www.welt.de/politik/deutschland/article111494894/Die-ganze-Wahrheit-ueber-das-deutsche-Beamtentum.html.

Potthoff, Heinrich, *Die Sozialdemokratie von den Anfaängen bis* 1945 (*Kleine Geschichte der SPD*), Bonn-Bad Godesberg: Verlag Neue Ges, 1974.

Rimlinger, Gaston V. , *Welfare Policy and Industrialization in Europe, America and Russia*, New York: Wiley, 1971.

Ross, Fiona, "Beyond Left and Right: The New Partisan Politics of Welfare", *Governance*, Vol. 13, No. 2, April 2000.

Sachs, Michael eds. , *Grundgesetz Kommentar*, München: Verlag C. H. Beck, 1999.

Sartori, Giovanni, "Party Types, Organization and Function", *West European Politics*, Vol. 1, No. 1, 2005.

Schiller, K. , " Der Oekomom und die Gesellschaft. Das freiheitliche und das soziale Element in der modernen Wirtschaftspolitik", in *Vorträge und Aufsätze*. Stuttgart: Gustav Fischer Verlag, 1964.

Schmidt, Manfred, "When Parties Matter. A Review of the Possibilities and Limits of Partisan Influence on Public Policy", *European Journal of Political Research*, Vol. 30, No. 2, 1996.

Schnabel, Annette, "Religion und Wohlfahrtsstaat in Europa-eine ambivalente Liaison", *Zeitschrift für Religion*, *Gesellschaft und Politik*, Vol. 1, Issue 2, November 2017.

Schnapp, F. E., Was können wir über das Sozialstaatsprinzip wissen? *Juristische Schulung*, 1998.

Senato della Repubblica, *Constitution of the Italian Republic*, (date unknown), http: //www. senato. it/documenti/repository/istituzione/costituzione_ inglese. pdf.

Skocpol, Theda and Edwin Amenta, "States and Social Policy", *Annual Review of Sociology*, Vol. 12, No. 1, 1986.

SPD, *Godesberger Programm*, (date unknown), https: //www. spd. de/fileadmin/Dokumente/Beschluesse/Grundsatzprogramme/godesberger_programm. pdf.

SPD, *Hamburger-Programm-Kurzfassung*, (date unknown), https: //www. spd. de/fileadmin/Dokumente/Beschluesse/Grundsatzprogramme/hamburger_ programm_ kurzfassung. pdf.

SPD. *Grundsatzprogramme des SPD-Berliner-Programm*, (date unknown), https: //www. spd. de/fileadmin/Dokumente/Beschluesse/Grundsatz-programme/berliner_ programm. pdf.

Stein, Ekkehart and Götz Frank, *Staatsrecht*, Tübingen: Mohr Siebeck, 2010.

Stein, Jeff, "We asked 8 political scientists if party platforms matter. Here's what we learned," *VOX* (Dec. 12th, 2016), https: //www. vox. com/2016/7/12/12060358/political-science-of-platforms.

Stern, Klaus, *Das Staatsrecht der Bundesrepublik Deutschland*, Bd. I, 2nd edition, München: Beck, 1984.

Stern, Klaus, *Das Staatsrecht der Bundesrepublik Deutschland*, Bd. I, 2nd edition, Muenchen: Beck, 1984.

Stoedter, R. and W. Thieme eds., *Festschrift für Hans Peter Ipsen zum sibzigsten Geburtstag*, Tübingen: J. C. B. Mohr, 1977.

Streeck, W. , *Re-Forming Capitalism*. Oxford: Oxford University Press, 2009.

Sunstein, Cass R. , "Why Does the American Constitution Lack Social and Economic Guarantees", *Syracuse Law Review*, Vol. 56, No. 1, Nov. 2005.

Sveriges Riksdag, *The Constitution of Sweden*, (2016), http://www. riksdagen. se/globalassets/07. -dokument--lagar/the-constitution-of-sweden-160628. pdf.

Swank, D. , "Withering welfare? Globalization, political economic institutions, and the foundations of contemporary welfare states", in *States in the Global Economy: Bringing Domestic Institutions Back In*, Weiss, New York: Cambridge University Press 2001.

Swank, Duane, *Global Capital, Political Institutions, and Policy Change in Developed Welfare States*, New York: Cambridge University Press, 2002.

Tetlock, P. E. , "Cognitive biases and organizational correctives: Do both disease and cure depend on the politics of the beholder?" *Administrative Science Quarterly*, Vol. 45, No. 2, June 2000.

The Storting ed. , *The Constitution of the Kingdom of Norway*, (May 8, 2020), https://www. stortinget. no/globalassets/pdf/english/constitutionenglish. pdf.

Thomson, Robert, "The Fulfillment of Parties' Election Pledges: A Comparative Study on the Impact of Power Sharing", *American Journal of Political Science*, Volume 61, Issue 3, July 2017.

Tiedemann, Paul, "Das Sozialstaatsprinzip der deutschen Verfassung-Rechtsprechungsdirektive oder Begründungsornament ?" http://www. dr-tiedemann. de/sozialstaat. pdf.

Titmuss, Richard, *Social Policy. An Introduction*, London: Allen and Unwin, 1976.

Tribunal Constitucional Portugal ed. , *Constitution of The Portuguese Republic*, *seventh revision* ［2005］, (date unknown), http：// www. tribunalconstitucional. pt/tc/en/crpen. html.

Tullock, G. , "Some Problems of Majority Voting", *Journal of Political Economy*, Vol. 67, No 6, Dec. 1959.

Viola Neu, " 'Ich wollte etwas bewegen. ' Die Mitglieder der CDU. Eine Empirische Analyse Von Mitgliedern, Wählern Und Der Bevölkerung", in *Konrad-Adenauer-Stiftung Website*, (Dec. 18th, 2017), http：// www. kas. de/wf/de/33. 51117/.

Weiss, L. and J. M. Hobson, *States and Economic Development*：*A Comparative Historical Analysis*, Cambridge, England：Polity Press, 1995.

Wilensky, Harold L. , *The Welfare State and Equality*：*Structural and Ideological Roots of Public Expenditure*, Berkley：University of California Press, 1975.

Zippelius, Reinhold, Thomas Würtenberger, *Deutsches Staatsrecht*, München：Verlag C. H. Beck, 2003.

致　谢

　　攻读博士学位的五年时光一闪而过。这段时光，再加上2005年至2011年的本科和硕士时光，我在燕园度过了整整十一年。在此，我献上以博士论文为底稿扩展而成的拙著，以表达我对这个园子的深深留恋以及对这个园子内外的人们的谢意。

　　首先，我要感谢我的导师王浦劬教授。王老师学识渊博，治学严谨，我一直以成为他的学生为荣，而我进入师门也已经十一年了。十一年间，王老师对我的教诲之恩山高海深，无以回报。在指导我写作论文时，他既尊重我的选题意愿，又在资料的把握和写作的技巧上给了我中肯的建议。论文成稿后，他又对论文的结构调整给出了十分详细的修改意见。没有他的悉心指导，本书不可能顺利完成。王老师曾以其名字中的"劬"字勉励我们要勤奋努力，可惜我常常懒散自处，只有乘兴而来，没有什么沉淀的成果，惭愧不尽。

　　同时，我要感谢许耀桐、张小劲、杨海蛟、徐湘林、燕继荣、王丽萍、佟德志、高鹏程、段德敏诸位老师分别在选题、审阅和答辩等环节提出的非常有价值的修改建议。他们对本书底稿的严格把关是对我极大的帮助。我也要感谢所有给我讲授课程和关心帮助过我的老师，他们丰富了我的头脑，开阔了我的思维，教会了我读书和科研的方法，也传授给了我许多人生的智慧。感谢他们！

　　我还要感谢西南大学经济管理学院的温涛、祝志勇、李海明、刘新智、高远东等老师在指导我从事政治经济学研究和教学中提供的帮助。感谢中央党史和文献研究院的柴方国、沈红文、章林、徐洋、杨雪冬、李月军等领导和前辈给我的帮助和启发。感谢所有的同事和同学在工作和学习中给予我的关照。

我要特别感谢我的妻子廖谦女士，她在我从事忙碌而又清贫的工作以及繁重的学业之时给了我巨大的支持、鼓励和包容。我要深深感谢我的父亲、母亲和姐姐，特别是父亲和姐姐在母亲患病之后为家庭付出的巨大心力，使我能够相对安心地学习和工作。我也非常感谢我的岳父和岳母，他们时刻关注着我的进步，往往在我迷惘的时候给我指出正确的道路。没有家人的支持，我一切的成长都无从谈起。

最后，我必须要感谢北京大学国家治理研究院特别是许艳老师对于本书出版提供的帮助，感谢国家社科基金重大项目"新时代中国特色政治学基本理论问题研究"（18VXK003）和中央高校基本科研业务费专项资金资助项目"MEGA^{2}文献视域下的《资本论》第二卷方法论研究"（SWU1909784）为本书提供的机缘和视角。中国社会科学出版社的许琳老师作为责任编辑，为本书的出版付出了很多努力，在此表示衷心的感谢。

由于水平有限，本书难免有错漏之处，恳请读者朋友指正批评！

张志超

2020 年 5 月于重庆